CREDI IN TE
E REALIZZA I TUOI DESIDERI

Tiberio Faraci

CREDI in TE
e realizza i tuoi desideri

Ritrova la fiducia e raggiungi il successo

Essere Felici

Il Gruppo Editoriale Macro mantiene e sviluppa la sua attenzione verso l'ambiente e lo fa con modalità sempre più concrete, coerenti e sostenibili. Stampiamo i nostri libri, dvd, riviste, cataloghi e depliant in Italia su carta riciclata, utilizzando inchiostri ecologici. Acquistando uno dei nostri prodotti contribuirai a sostenere il progetto dell'Associazione Scuola di Ecologia Applicata di Cesena, che ha già messo a dimora migliaia di alberi ed è impegnata nella piantumazione di decine di migliaia di nuovi alberi per favorire la biodiversità e per compensare e ridurre l'impatto ambientale della stampa di questo libro.

Per maggiori informazioni su questo autore e sulla stessa collana visitate il nostro sito *www.macroedizioni.it*

---

coordinamento editoriale	Sara Broccoli
revisione	Jeanne Cogolli
editing	Claudio Corvino, Valentina Pieri
copertina	Matteo Venturi
stampa	Tipografia Lineagrafica, Città di Castello (PG)

I edizione aprile 2012

ISBN 978-88-9553-150-2
c/o un marchio del Gruppo Editoriale Macro
Via Bachelet, 65
47522 Cesena (FC)
ordini@macroedizioni.it
www.macroedizioni.it

SUSTAINABLE WOOD FOREST
La Cellulosa utilizzata per la produzione della carta su cui sono stati stampati gli interni di questo libro proviene da foreste amministrate.

CARING FOR NATURE
La Cellulosa utilizzata per la produzione della carta su cui sono stati stampati gli interni di questo libro è sbiancata senza utilizzo di cloro (ECF). Questa carta è riciclabile.

Gli inchiostri utilizzati per stampare questo libro non contengono composti organici volatili, sono esenti da oli minerali e sono con base vegetale, ambientalmente compatibile.

Presentazione

Conosco Tiberio Faraci da quando ha avviato una regolare collaborazione con la Fondazione Istituto Ricerche di Gruppo di Lugano[1], di cui sono presidente. Non da tantissimo tempo, quindi; ciò malgrado, mi autorizzo a dire – e questo serve per capire il senso profondo di ciò che egli comunica con i suoi libri – che Faraci è quello che appare nei suoi scritti: una personalità senza trucchi né infingimenti; un uomo che, divenuto come tutti inevitabilmente adulto, ha saputo mantenere intatta nell'animo l'esuberanza contagiosa e la freschezza del bambino attento e curioso. Il passare degli anni e il corso del tempo non hanno infatti per nulla intaccato la spontaneità, la naturalezza e la sincera inclinazione a vedere e (soprattutto) ad ascoltare coloro che si rivolgono a lui per avere dei consigli. Diversamente dal bambino (che per forza di cose riesce a fare solo quello che può) lui risponde invece alle richieste che gli vengono rivolte con l'affettuosa curiosità e l'apertura d'animo di chi vuole sinceramente il maggiore benessere dell'altro e, coerentemente con ciò che egli è, anche i suoi libri non hanno nulla della complessità che generalmente caratterizza il modo di comunicare e di esprimersi dello studioso accademico. Sbaglia, però, chi crede che Faraci trascuri la complessità dell'animo umano. Egli la osserva con le lenti e l'attenzione di chi mostra di sapere come è fatto il "deserto" della solitudine e della sofferenza, e tante cose che scrive lasciano intendere che simili "deserti" egli li abbia più volte faticosamente attraversati di persona. Forse proprio per questo,

1. Da due anni.

riconosciutosi infine capace di simili avventure, anziché tenere egoisticamente per sé le risorse maturate con l'esperienza, Tiberio si è applicato (e tuttora si sta applicando) con determinazione a condividere con altri i suoi percorsi per insegnare loro come agire e per continuare a imparare come si può fare meglio. Questo libro è quindi un ulteriore diario di viaggio: uno nuovo, dopo quelli scritti e presentati in precedenza. Anche qui, forse senza saperlo, influenzato dalle antiche culture fluviali (penso alla Mesopotamia o all'Egitto, Paesi la cui vita dipende dai cicli alluvionali dei rispettivi fiumi) è come se avesse capito l'importanza primordiale dell'acqua. Lo affermo, perché i suoi libri sono simbolica acqua fresca: l'elemento vivificante per eccellenza che, probabilmente, i suoi lettori cercano da lui.

Ed egli l'offre loro in abbondanza, con delicatezza e generosità.

Ferruccio Marcoli[2]

Lugano 25 Agosto 2011

2. Ferruccio Marcoli è psicoterapeuta, psicoanalista e socioanalista. È fondatore e presidente dell'Istituto Ricerche di Gruppo di Lugano. Creatore del metodo "Fare Storie", è Presidente onorario dell'Associazione di Psicologia Generativa della Svizzera Italiana. Ha pubblicato: *Wilfred R. Bion e le esperienze nei gruppi*, Armando Editore, Roma 1988; *Il pensiero affettivo*, Edizioni RED, Como 1997; *Bello è il brutto, brutto il bello*, Edizioni IRG, Lugano 2004; *L'Individuo Eccezionale*, Edizioni IRG, Lugano 2010. Collabora, come conferenziere, formatore e supervisore, con innumerevoli enti privati e pubblici; in particolare con diverse associazioni psicoterapeutiche e psicanalitiche svizzere ed italiane.

PRIMA PARTE

Per quali ragioni avere fiducia è...

Capitolo 1

Una considerazione non da poco...

«Non troverai mai la verità, se non sei disposto ad accettare anche ciò che non ti aspettavi...»[1].

«Si fidava dell'amore che sentiva, non si destabilizzava mai, non entrava mai nel dubbio...».

Ogni mio nuovo libro, quando comincio a pensarlo, inizia sempre da alcune semplici parole, che toccano il mio cuore in un modo assoluto, come se qualcuno lo sfiorasse, accarezzandolo. Una forma di concepimento.

Non ti scordar di te, il mio ultimo lavoro in ordine di tempo, era nato da una frase pronunciata da un uomo innamorato alla sua donna che, provando a fuggire dall'amore che lui le offriva, si era temporaneamente allontanata. Un giorno, durante il periodo dell'assenza di lei, si erano sentiti al telefono e lui con una sola frase l'aveva portata a uscire allo scoperto dalle fragili scuse dietro le quali la donna provava a nascondersi. Le aveva chiesto all'improvviso: «***Tu quando torni veramente***?». Mi aveva fatto vibrare, durante il suo racconto, questa affermazione. Perché più di ogni approfondita spiegazione, rendeva l'idea della pazienza che veniva messa in atto in quella difficile situazione. Essa mi rivelava anche la centratura che permetteva a lui di affermare, tra le righe di quella

1. Eraclito.

frase: «*Quando tornerai, se tornerai... torna del tutto e cerca di esserci davvero...per sempre, definitivamente*». La frase che ha dato origine al mio bisogno di scrivere ancora un libro, questa volta sul tema della fiducia, è stata quella che, nel corso di una seduta, una persona splendida, raccontandomi una storia d'amore vissuta trent'anni prima, parlandomi di quello che era l'uomo con cui il suo cuore di giovane donna (anche lei impaurita dall'amore) si era trovato a "combattere", mi ha detto: «***Si fidava dell'amore che sentiva, non si destabilizzava mai, non entrava mai nel dubbio...***».

Quest'uomo era assolutamente centrato e talmente innamorato, da sopportare tutte le prove a cui lei lo sottoponeva, nella speranza vana di scoraggiarlo e di allontanare il suo amore, e insieme le sue attenzioni, la sua adorazione. Lui si sentiva al sicuro; per questo si fidava totalmente di quello che sentiva, delle emozioni che ne conseguivano, momento per momento!

Un'energia autoprodotta...

Quanti di noi sanno di cosa stiamo parlando? Quanti mai lo hanno fatto? In che misura ci sentiamo protetti, nell'amore che proviamo? Per quanti di noi l'amore rappresenta l'anello più fragile della catena che abbiamo creato? E quanti, al contrario, fanno riferimento alla parola "amore" solamente in relazione a quello che possono ricevere e non già, come sarebbe auspicabile, alla quantità e alla qualità che riescono a donare loro, senza nulla chiedere in giro, senza elemosinarlo qua e là? **Alcuni, in cambio di un po' d'amore, pagano prezzi spropositati, interessi da usura**. È indispensabile imparare a produrre e darsi amore da dentro, ancora prima di riceverne da fuori, e a non smettere mai di farlo, pure se dall'esterno ne arrivasse tantissimo (anche perché ne arriverà moltissimo da fuori proprio quando diventeremo "produttori autonomi da premio"). **Un'energia autoprodotta**. Così come accade oggi a coloro che, affidandosi a sistemi alternativi ecologici, come i pannelli solari, sono talmente autosufficienti, nel produrre energia elettrica per la loro casa o per le loro aziende, che in seguito riescono addirittura a **concedere** il sovrappiù alle società che normalmente vendono quel prodotto a chi nemmeno è a conoscenza che lo si possa creare autonomamente. Imparare ad attingere dall'amore che riesci a far nascere in te, senza fare riferimento a quello che poi in seguito ti verrà offerto. Questo sarebbe grande! Castellaneta dice che la prima regola di ogni predizione è che sia rassicurante (poiché questa è la vera funzione degli indovini: ridare la fiducia in se stesso a chi l'ha perduta) ma quello che abbiamo detto non è solo un auspicio: è una verità.

La paura dell'amore...

La riprova è che, se puntiamo esclusivamente sull'energia affettiva che riceviamo, ci ritroveremo inevitabilmente a disagio nell'amore. Quando entriamo in contatto con esso, dopo aver iniziato una relazione, cominciamo a sentirci in pericolo, e iniziamo a percepire attacchi da ogni fronte. Trascorso quel periodo "ragionevole" in cui l'ego rimane annichilito da una novità così grande (intervenuta a spazzare via tutte le motivazioni che, come una ragnatela, aveva costruito per noi, al fine di convincerci con i fatti che la felicità non ci riguardava), ecco che la paura si è installata nuovamente nel programma e tutto sembra ridiventare difficile. Allora, se puoi, prima cerca di diventare completo/a tu, e poi fai entrare qualcuno nella tua vita, così sarai sicuro/a di non doverti appoggiare e di non sentire il bisogno di dipendere dalla sua efficienza. L'energia giusta per iniziare una relazione soddisfacente, nasce dal pensiero: "Cosa posso dare (agli altri e a me stesso)?" e non da: "Cosa posso guadagnare?" da questo rapporto. All'amore ci si arrende, per esserci, per viverlo. La paura dell'amore ci fa sentire invece circondati e attaccati, e quindi ancora una volta in pericolo. Se cedi, se ti arrendi, se credi e se ti consegnerai nelle braccia di chi vorrebbe amarti, a un certo punto potresti accorgerti che quello è il luogo più importante, più bello e più sicuro del mondo, per te! Naturalmente, questo non vale sempre e comunque. Ma perché, di norma, non ci interessano affatto le persone che potrebbero essere più adatte a noi, mentre siamo spesso attratti da esseri umani diversissimi da noi, che probabilmente causerebbero solo la nostra infelicità, se le scegliessimo? Fuggiamo a gambe levate, e infastiditi, sempre e soltanto quando ci troviamo di fronte a chi davvero potrebbe invece renderci felici nella stabilità, nella concretezza, nella pace e nella serenità (che brutte parole, per le orecchie del nostro nemico!). Non avere paura dell'amore, ma chi in realtà ha paura? Non sei tu ad avere paura di essere finalmente amato/a, è la paura stessa che teme l'amore, in quanto esso rappresenta il suo contrario; quindi, se sai che la paura è il motore della tua parte ombra e che il suo contrario è l'amore, sarai anche disposto/a ad accettare con facilità che l'amore non fa paura a te, ma alla tua parte meno illuminata! Tienine conto, la prossima volta che dall'amore scapperai, o sarai tentato/a di farlo. Anche perché più una persona è temuta dalla tua parte peggiore, più potrebbero esserci i presupposti che possa essere quella giusta per te! Sperimenta, mettiti alla prova. Una storia non inizia certo al primo rapporto fisico. Al contrario, comincia piano piano, quasi come se provenisse da un cammino lontano e incerto; si avvia quando si comincia a piacersi, a conoscersi, a corteggiarsi; anzi questa fase è sicuramente una delle più interessanti in assoluto. Se accenderai di nuovo l'attitudine a confidare nella possibile eccellenza della tua esistenza presente e del futuro che verrà, automaticamente riprenderai a vedere il meglio in te, e di conseguenza, intorno a te e negli altri

Quanto amore vorrai investire?

Conoscere, incontrare, attrarre, frequentare persone corrette, attendibili e disponibili... sicuramente contribuirà ad accrescere la nostra capacità di affidarci con più facilità al prossimo e, a convincerci che è possibile vivere con più "comodità", consentendoci poi di relazionarci al partner, al prossimo e alle circostanze con maggiore entusiasmo... Ma perché parlare del fidarsi dell'amore che proviamo solo in funzione del rapporto di coppia? Questa è una grande trappola, nella quale non possiamo permetterci di cadere; sarebbe troppo banale e riduttivo! Proviamo a vedere:

1) Tu ti fidi dell'amore che provi per te stesso/a? Se non provi abbastanza amore per te, ovviamente sarai severo/a nei tuoi confronti e tu per primo/a non ti accoglierai, non potrai convincere nessuno del tuo valore se non sarai in grado di persuadere neanche te stesso/a. «Ognuno di voi ha bisogno della fede in se stesso più che di gran parte delle altre qualità. **L'assenza di fiducia in se stessi segna l'inizio del declino**: oggi il mondo affronta il disastro e la rovina perché la gente l'ha perduta. Soltanto la fiducia in se stessi può garantire la pace e la prosperità a tutti e, se voi la coltivate, riceverete gentilezze dovunque, sarete onorati in ogni luogo e qualunque cosa toccherete diverrà oro!»[2].

2. Sai Baba.

2) Ti fidi dell'amore che provi per gli altri? Se non avrai abbastanza amore per loro, come potrai aspettarti di ricevere in cambio il meglio? Sarai sospettoso, malfidente, scettico; questo sarà avvertito, e ovviamente, non sarà questa chiusura a motivare gli altri, a darti il meglio delle loro possibilità; di sicuro non stapperanno per te la bottiglia del vino migliore, conservata per le grandi occasioni, se avvertiranno i tuoi pregiudizi.

3) Ti fidi del tuo amore per tua moglie? Se non sei certo di provare amore sincero nei suoi confronti, come puoi sentirti al sicuro da quello che, dai suoi comportamenti di donna frustrata e non riconosciuta, potrebbe derivare?

4) Ti fidi dell'amore che provi per tuo marito? Se non sai perché ti trovi accanto a questo uomo, se non lo apprezzi più, se continui a fargli notare in che cosa non è abbastanza all'altezza... in confronto agli altri, se non lo stimi, come potresti sentirti al sicuro dalle situazioni che potrebbero derivare dalla sua infelicità? Queste sono le domande da porsi! Non tanto se e quanto ci fidiamo del prossimo, ma se proviamo abbastanza amore per chi incontriamo, per i nostri superiori, per i nostri colleghi, per i nostri alunni, per i nostri insegnanti, per noi stessi, per chi abbiamo accanto, per quelli che chiamiamo obiettivi e per quello che ne deriverà! In sintesi, **non dovremmo più chiederci se abbiamo fiducia in qualcosa o in qualcuno, ma quanto amore siamo disposti a sentire per quella persona o per quella situazione**! È una considerazione non da poco, capace da sola di ridefinirne la qualità, quella differenza che talvolta separa un possibile capolavoro da una confusione indescrivibile.

Abbracciare il nemico...

Incontrare l'avversario, accorgersi che non è così diverso da noi, offre la straordinaria opportunità, se la vorremo vedere, di potere insieme a lui, creare una posizione e forse addirittura una Nazione nuova, la nostra! Vuol dire, allo stesso tempo, accettare punti di vista differenti dai nostri e poter contare sulla comprensione di chiunque in quel momento ci trovasse divergenti dalle sue opinioni. **Amare**! È così rassicurante pensare che sarà così, che la nostra opinione sarà rispettata anche quando non sarà condivisa! Per entrare in questo ordine di idee, è indispensabile che anche noi cominciamo – se non lo abbiamo ancora fatto – a rispettare ogni convinzione anche opposta alla nostra, che non giudicheremo, ma ci limiteremo a commentare dicendo che non la pensiamo allo stesso modo, ma che non è un problema per noi accettare un altro punto di vista. **Sorridere**! Se noi diremo la verità il più in fretta possibile, oppure se non diremo nulla ma senza mentire, potremo comprendere più facilmente e credere che anche gli altri si comporteranno così con noi, quando saranno loro a non essere d'accordo con quello che diremo. **Dare il meglio di noi**! Se una persona si comporta correttamente con noi per quale motivo dovremmo negargli la nostra approvazione e la nostra stima?

Le tue "frequenze" vanno aggiustate; non devi aspettare gli altri, perché sono gli altri che stanno aspettando te e lo stanno facendo da sempre. Che cosa attendono? **Aspettano che anche tu ti realizzi credendo in te stesso**! Cosa significa nella tua mente, il concetto di fare o non fare affidamento sulle tue o sulle altrui possibilità, di agire bene? Per me, significa **confidare nella mia capacità di trasformazione e di adattamento tanto quanto in quella degli altri**, senza eccezioni. **Entra nell'amore e non uscirne**

più! So che non è sempre facile farlo, specialmente quando non stiamo parlando dell'amore da provare per altri; lo so, che in quello sei più bravo/a e che sei capace di dare a volte anche troppo (magari quando neanche ce ne sarebbe bisogno). Sai che sto parlando ancora dell'amore che provi per te stesso e di quello che metti in scena intorno alla tua essenza nel quotidiano. Ma la volontà del cambiamento in meglio implica anche il sapersi fermare, quando quello che volevamo trasformare ha raggiunto, nella variazione, una dimensione accettabile. **Non volere stravincere**. Dobbiamo riuscire a capire che non siamo tutti allo stesso livello e che lo sforzo fatto da qualcuno per venirci incontro può essere quasi eroico, per lui, anche se è semplice ai nostri occhi! Non dobbiamo avere paura di dire quello che pensiamo o di comportarci liberamente, aspettandoci continuamente degli attacchi, poiché questo sarà interpretato dall'Universo come una specie di prenotazione; il prezzo che siamo disposti a pagare, dimostra che siamo interessati all'articolo e prima o poi, se in quell'occasione non sarà possibile, saremo accontentati, è sicuro! In questo modo, sia se abbiamo espresso il nostro pensiero, sia se non l'abbiamo fatto, non saremo entrati in conflitto; né ci sarà bisogno di entrarci mai, se ci comporteremo così. Questo nostro comportamento indicherà qual è la direzione che intendiamo seguire d'ora in avanti! Qual è il tuo punto di vista? Anche se non siamo in sintonia su un pensiero, nessuno dei due cercherà di far cambiare opinione all'altro; questo ci tranquillizzerà e forse, superato il bisogno che un tempo avevamo di tentare di farlo, ognuno di noi due vorrà sapere qualcosa sul punto di vista dell'altro su quell'argomento; magari troveremo insieme direttamente **una terza verità**, che potrebbe contenere il meglio di quello che ho detto io, unito al meglio di quello che hai detto tu. A quel punto, potrebbe accadere che il vostro pensiero su quell'argomento diventi molto elevato – nulla a che vedere con le nostre esperienze del passato – e anche molto più importante e luminoso di quanto sarebbe mai potuto essere ragionando da soli. Risultato incredibilmente straordinario e impossibile da raggiungere se, come avremmo fatto un tempo, ognuno dei due avesse voluto convincere l'altro della superiorità del proprio punto di vista! Forse quello che avremo raggiunto, una volta spiegato, potrebbe piacere ad altri e forse molti potrebbero aiutarci a fare crescere ulteriormente quel risultato ottenuto tra noi: ce ne sarebbe abbastanza per dare inizio a un mondo nuovo, distante anni luce da questo. Sentirai i tuoi sensi riprendere a vivere, a uscire dal letargo, sbadigliando come animali assonnati, e quanta fame avranno... Ora fai una lista delle resistenze che questo discorso ti ha fatto affiorare. Esaminale attentamente: sono pensieri che dissentono da quello che ho affermato io? Proviamo a vedere: io ho detto che non è un problema per me, accettare un altro punto di vista; potrebbe esserlo per te? Grandioso! Abbiamo entrambi espresso la nostra verità senza nascondercela a vicenda, ma il rispetto per le nostre opinioni è intatto! Ci possiamo fidare l'uno dell'altro, quindi!

Capitolo 2

Tu ci credi nella vita?

«Viviamo per vivere, non per prepararsi a vivere...»[1].

Inutile negarlo, a volte abbiamo pescato nelle pozzanghere credendo di fare pesca d'altura; c'è poi da sorprenderci, se non abbiamo portato nulla a casa? Colpa dei pesci che non abboccavano, pensi? Ma lo credi veramente (a me puoi dirlo perché, se fosse vero che ne sei convinto/a, penso che dovremmo lavorarci su: ne varrebbe la pena)? Sapere che esiste, all'interno della nostra volontà di realizzazione, una zona buia, che auspica ciò che è meno opportuno per noi, non può e non deve impedirci di vivere al meglio. Si tratta di tenerne conto e di non scoraggiarci. **Quello che raccogliamo ha assolutamente ed esclusivamente a che vedere con la qualità dei nostri pensieri**. Non tirare le somme continuamente, pensando a ciò che manca, ma proietta questa possibilità in un focus allargato che tenga conto di quello che sarà; ecco che così quello che sembrava essere stato perso oggi, potrebbe trasformarsi in un miracolo economico o affettivo futuro, a questo proprio perché il tuo atteggiamento di grande apertura, disponibilità e accoglienza ne ha semplicemente tenuto conto, avviandone la realizzazione. Ci sono delle realtà che rendono bella la vita e delle quali si può dire che portano come una fioritura, una gioia interiore, il nuovo? Sì, certo che ce ne sono. **Una di queste realtà si chiama fiducia**.

1. Boris Pasternack.

Tutti i veri benefici sono reciproci...

Tanti anni fa, quando avevo iniziato a lavorare per una ditta di Basilea come consulente responsabile per i contatti con i clienti, ho ottenuto un contratto megagalattico, perché anni prima, in occasione di un incontro avuto con il presidente della società, avevo insistito per offrire io il pranzo. Il mio gesto aveva profondamente colpito questa persona, perché in genere tutti coloro che incontrava in pranzi di lavoro davano per scontato che, vista la sua enorme disponibilità economica, pagasse sempre lui. Ogni volta che di nuovo lo avevo incontrato negli anni a venire, immancabilmente si ricordava del nostro pranzo e mi ripeteva che nessuno mai glielo aveva offerto. Voleva avermi con sé nella sua azienda, desiderava che lavorassi nel suo team, e ha continuato a farmi offerte che non si potevano rifiutare, fino a che ho accettato. Mai pensare al guadagno immediato: lo fanno solo coloro che ragionano in piccolo. Noi possiamo vivere per vivere e prepararci a vivere meglio nello stesso tempo! Quando lavoriamo a un progetto con qualcuno, il meglio è che entrambi possiamo trarne beneficio. Quali sono le cinque cose che cambieresti subito, se tutti fossero disposti a collaborare con te e fare quello che dici tu? Prova a vedere quali sarebbero, queste realtà oggettive che trasformeresti. Esplora senza limiti di possibilità in qualsiasi ambito della tua esistenza. Forse vorresti trovare il modo di non sprecare tempo; oppure desideri cambiare abitazione, acquistandone una che oggi ti sembra impossibile possedere; forse puoi imparare a essere meno compulsivo/a e provare a respirare bene quando parli con qualcuno. Indagare e ottimizzare l'atteggiamento comportamentale che adottiamo quando compiamo un errore, ti darebbe grandi e nuove possibilità. Esamina quello che cambieresti in te e intorno a te, quindi le piccole e grandi cose. Tranquillizzati. Mentre respiri impara a capire come ti percepisci e che cosa senti dentro di te, avverti che cosa accade tra te e questo nutrimento sacro, così sottovalutato, che è l'aria di cui ti nutri e che ti fa vivere! Quale sensazione provi? Se è un senso di benessere, autorizzati a espandere questa sensazione affinché tu possa stare sempre meglio e sarà così a lungo per tutto il tempo che vorrai concederti! Se invece senti un disagio, di qualsiasi tipo, domandati per quale motivo vittimista hai attirato questa sensazione e che cosa puoi fare subito per uscirne invece di sopportarne gli effetti. In certi periodi ci siamo ritrovati di cattivo umore, irritabili, sospettosi, o addirittura nevrotici. È stato in quei momenti che abbiamo constatato che la gente reagiva nei nostri riguardi in maniera negativa e che ci siamo ritrovati a vivere in un mondo ostile (creato però dal nostro cervello e dai nostri stati d'animo). Ciò ci insegna che in questo momento, in cui stiamo completando un capolavoro, di tutto abbiamo bisogno meno che di energie di tal tipo. Quando ti arrabbi, permetti a coloro che non hanno mai combinato nulla di interferire con il tuo lavoro e con la tua centratura; io sono sicuro che detesti anche solo l'idea che questo sia possibile, giusto? Allora dimenticali per un po' e non portarli in un momento così delicato, non se lo meritano! Abbiamo bisogno di più stabilità. «Più siamo coscienti della nostra respirazione, più controlliamo la nostra vita»[2]. Ecco perché improvvisamente sentirai il pulsare della vita stessa che continua nel tuo respiro, impara a respirare, fallo più spesso che puoi in maniera cosciente, così riuscirai ad allentare la tensione e a espandere anche la tua autostima, perché costituisce un modo velocissimo ed efficace per ESSERE con te e relativizzare quello che ti accade intorno, ma senza separartene. Gli "altri" siamo anche noi; lo siamo per tutti coloro che non sono noi, per tutti coloro che ci guardano e che incontriamo anche senza interagire.

2. Isabelle Filliozat.

Quando entriamo in un cinema, con tutti i posti ormai occupati, all'ultimo minuto prima dell'inizio del film, e vediamo tutte le persone con le quali assisteremo alla proiezione, chi sono gli altri? Per noi sono loro, e se lo chiedessimo a ognuna di esse, sarebbero quelle che hanno intorno: noi, anch'io, anche tu! Tutti i veri benefici, gli autentici vantaggi esistono sempre, a patto che energeticamente ognuno ne riceva anche una minima parte; l'ideale sarebbe che si trattasse di un equo vantaggio, grazie al quale ognuno si potesse sentire bene. A volte, quando ci permettiamo di avere fiducia in noi stessi, abbiamo timore di prendere troppo spazio, di essere criticati, considerati troppo orgogliosi, e **quindi entriamo in contatto con la paura di essere amati meno**. Se ricevi dei fiori e fai seccare il mazzo per conservarlo, se ti portano a un concerto e mantieni i biglietti per ricordo, stai dichiarando che ritieni queste cose delle eccezioni a cui pensi di non poterti trovare di fronte più spesso, neanche se ne avessi la possibilità. E questa possibilità non ci sarà, se non confidi nel fatto che quel mazzo di fiori è solo il primo dei tanti che meriti.

Incontrare il nostro potere...

Ti presento Marina, ti presento Luigi, ti presento Elisabeth, ti presento Sebastian. Ti presento il tuo potere, wow. Prova a pensare al fatto che oggi incontrerai il tuo potere, quello che non sapevi più dove fosse finito, quello che, se hai lavorato con me, sai trovarsi nascosto tra le responsabilità che non volevi prenderti. Imprigionato, tenuto in ostaggio dal vittimismo, con il quale avevi sviluppato una complicità da sindrome di Stoccolma. **Assapora il tuo possibile potere**! Senti che ci sei! Entra veramente in contatto con te stesso. Stiamo parlando della possibilità, per te, di essere qualcuno ovunque tu sia, di sentirti in relazione con te stesso, come quando hai detto a qualcuno/a o qualcuno/a ti ha detto: «Allora, siamo insieme?». **Sì siamo insieme, io e te**! Una storia d'amore tra noi e il nostro potere: non sarebbe stupendo? Ali che ti verrebbero donate. Sentire tenerezza ed empatia anche per le tue stravaganze, per le tue fisse. Se non puoi affidarti a te stesso/a in conseguenza delle tue debolezze che giudichi inaccettabili, non potrai mai trasmettere a nessuno al mondo con certezza, la tua completa apertura. Di' a te stesso/a: "So che un domani ce la farò, però quel domani può essere, sì un domani, ma anche oggi!". Attingi agli esempi di coloro che mostrano un cammino efficace con il loro percorso. Uno è Steve Jobs, il fondatore di Apple, che oltre a essere una persona di successo è un uomo che sa comunicare in modo straordinario e forse unico e che si è fidato sempre di se stesso e delle sue grandi possibilità. Proprio in questi giorni ha presentato le sue dimissioni da capo azienda di Apple, a causa della sfida che sta affrontando, decisiva per la sua stessa esistenza e sopravvivenza: quella con la malattia[3]. Ha costruito un impero dal nulla, poi nel 1985 ne è stato ingiustamente estromesso dai suoi stessi amministratori e in seguito ha avuto la forza di riprenderselo, proprio come fece Cassius Clay, quando essendosi rifiutato di partire per il Vietnam per ragioni religiose, perse il titolo di campione del mondo nel pugilato (che andò subito a riconquistare ripartendo da zero). Una sua frase, che amo moltissimo, lo rappresenta: «*Andare a letto la sera, sapendo di avere fatto qualcosa di meraviglioso: ecco ciò che mi importa*...». La forza che Jobs metteva sul tavolo, nella partita con la sua stessa esistenza, gli viene riconosciuta da tutti. La sua semplice apparizione in occasione della presentazione di un ultimo prodotto della Apple ha

3. Una sfida che purtroppo ha perso mentre questo lavoro andava in stampa.

fatto risalire in borsa le quotazioni della sua azienda a livelli impensabili: è divenuto un alfiere del credere in se stessi, del non sentirsi vittima delle circostanze e dell'andare sempre a scoprire che cosa potrebbe accadere subito dopo il prossimo impegno, come fanno gli individui eccezionali, nell'imperturbabilità della loro logica vincente. In un discorso ai neo laureati di Palo Alto, ha detto di non essersi mai laureato e che quella era la situazione più vicina a prendere una laurea che gli fosse mai capitata. Lui è stato adottato e ha raccontato che la sua madre fisiologica aveva una tale fissa per la laurea, da arrivare a scegliere i genitori che lo avrebbero accolto e cresciuto, tra coloro che fossero stati disposti a impegnarsi a farlo studiare. Quando era arrivato il momento di frequentare l'università però, Steve era già molto cosciente degli sforzi inauditi che i suoi genitori adottivi dovevano fare per sostenere un impegno di quel tipo; così aveva deciso di cessare di frequentarla per togliere loro questo onere insostenibile. Si era però innamorato delle lezioni di calligrafia, che continuò a frequentare anche dopo avere interrotto gli studi, ed è per questo motivo, che nei nostri computer vi sono innumerevoli possibilità di caratteri.

Fu un discorso energetico e bellissimo, teso all'incoraggiamento e alla fedeltà verso se stessi, senza tradirsi mai, in funzione di cose magari più facili e a portata di mano, quelle soluzioni così sicure e ripetitive che piacciono tanto ai genitori! Ha ricordato che gli è capitato di dormire per terra nelle camere degli amici, e che faceva dieci chilometri a piedi alla domenica mattina, per assicurarsi l'unico piatto completo della settimana, al tempio degli Hare Krisna. Il suo discorso, lo ha concluso così: «Siate affamati, siate folli. Credete sempre in qualcosa e alla fine, guardandovi indietro, scoprirete che la vita è fatta di puntini che si sono uniti. Dovete sempre avere fiducia nel fatto che nel futuro, i puntini si potranno unire...!». Misurare la fiducia incondizionata nei confronti di noi stessi, metterci alla prova: questa è una cosa che, se sviluppata, potrebbe condurre molto lontano. Charlie Chaplin – che è il personaggio famoso di cui, senza citarne il nome, parlo nel mio *Innamorati di Te*[4], quando racconto di un attore che, avendo partecipato per gioco a un concorso per scegliere un suo sosia, si era visto assegnare solo il terzo premio – diceva sempre che bisogna credere in se stessi e che il segreto per arrivare lontano è tutto qui. Perfino quando era all'orfanotrofio o quando vagabondava per le strade cercando qualcosa con cui nutrirsi, si considerava il più grande attore del mondo. Anche in quelle durissime circostanze, sentiva l'assoluto bisogno di provare l'esuberanza che deriva dalla totale fiducia in se stessi. Senza di essa, diceva, si è destinati a fallire!

Un tempo ci credevamo incapaci...

«Il bene e il male coesistono, nessuno può separarli. Se coltivate una maggiore bontà, il male in voi diverrà assolutamente insignificante; per cacciare ciò che è male, non c'è bisogno di usare alcuna forza. Se dimenticate il male, la bontà si manifesterà in voi pienamente. Non pensate che l'Anno Nuovo vi porti qualche risultato: qualunque forma di bene o male sperimentiate, è il risultato dei vostri pensieri, delle vostre parole e delle vostre azioni. Quando un pensiero cattivo qualsiasi vi viene in mente, abbandonatelo immediatamente; se vi comportate in questo modo, diverrete dei devoti veri di Dio e otterrete la liberazione. Ecco il messaggio che vorrei darvi in questo giorno sacro»[5]. Superate gli ostacoli! Abbiate un animo fiducioso. Per quanto nere possano esse-

4. *Essere Felici*, per Macro Edizioni.
5. Sai Baba.

re le circostanze, se avete grinta potrete superare ogni limite. Ogni tanto cadrete, ma non fatene un dramma. Se cadete, rialzatevi sempre più velocemente; anzi, impariamo insieme a farlo a tempo di record. Tutto è possibile, per chi ha fiducia in se stesso: anche risollevarsi dopo un crollo totale. Non ci ripeteremo mai a sufficienza che **con la fiducia in noi stessi possiamo superare tutte le difficoltà**. Quando impariamo a guidare, all'inizio possono esserci delle cose che ci preoccupano, ma non possiamo pretendere di togliere dalle strade tutti i motociclisti, oppure i pedoni, per evitarle; non pretendiamo di togliere neppure le doppie corsie e le gallerie, giusto? Quando abbiamo sbagliato e, nel fare una curva, siamo saliti con la ruota posteriore sul marciapiede subito dopo ne siamo scesi, no? Allo stesso modo non pretendiamo che le altre auto non circolino quando siamo in viaggio noi. Ci sono delle regole, e noi impariamo a tenerne conto: ecco tutto. Un tempo non ti sentivi capace di farlo e così tante volte ti sei tirato/a indietro e ti sei nascosto/a dietro delle certezze, facili da raggiungere, ma che non ti davano alcuna emozione.

«Io non ho mai imparato nulla. Continuo semplicemente a fare con naturalezza qualsiasi cosa mi senta di fare. Qualsiasi cosa debba dire, la dico, perché non ho obblighi verso nessuno, e non ho impegni con nessuno. Non appartengo ad alcun partito. Sono assolutamente libero di essere divertente, o scioccante. Non mi preoccupo neppure di contraddirmi perché, a mio avviso, se un uomo resta lo stesso per tutta la sua vita, facilmente è un idiota. Una persona che cresce, deve contraddirsi molte volte: chi può dire cosa porta il domani? Il domani potrebbe annullare completamente l'oggi. E io sono pronto ad accompagnarmi alla vita senza alcuna esitazione»[6]. Avresti fiducia in te stesso/a se non ti conosces-

6. Osho.

si? Se incontrassi te stesso/a oggi per la prima volta, avresti voglia di rivederti? Di frequentarti? A quali condizioni? **Quali abitudini dovresti cambiare per raggiungere la stima di te stesso/a**? Quali, per avere rispetto di te? Scusa, non capisco, e allora *perché non le vuoi cambiare*? E, visto che invece naturalmente ti conosci bene (o così dovrebbe essere), cosa hai da dire sulla tua capacità di confidare in te stesso/a? Quali sono le cose che non ti piacciono, che non accetti di te, che ritieni impossibili amare? Esprimi i tuoi bisogni. La parola "accontentarsi", così amata dai tuoi genitori, ti ha condotto a quella che era la vita che loro auspicavano per te. Questa parola, se ci rifletti, nasconde però due significati: uno negativo e uno positivo. Il primo è fare con quello che si ha, senza chiedere altro, implica anche il non credere che qualcosa di meglio possa essere previsto per noi. Il secondo, invece, se vai in profondità, è bellissimo, perché esprime proprio il contrario: farsi contenti, rendersi felici. Accontentarsi, ovvero non adattarsi alla rassegnazione e cercare di darsi sempre il meglio! C'è dunque il modo di non tradire la loro visione, ma neppure il tuo valore!

Capitolo 3

Ma lontano lontano.. il mondo... aspetta te

«La fiducia in se stessi
è il primo segreto del successo»[1].

Se non ti fidi (di te stesso, delle possibilità che hai, della tua forza) è perché hai paura! È evidente che, se non siamo predisposti a incontrare dai risultati, se in quel momento pensiamo di potere contare esclusivamente sulle nostre forze, la paura di non farcela ha la possibilità di convincerci che non ci sia risoluzione. La paura è la peggiore fede che si possa scegliere e, come ogni fede, può essere devastante per chi la interpreta in maniera assoluta e totalizzante. Possiamo vivere in molti modi e provenire dalle situazioni più difficili, ma arriverà un giorno, quando noi lo vorremo, in cui sentiremo che proprio quello è il momento ideale per iniziare una fase della nostra vita in cui sarà possibile recuperare tutto ciò che è andato perso in seguito alle sconfitte subite. Predisporsi a fare la stessa fatica che può provare un fiore ad aprirsi... ovvero nessuna. **Ci sono delle cose meravigliose, che avvengono con la più assoluta facilità**.

Lascia che la vita ti sorprenda!

Ci pensa la vita, a trovare l'occasione di fornirci le opportunità per realizzare le circostanze, dopo avere organizzato i tuoi casting per trovare le persone terribilmente giuste o sbagliate.

1. Ralph Waldo Emerson.

A condurti in quei luoghi magici dove tutto è perfetto, proprio come si vede nei dépliant più allettanti in cui tutto può essere possibile. Abbi fiducia, per permettere alla vita di sorprenderti, per imparare a diventare un osservatore efficace, che interviene solo quando ce n'è effettivamente bisogno, senza disperdere energie; il che poi, è un bellissimo modo di vivere il presente, ed esserne al servizio. È come vivere in un modo assoluto per la prima volta, come accorgersi che è vita quello che ti riguarda, perennemente, poiché con la consapevolezza del tuo cuore che batte sei entrato in contatto solo ora, per cominciare a uscire dalla convinzione di non essere capace di concludere nulla di buono. Appena sveglio/a al mattino, prova a farti questa domanda: "Sto svolgendo il mio compito? Mi sto occupando di ciò che mi compete?". Si tratta di porre la domanda e lasciarla agire da sola. Fatti la stessa domanda alla sera, quando vai a letto. Che cosa accade? Quali sono le risposte? Non lo sai? Allora potresti dirti che sarai in grado di apprendere tutto ciò di cui ci sarà bisogno, per arrivare a essere in grado di rispondere alla tua domanda e fare quel cambiamento, che sei pronto/a a imparare a fare quello che ancora non sei in grado di fare e che la differenza tra te e coloro che invece ne sono capaci è solo questa. C'è chi ha imparato a fare qualcosa che a te non interessava, ma lo ha fatto bene e prima di te. Occorre dare, e darsi, delle soddisfazioni anche se si crede che quello non sia il nostro ambito. Molte innovazioni rivoluzionarie, in vari settori, sono state messe in atto da chi aveva altre competenze. Diventerai come loro appena saprai in quale direzione devi andare, per avvicinarti a quello che ti piace e che ti appassionerà. Molti trovano per caso la loro strada e da subito superano gli esperti del settore, meravigliandosi essi stessi per primi. Per ora considera questo come una possibilità teorica, poi considerala con curiosità, facci amicizia. **Sarai presto quello che vorrai diventare**; comincia a dirlo alle persone che ami, a quelle che condividono con te le difficoltà che avevi: saranno felici di accorgersi di quella nuova luce nei tuoi occhi, di rivederti provare l'entusiasmo di un tempo, di sentirti parlare di un progetto che hai e per il quale vuoi prepararti, magari studiando e pensando a una nuova formazione. Questa è la strada che conduce ai cambiamenti importanti, attraverso il tuo nuovo livello di autostima; una via che porta a qualcosa che avevi abbandonato, la tua CONSAPEVOLEZZA. Sì, perché la tua parte ombra aveva usato i fallimenti dei tuoi deboli tentativi di risollevarti, per convincerti che, se di consapevolezza volevi parlare, era quella della tua inconcludenza, della tua inadeguatezza, della tua triste resa. Affidati alla percezione che qualcosa di grandioso stia accadendo per te, vivi il momento con la coscienza di chi sa che potrebbe ricordarsi per sempre con gioia, ciò che sta per accadere. **Il significato della vita è quello che le dai tu**! **La sua qualità è data dalla tua capacità di tenerne conto**! A 75 anni, avremo dedicato al sonno, qualcosa come 25 anni, per il resto del tempo che cosa avremo fatto? Quanto avremo vissuto? E quanto saremo sopravvissuti?

Di quando preferivi avere dubbi e mai certezze...

È legittimo cercare il modo di sintonizzarsi con una parte autentica e purissima, che concerne il meglio di tutte le nostre esperienze precedenti, allo scopo di ripristinare la perfezione che ci riguardava. Ci sono enormi energie che possediamo e che non vogliamo neppure vedere. Molti adorano non attingere neanche alle potenzialità che hanno e preferiscono cavarsela con mezzi di fortuna; amano avere dubbi e affermano convinti: «È bello avere dubbi e mai certezze... fa sentire vivi»; poi guardano quello che hanno, non lo apprezzano e lo minimizzano, e sentono che si stanno tradendo da soli, ma non riescono a smettere di agire nello stesso modo. Poi considerano quello che hanno gli altri e con rabbia li giudicano: «Sono dei ladri», pensano. La loro attività preferita è quella di fare le vittime: tutti sono colpevoli, tranne loro. Giustificano la propria inconcludenza e inettitudine, convincendosi che se qualcuno ottiene molto più di loro, ha barato per forza di cose (ma quali cose?). Non vogliono tenere conto degli sforzi immani e di quanto incredibile e durissimo lavoro ci sia dietro a dei risultati così notevoli. Ho lavorato innumerevoli volte con degli imprenditori importanti e la costante nei loro racconti era sempre un impegno totale e assoluto. Erano persone che mai durante tutto il loro percorso, anche quando erano semplici dipendenti, guardavano l'orologio prima che terminasse l'orario di lavoro, ma sempre dopo, quando qualcuno (magari il personale delle pulizie), gli faceva notare che ora era.

Molti mentono a se stessi, sentendosi così pieni di possibilità teoriche e nello stesso tempo così inutili, perché imputano ad altri gli scarsi risultati ottenuti. Costoro si trovano su una strada senza continuità, avvolti in un cono d'ombra, in un vicolo cieco, con in mano un biglietto pagato da qualcuno (secondo loro) per farli sentire inevitabilmente impotenti. È un po' quello che accade a coloro che possiedono dei pezzi di terra in luoghi incantevoli e che letteralmente non se ne fanno nulla! Poi arriva qualcuno da fuori che, innamoratosi del luogo, acquista quello che era visto come il niente e ci realizza delle cose che poi tutti invidiano!

Tu potresti dare di più?

Se una persona si ritrovasse di fronte a ciò in cui credeva, ma ormai irrimediabilmente realizzato da qualcun altro, come si sentirebbe? Delusa? Prova a pensare se questo sia mai accaduto a te, e come ti sei sentito/a. E se invece una cosa che vorresti davvero, grazie a Dio, hai ancora il privilegio di poterla realizzare, fai ricorso a tutte le tue capacità e cerca di essere tu quello che la renderà concreta; anche se al momento la puoi soltanto immaginare, non scoraggiarti: ce la farai! Riflettiamo su come riuscirci e interveniamo immediatamente, al fine di ristabilire un equilibrio con il nostro benessere e con il nostro entusiasmo, un'energia preziosa che spesso ci farà visualizzare come ci sentiremo quando il risultato verrà raggiunto. Ora hai bisogno di entusiasmo! Che cosa ti rende ancora euforico/a? Che cosa potrebbe riaccenderti subito il sorriso e convincerti a trovare la motivazione per avere voglia di viverla, tutta questa giornata, da subito, in un modo così energizzante da potere ricordare quello che sentirai nel cuore oggi, molto avanti nel tempo, fino a quel pomeriggio in cui sarai molto vecchio/a, e qualcuno dal sorriso dolce e dall'animo gentile si fingerà tanto interessato a te e alla tua esistenza da chiederti: «Mi parla dei momenti più belli della sua vita, quelli che ricorda con più emozione...?», e allora forse ti verrà in mente proprio questo giorno, anche se non era cominciato in maniera splendida tu hai saputo renderlo unico! Ma allora, se sei arrivato/a a farlo oggi, forse potrai provarci anche domani e riuscirci di nuovo e magari ancora in seguito. Facciamo quindi riferimento alle nostre possibilità intese come talenti e capacità ancora inespressi. Come ha fatto quel ragazzo del Malawi che, per salvare il suo Paese dalla siccità, ha costruito un mulino con le sue mani.

Pensiamoci, facciamo anche noi qualcosa di grande, così potremo affermare che ogni cosa, come sempre, parte esclusivamente da noi! Quando diciamo che la fiducia va guadagnata, pensiamo al fatto che nessuno ne elargisce, se non compensato nel suo concederne. Nessuno ci prende in considerazione, se percepisce che non possiamo dare nulla, perché non potremo, almeno apparentemente, apportare niente di nuovo alla sua situazione. Ne consegue che, se io sento che gli altri hanno fiducia in me, posso pensare che, se ne hanno, è perché ricevono in cambio una specie di accordo, di patto che permette di dire: «Io guardo le tue spalle e tu le mie». Chiediamoci se, ancora prima di lamentarci per quello che non abbiamo o che ci sembra di non avere, abbiamo estratto tutto l'oro, i diamanti e quant'altro di meraviglioso, unico e raro ci appartiene già, nelle miniere inesplorate del nostro cuore, della nostra sensibilità e della nostra intelligenza. Io, Tiberio, cerco di farlo quasi sempre; ti chiedo di porti la stessa domanda, che mi faccio continuamente io: "Posso dare di più? **Posso fare di meglio?". La mia risposta è sempre: "SÌ, posso!".**

Rientra nel tuo sogno...

Parliamo ora della tua creatività, dove è finita? Da quanto tempo non ti relazioni più con lei? Perché pensi di non riuscire più a riallacciare quella che potrebbe diventare una vera storia d'amore tra te e lei? Ho visto illuminarsi l'anima a persone che mi facevano vedere i loro quadri o le loro sculture, che mi leggevano le loro poesie o i loro racconti, che mi davano un libro da leggere (ma non mandatene più, vi prego; io non ho il potere di trovarvi degli editori). Io credo fermamente che ognuno di noi sia un artista. In ogni grado di scuola dovrebbero, secondo me, incoraggiare i bambini a incontrare l'artista che c'è in loro, perché quando siamo molto piccoli siamo, paradossalmente, più consapevoli delle nostre enormi possibilità (fino a che gli adulti non ne riducono la forza) e la nostra autostima è quasi sproporzionata in rapporto al nostro piccolo cuore; per questo non ci sono limiti a quello che i bambini dicono di volere fare da grandi: «Voglio fare l'alieno», «Voglio fare Gesù», «Voglio fare quello che prende l'acqua del mare e la porta nel deserto», «Voglio fare quella che porta le stelle a prendere il tè dalla luna». Poi, crescendo, vogliamo sperimentare i doni e le attitudini che possediamo, ma quanti si dimenticano di farlo. Possiamo poi ampliare il nostro bagaglio con le cose che vediamo fare intorno a noi e che, sperimentandole, potrebbero piacerci molto. Questo potrebbe sembrare il normale incontro con le esperienze della vita, invece spesso anche la passione condivisa con le persone che frequentiamo di solito, diventa un modo "per entrare nel loro sogno", in qualità di comparse: un vantaggio paradossale, che ci allontana dalla riuscita in quello che avevamo deciso di fare. Se ami il rugby, ma finisci per giocare a pallanuoto perché questo fanno i tuoi amici e nel tuo quartiere c'è una piscina, magari diventerai anche "bravino", ma forse non proverai la stessa gioia che avresti provato se avessi difeso quello che volevi fare, se avessi frequentato gente nuova e trovato strade nuove per riuscirci, seguendo il tuo istinto e il tuo cuore. A volte, il diventare complementari alle scelte altrui ci fa sembrare buoni agli occhi degli altri, o almeno lo scopo, più o meno inconscio, per cui agiamo in tal modo è questo. Ma anche se ci permetteranno di farlo e acquisiremo la fama di quelli a cui tutto va bene, ci ritroveremo in breve a essere usati. Così ci ritroveremo ad accompagnare di volta in volta qualcuno (a comprare un abito, un telefono, a cercare di vedere una persona che piace loro) per essere dimenticati poi, appena compare all'orizzonte qualcun altro che ha più potere, carisma o carattere di noi. Essere troppo disponibili porta sempre e comunque, a un certo punto, a una bassa autostima e a tirare a riva delle reti assolutamente vuote o colme di delusioni a volte molto amare. Non sentirsi apprezzati è molto triste e invalidante, tutti abbiamo bisogno di avere riconoscimenti, per questo talvolta esageriamo nel dare, ma ben presto ci rendiamo conto che se continueremo a comportarci così, i conti non torneranno, e allora cominciamo a guardare con risentimento proprio quelle persone a cui davamo troppo. Nessuno può affermare a lungo di non essersi mai adagiato nella convinzione di essere stato trattato ingiustamente. Quello che capita è di sentirsi autorizzati di punto in bianco a smettere di dare qualcosa che si donava da sempre, provocando così disorientamento in chi ci frequenta da tanto tempo, ma di colpo non ci riconosce più. Molti iniziano così a non partecipare attivamente a quanto accade intorno a loro, ma questo, non facendo parte della loro natura li farà soffrire; comunque, sentendosi creditori per avere dato sempre moltissimo, non smetteranno di aspettarsi dei risarcimenti, che in genere non arriveranno mai! Altri, rendendosi comunque conto che quello che riescono a raccogliere è molto modesto, in relazione a ciò che dicevano di volere o che credevano di meritare, iniziano a non palesare i loro bisogni e a nascondersi dietro comportamenti che non appartengono loro veramente e, fingendo di essere diversi da quello che autenticamente sono, creano delle barriere, che li conducono apparentemente al risultato auspicato: la separazione. Questo tipo di comportamento spesso conduce a un'ulteriore scontentezza, che talvolta trova uno sbocco nell'alcool o in altre dipendenze. Cose di questo tipo accadono spesso a persone che si ritengono non volute dalla nascita, che in passato sono state abbandonate, oppure che pensano di avere un aspetto fisico non gradevole o che non sono state "informate" del valore che hanno nel corso della loro educazione. Una corretta connessione tra motivazione e gioia può rappresentare una scorciatoia degna di essere seguita, al fine di cercare delle realizzazioni veloci, anche se questo tipo di esperienza è spesso temporanea, ragione per cui talvolta capita che degli individui che avevano dimostrato di possedere abilità apparentemente interessanti in un dato campo, dopo alcuni risultati importanti lascino cadere quello che avevano dimostrato di sapere fare; bene, sì, ma non con il cuore.

Perché sono pronto a concedermi il meglio...

Molti non vogliono concedersi nulla, non sentendosene, inconsciamente, meritevoli; che cosa accadrebbe loro se imparassero ad amarsi? Guai a parlargliene, si sentirebbero a disagio; staremmo proponendo loro una condizione di forza, che forse non sarebbero desiderosi di gestire. Se hai comperato un abito troppo bello, non troverai mai delle occasioni per metterlo; perché lo giudicherai sempre troppo elegante, non adeguato all'avvenimento che ti appresti a vivere; a volte si ottiene di più con meno. Le aspettative devono sempre essere allineate alla tua consapevolezza. Fai pace con te stesso! Tante volte viviamo dei momenti incantevoli che banalizziamo, attenti come siamo a trovare intorno continuamente frammenti di disturbo, o elementi mancanti, invece di apprezzare quello che abbiamo! Da alcuni giorni, mi trovo all'Antico Uliveto, un agriturismo biologico immerso nella pace e nella bellezza delle colline del Chianti senese, circondato da uliveti e vigneti[2]. Qui tutto è gestito in modo amorevole, allo scopo di creare un'atmosfera unica. Mi sento un privilegiato, nel trovarmi qui, tra il profumo delle rose e delle piante aromatiche a scrivere e a godere del silenzio e del bellissimo panorama, mentre Laura nuota in piscina.

---

2. www.anticouliveto.it.

È la tua vita e sta andando tutto benissimo, e quello che non scorre ancora, sai che è nelle tue possibilità farlo funzionare presto. Prova a scriverti una lettera in cui ti dici perché sei pronto/a a concederti il meglio.

Ecco un esempio: «*Quanto è difficile scrivermi questa lettera?! Il meglio per me sarebbe avere la tranquillità interiore e la sicurezza che non ho mai avuto, potere smettere di mettermi continuamente in discussione, essere in grado di chiedere ciò che mi spetta o che mi fa piacere, non avere più la sensazione di venire sempre dopo qualcos'altro, abbandonare la paura che sembra accompagnare ogni mia azione: paura di sbagliare, paura delle conseguenze, paura del giudizio; paura, paura, sempre paura!! Da dove arriva tutto ciò? Qual è il periodo della mia vita che devo "perdonare", per far sì che tutto questo cessi? Ecco che mi ritrovo con un'altra domanda! E se magari fosse giunta l'ora di lasciarlo andare definitivamente, e senza pormi ulteriori domande, questo benedetto passato? Mi fermo. Ho bisogno di una pausa. Bene, torniamo al meglio per me. Ci sono voluti due giorni, prima che mi decidessi a continuare questa lettera, cara Rossella. Il meglio per me... è riuscire a essere presente in ciò che faccio, regalandomi momenti stupendi insieme alla mia bimba: momenti d'amore, di gioco, di scoperta. Il meglio per me... è lavorare con i bambini trasmettendo loro tutta la positività di cui sono capace. Il meglio per me... è* **che il mio valore venga riconosciuto, da me stessa, prima di tutto!** *Il meglio per me... è sentirmi amata! Avere a fianco qualcuno che si coinvolga e che mi coinvolga; qualcuno che ci sia e per il quale io possa esserci, che abbia voglia di stare in mia compagnia, di condividere gioie e, perché no, dolori; qualcuno con cui trovare soluzioni; qualcuno con cui svegliarmi il mattino, con cui sedermi in balcone ad ascoltare gli uccellini. Avere, insom-*

ma, qualcosa che assomigli a ciò che avevo, con l'aggiunta di onestà, chiarezza e trasparenza, senza investire qualcuno di aspettative, di ciò che non è, senza cercare di cambiarlo, ma semplicemente vivendo ciò che è! Ecco individuata una delle mie responsabilità: senza rendermene conto, ***gli chiedevo di essere ciò che non era.*** *E lui ci ha provato, chissà come deve essersi sentito!».*

Capitolo 4

Avevi fiducia nei tuoi genitori? E loro in te?

«Un bambino conosce i suoi genitori più intimamente, e nel modo più giusto rispetto a chiunque altro, nella sua vita; perciò quello che egli imparerà sull'amore dipenderà dal suo osservarli giorno dopo giorno»[1].

Immaginati in una tappa di un tuo viaggio: sei da solo in un posto strano, indefinibile, un po' come accade in certi sogni. Non hai scelto di fermarti lì, hai sentito che dovevi farlo. L'hotel in cui sei entrato/a ha un aspetto tetro, ma hai preso lo stesso una camera, hai lasciato le tue cose e sei uscito/a di nuovo. È sera, in giro non c'è nessuno, Tutto è chiuso, c'è solo un teatro aperto, la locandina ha un aspetto vagamente conosciuto. Entri e ti siedi, sei l'unico spettatore. Inizia lo spettacolo, le luci sono basse, la musica di sottofondo è una tristissima nenia infantile. In scena ci sono degli attori che interpretano il ruolo di tuo padre e di tua madre. Ci sei anche tu: hai tre anni, sono i giorni di Natale; c'è un piccolo albero addobbato, ha luci tenui che si alternano tra loro in un girotondo cromatico stucchevole. Immagina di veder entrare in scena a uno ad uno i tuoi fratelli e le tue sorelle, se ne hai. Parlano tra loro e con te. Che cosa dicono? Che cosa ti dicono? È la tua vita che viene rappresentata, anche con le cose che non avevi mai detto

1. Auguadri, Eliana e Frigerio, Monica, *Facciamo che Oggi era Domani*, Edizioni IRG.

a nessuno. Man mano che lo spettacolo si svolge, gli interpreti diventano sempre più somiglianti a voi, poi, avvicinandosi all'epoca in cui vivi, ti accorgi, a un riaprirsi delle tende, che non ci sono più gli attori sul palco, ma proprio i tuoi cari. Poco prima dell'ultimo atto non ti si vede più in scena; a un certo punto vieni invitato/a a unirti a loro, ti viene spiegato che quello non è un gioco: al contrario, la situazione è molto importante. Si tratta dell'ultima occasione per comunicare ai tuoi genitori (e ai tuoi fratelli e alle tue sorelle) ciò che hai da dire loro e di sentire pronunciare da loro tutto quello che hai veramente bisogno di sentirti dire. Si sentivano sicuri di te? E tu dubitavi di loro? Non ti convincevano? Chi ti convinceva di meno, nella tua famiglia? Avevi fiducia in tuo padre? Avevi fiducia in tua madre? Da cosa pensi potesse derivare la scarsa fiducia in loro? Che cosa mi risponderesti, quindi, se io ti chiedessi se avevi fiducia nella tua famiglia d'origine? Da cosa pensi possa derivare la tua scarsa fiducia? In che misura i vostri genitori avevano fiducia in voi? Prestati a eseguire questo esercizio e lasciati stupire da tutto quello che può derivare da questa specie di "costellazione familiare" gestita da te, dalle tue emozioni e dai tuoi ricordi; scrivi tutto quello che viene detto da te e dagli altri, e fanne tesoro!

«L'immaginazione è il dono più grande. Non avere paura di usarla. Immagina te stesso stare infinitamente a tuo agio proprio adesso. Totalmente bene! Immagina te stesso/a come qualcosa di integro, completo e perfetto. Senza nulla da cambiare, nulla da "migliorare". Figurati il tuo cuore di nuovo aperto alla tua vita come se stesse ricominciando nei modi più fantastici. Riesci a immaginarlo? Riesci a sentire come sarebbe? Allora hai appena creato il Domani»[2].

2. Neale Donald Walsch.

Talvolta le persone non danno il meglio di sé semplicemente perché non hanno mai incontrato nessuno che si aspettava da loro qualcosa di quel livello qualitativo. Puoi fare il massimo anche in situazioni in cui nessuno se lo aspetta e lì, dove non ricevi pressioni, fare la differenza. Nessuno si aspetta che un portiere segni, giusto? Eppure Rogerio Cemi, estremo difensore del San Paolo, ha fatto cento goal, una cosa più unica che rara: un bilancio costruito in 965 partite, con 65 gol segnati in seguito a punizioni. Forse i suoi genitori gli hanno insegnato che non importa da dove parti per arrivare a fare quello che desideri. La metafora serve a ricordarti che, oltre a difendere e tutelare i frutti che già hai ottenuto, puoi contribuire ad accrescere il risultato del tuo schieramento.

Una splendida madre!

Un giorno lavoravo sul perdono, con una professionista che stava seguendo un ciclo di sedute di crescita personale nel mio studio. Per lei, quel tema rappresentava un limite molto ostico, perché la propria madre le aveva reso la vita impossibile durante tutto il periodo della crescita, facendola sentire sbagliata in tutti i modi. La costante era quella di venire trattata da persona brutta, grassa, sporca. È evidente che questa non sia certo una situazione comoda in cui crescere.

Ovviamente, le conseguenze derivate da questo costante esercizio di dolore erano state molto importanti. Anche se, avendo ipercompensato il risultato di questi giudizi negativi, come spesso accade, la signora era divenuta una persona stupenda e assolutamente realizzata nel campo professionale e anche in tutti gli aspetti sociali con cui veniva in contatto. Il motivo per cui la signora veniva da me, era che non riusciva ad avere un buon rapporto con la figlia adolescente, la quale restava spesso come annichilita di fronte anche alle sue minime osservazioni ed esortazioni a impegnarsi di più. I risultati scolastici che la figlia riusciva a ottenere non erano buoni e anche se il modo in cui la signora cercava di ovviare a queste difficoltà non era per niente paragonabile a quanto essa aveva subìto dalla propria madre, il risultato era molto simile. La signora pensava che la propria figlia fosse stupida, la signora pensava che la propria madre fosse stupida: stesso giudizio e stesso risultato, tre generazioni a confronto, in un "fluire di paure e di cose non dette", di rimostranze e di tristezze infinite su cui immolare i propri slanci e i propri entusiasmi. Gli incredibili risultati da lei raggiunti rendevano il suo valore assoluto e talmente evidente che di più non sarebbe stato possibile. Palesemente, aveva voluto emergere a livello professionale in modo incontrovertibile e inconfutabile, divenendo così una persona molto importante che aveva raggiunto l'apice professionale nelle sue competenze, in ambienti esclusivi che normalmente sono presenti solo nei sogni.

Ma questo, oltre a non avere cambiato l'opinione che sua madre aveva su di lei, aveva creato un solco profondissimo tra la sua esistenza e quella di sua figlia, che probabilmente, ricevendo da lei un esempio assolutamente irraggiungibile, non si sentiva in alcun modo motivata ad ottenere il benché minimo risultato scolastico. Per questo la signora era arrivata a considerarsi una cattiva madre e, in una surreale catena di causa-effetto, era giunta a questa difficile situazione. Come poteva non esserci un nesso tra il rapporto infelice avuto con la propria madre e quello che la vedeva indecisa a confrontarsi inefficacemente con la propria figlia? Le donne più importanti della sua vita erano il suo problema più grande. Tre donne. Una nonna rigida e giudicante, fredda madre di una figlia, lei, diventata una persona di successo, e divenuta a sua volta madre di una giovane ormai adolescente che, non avendo avuto un esempio valido da cui apprendere come avrebbe potere diventare migliore, si riteneva inadeguata al ruolo. Durante la seduta in cui io cercavo di fare vedere alla signora l'importanza che avrebbe potuto avere il riuscire a perdonare la madre per quanto accaduto tra loro, la signora si era adirata moltissimo. Lei non voleva perdonare: «Io non la voglio perdonare»! Aveva voluto addirittura gridarlo per farmelo capire, affinché il concetto mi fosse assolutamente chiaro. Era la prima volta che qualcuno gridava nel mio studio. Il giorno seguente ho ricevuto questa mail dalla signora: «*Mi spiace per ieri, ma sto ancora molto, molto male. Non ho lasciato nulla lì, ma è come se avessi riaperto, con enorme dolore, una porta che avevo chiuso tanto tempo fa. Stanotte non ho dormito e oggi mi sento molto più fragile e insicura di prima. Tanto che mi chiedo se questa sia la strada giusta. Io sono sempre stata conscia dei problemi con i miei, non voglio nessun risarcimento né medaglia d'onore al merito: so che i miei problemi di autostima derivano da loro e dal fatto che, nonostante tutti i miei sforzi, non sono riuscita a farmi amare. Quindi non so se riaprire questo capitolo possa portare dei vantaggi. Conosco i miei limiti e vorrei superarli, senza andare a cercare legittimazioni o giustificazioni a comportamenti che non ne hanno. Soprattutto ho sempre fisso su di me il tuo sguardo, che mi è parso assolutamente negativo e ostile. So di essere sbagliata e "diversa", ma ti prego di aiutarmi lo stesso. Oggi mi sento malissimo, come da tanto tempo, per fortuna, non mi sentivo più. Mi spieghi il senso di ieri? Grazie per la tua risposta. Scusa ancora per tutto, soprattutto se non sono all'altezza del tuo percorso*».

Così le ho risposto io:

«Certo Francesca[3]*, te lo spiego subito. Dici: "So che i miei problemi di autostima derivano da loro e dal fatto che, nonostante tutti i miei sforzi, non sono riuscita a farmi amare". Ecco il senso di ieri! Il senso è stato che abbiamo l'esigenza di spostare i limiti di quello che hai registrato dentro di te alla voce AMORE! Per farlo, è ovvio che dobbiamo mettere le mani dove c'è la manopola della linea estrema fissata in precedenza! Questo abbiamo fatto! Per migliorare tutto quello che esprimi tu con Alessandra*[13]*, occorre dare un senso a quel dolore di non essere stata amata! Non basta mettere tutto in una grotta e murarne l'ingresso! Ieri siamo entrati in quella caverna e abbiamo tirato fuori quel bidone ermetico per rifiuti tossici e lo abbiamo aperto per smaltirne adeguatamente il contenuto! Il fatto che il mio sguardo* ***ti sembrasse*** *ostile è dovuto alla percezione della tua parte ombra, che si sentiva da me attaccata, tant'è vero che tu, intelligentissima come sei, come se non capissi, a ogni mia frase ripetevi: "In che senso?". Una parte di te non voleva capire: una parte di te, che era fiera del punto a cui ti aveva portata. Ma il male che senti dentro di te ora è l'inizio della risoluzione di cui avevi bisogno; lascia entrare aria in quegli antri in cui non si poteva entrare, poi ci metteremo delle luci e imbiancheremo tutto! Ti abbraccio forte, Tiberio».*

Alla seduta successiva decisi di smettere per il momento di parlarle dell'importanza del perdono e le chiesi invece di descrivere tutti i ricordi di sofferenza, procurati da sua madre, che le venivano in mente. Mentre lei piangendo raccon-

3. Francesca e Alessandra: nomi di fantasia.

tava del dolore provato nel suo piccolo cuore durante la sua infanzia, io scrivevo tutto. Ognuno di quei tristi ricordi finiva nel mio quaderno. Stenografavo, come si vedeva fare un tempo nei processi. Alla fine, avevamo una serie importantissima di indicazioni preziose su tutto quello che una buona madre **non** dovrebbe mai fare/dire. Ecco il modello che prima non c'era! «Se una madre facesse il contrario di tutto quello che mi hai descritto, sarebbe una madre buona o cattiva?», le chiesi. «**Sarebbe una splendida madre**», mi rispose. «Ora sai cosa fare, per diventarlo anche tu» le dissi io!

La riflessione che ne consegue è evidente: quanto sarebbe più utile se, invece di vivere nel vittimismo e arredare dei tunnel, per quello che non abbiamo ricevuto in passato nella nostra famiglia, facessimo tesoro degli errori visti e delle mancanze sopportate per diventare migliori? Quanto diverrebbe utile, fare riferimento agli sbagli di cui siamo stati vittime per imparare a evitarli? Quanto questo potrebbe portarci a diventare davvero noi, le migliori persone che potremmo incontrare? Quanto dovremmo allora ringraziare coloro che ci hanno delusi se, attraverso quanto subìto, avessimo l'opportunità di divenire una persona che non sbaglierà più, proprio grazie alle brutte esperienze collezionate? Solo allora sarà facile avere fiducia in tutti coloro con cui entreremo in relazione, e prima di tutto con i componenti della nostra famiglia di cui avremo lavato le macchie. Solo allora potremo di nuovo confidare nel vento, nel sole, nei mattini indecisi d'autunno, nelle stelle e nella luna. Ecco che, senza sforzi, diverremo ottimi genitori, sicuramente amorevoli anche quando siamo fermi, e comunque fermi quando siamo amorevoli. E, perché no, ci sentiamo anche liberi di rivelare una paura o una debolezza ai nostri figli, senza temere di essere considerati deboli o, peggio, cattivi genitori. In questo modo non ci sentiremmo più sfortunati martiri di ciò che non possiamo cambiare, in quanto già accaduto, ma capaci e positivi esecutori di nuove opportunità, che si rigenerano e si creano proprio là dove si era verificato il danno. E questo unicamente attenendoci a quanto imparato di negativo nella nostra vita, ricavandone indicazioni pregiate su quello che potremmo evitare e su quello che dovremmo fare. Così, semplicemente facendo il contrario di ciò che abbiamo visto fare su di noi e intorno a noi, sapremo come agire, per essere nel giusto. E, seguendo questa nuova guida, ecco che arriveremo esattamente allo stesso punto cui può arrivare chi, avendo avuto un'educazione ed esperienze più fortunate, migliori, dense di buoni esempi e di sostegno, ha sempre avuto delle indicazioni esatte, da cui attingere per fare le mosse giuste per emergere e conseguire i risultati auspicati! Si tratta di una grande innovazione! **Coloro che hanno subìto gli errori dei genitori e coloro che invece hanno ricevuto le migliori indicazioni hanno le stesse possibilità di arrivare in alto** e di vincere, se si applica quanto abbiamo appena visto. **Si tratta di una scelta, come sempre**! Ieri da Francesca, a distanza di un anno dalla lettera precedente, ho ricevuto un altro scritto. Mi raccontava diverse cose, tra cui queste: «*...Con mia mamma, molto bene: il 25 aprile 2011 ho accompagnato i due "ragazzi" (mio padre di 70 anni, e mia madre di 71) in un tour organizzato nella Grecia classica: TUTTO È ANDATO A MERAVIGLIA! Loro hanno "fatto giudizio", si sono "affidati" (finalmente!) a me, riconoscendo così il mio valore (meglio tardi che mai, non trovi?) e siamo stati davvero in armonia, insieme! Risultato del tutto impensato solo un anno fa. Pensa che le mie amiche più care, quando, solo poco prima di partire, ho "confessato" loro dove sarei andata, mi hanno chiesto se avevo con me "droga" sufficiente per affrontare l'incredibile prova ;-). Penso che sia merito (an-*

che) tuo e non vedo l'ora di reincontrarci, a settembre, per avere gli strumenti per approcciarmi con Alessandra alle scuole medie nella maniera migliore possibile...».

Quello che ci hanno insegnato è sempre indispensabile e fantasticamente prezioso, qualora sia stato deleterio; tutto dipende da come tu lo hai elaborato. "Noi siamo responsabili al 100% di tutto quello che attraiamo nella nostra esistenza. Io sono responsabile al 100% di tutto quello che accade in me, nelle mie relazioni e intorno a me!". Dopo esserti detto questa frase, mettiti d'impegno a scoprire come tu stesso produci nel tuo animo l'irritazione. Innanzi tutto pensa a questo: è effettivamente possibile che i difetti – o i cosiddetti vizi – di una data persona ti infastidiscano proprio perché li hai anche tu, nascosti profondamente dentro. Cerca perciò nel tuo cuore. Così, nel tuo inconscio, i difetti che trovi in quella persona e la tua irritazione verso di lei si trasformeranno in tenerezza e gratitudine, perché il suo comportamento ti avrà portato/a a scoprire un lato oscuro di te stesso/a. Tu inconsciamente proietti negli altri questi tuoi difetti. Le cose stanno quasi sempre così, ma quasi nessuno arriva ad ammetterlo. Io sì, e tu? Cosa vogliamo raccogliere: cocci o risultati?

Capitolo 5

Spesso parli di quello che sarà dimenticandoti proprio di te...

«La fiducia, come ogni atto di amore, non si colloca né in piena luce né nelle tenebre, ma in una penombra...»[1].

Sei soddisfatto/a di quello che hai fatto fin qui?

«No, non ho fatto abbastanza»...Dici?

Non ti ho chiesto quante cose hai fatto, o se pensi di averne fatte a sufficienza; ti ho chiesto se sei soddisfatto/a di quello che hai fatto. Finora intendo! Questo non significa che il tempo sia scaduto e che non potrai fare altro, ma mi piacerebbe sapere se sei soddisfatto/a di ciò che hai fatto finora perché, se non lo sei, potresti cambiare qualcosa: il modo, i tempi o le persone con cui lo stai facendo. Che cosa potresti cambiare, per avere facilmente dei risultati straordinari? Da cosa pensi possa derivare la scarsa fiducia in te stesso/a e nelle tue possibilità? C'è un episodio specifico che ti consuma dentro? Che cosa è avvenuto? Fino a che punto ti dispiace? Come è stato interpretato quello che si è verificato? Cosa è stato ritenuto così grave? Cosa provoca in te il pensiero che gli altri considerino sgradevole questo avvenimento? Che cosa ti fa sentire colpevole, riguardo a quanto accaduto? Fai un elenco delle volte in cui, nella tua vita sei stato giudicato/a malissimo da qualcuno! Quante di quelle situazioni sembravano insuperabili? Sai che ora quegli stessi episodi potrebbero farti ridere? Se qualcuno

1. Fabrice Hadjadj.

ha convinto la nostra consapevolezza profonda della nostra inettitudine, faremo di tutto per convincere chiunque incontriamo della nostra incapacità, e sarà nostra premura deludere al più presto tutti coloro che – a nostro apparente dispetto – erano invece disposti a fornirci indicazioni e a intercedere per noi, sicuri dei nostri talenti, pronti addirittura a mettere a rischio la loro credibilità per promuovere ciò che avevano visto in noi! Quanto si sbagliavano, pensiamo noi, anche a distanza di anni da quelle occasioni bruciate repentinamente con tanto impegno. E se non si fossero sbagliati loro, se fossimo stati invece noi a metterci al sicuro, all'ombra della nostra inadeguatezza, con eccessivo sollievo? Non possiamo più nasconderci dietro a un dito: ora siamo diventati troppo grandi per tentare di farlo. Quando eri piccolo ti bastava mettere le mani davanti agli occhi per credere che nessuno potesse vederti. Più avanti, crescendo, a volte un dito sembra bastare. Oggi sei cresciuto tanto e sai troppe cose, per provare a farlo ancora.

Le cose non sono mai come sembrano...

Tutto questo può portare a una nuova vita, anche accettabile, forse, e volendo, anche molto più interessante. E se ci convincessimo di essere fantastici? Che cosa accadrebbe? Tutto ci permette di conoscerci più a fondo, ogni cosa che avviene può essere vista come un'occasione per accedere a un livello più profondo, in cui, come nel lavoro di un ricercatore, la nostra missione potrebbe essere esclusivamente quella di elaborare tutto ciò che avviene intorno a noi, per accorgerci infine che quella, e nient'altro, è la nostra vita. È solo questo che ci viene chiesto: vivere al meglio! Quello che accade intorno a noi non è quasi mai così disarmonico come può sembrare a una prima analisi. Le cose spesso non sono come sembrano (specialmente quelle in cui paghi apparentemente un prezzo superiore all'incasso della serata). Francis Drake, uomo d'avventura, navigatore e politico insignito del titolo di Cavaliere da Elisabetta I, era considerato un eroe dagli Inglesi e un pirata dagli Spagnoli, che lo chiamavano "El Draque". Tutto è relativo e non possiamo piacere a tutti. **Quando sentirai di avere mantenuto tutte le tue promesse, non avrai più paura di niente**, ti sentirai sereno/a e rilassato/a, e quello che ti destava più timore, la possibilità di restare solo/a (nell'amore), ti si presenterà ora in un modo nuovo. Penserai che, se mai dovesse accadere, forse dipenderebbe dal fatto che gli altri amano raramente così incondizionatamente come sai fare tu. Ora che sei più presente, ti senti come quando vedi il paesaggio scorrere dal finestrino e guardi tranquilla ogni cosa meravigliandoti, e poi ti rendi conto che non puoi disinteressarti del percorso e guardare fuori dal finestrino, **perché sei tu che guidi**! Anche il passaggio dalla famiglia primaria allo stato d'indipendenza di un adulto andrebbe rivisto; occorrerebbe preparare delle fasi di accompagnamento che non siano traumatiche, e permettano di trasformare la passività dell'osservazione di quello che accade fuori, nella consapevolezza che siamo noi ad avere il potere di fare accadere tutto quello che vedremo. I genitori dovrebbero essere in grado di fare questo. Molte insoddisfazioni dipendono dalla propria instabilità, dall'incapacità di mantenere un focus gratificante. **Non dipende dagli altri, sai che è così**. Se anche tutti fossero disposti a darti sempre e soltanto ragione, questo dopo un po' ti indispettirebbe; ti sentiresti preso in giro e metteresti in dubbio la sincerità degli altri. Perché lo sai che non hai sempre ragione! Costantemente, cerchiamo attorno a noi delle persone in cui potere riporre la nostra fiducia, al fine di costruire la nostra certezza. Ma la tua sicurezza proviene invece dalla sensazione di sapere sempre cosa fare, senza avere il timore di compiere errori evidenti. Il tuo senso di insicurezza, allora, da cosa ha origine? Quando è nato e da che cosa? **Ha un compleanno da festeggiare**? Che emozioni ti provoca questo concetto? Che rapporto avevi con i tuoi parenti? Hai conosciuto tutti i tuoi nonni? Scrivi i loro nomi e cerca di ricostruire il rapporto che avevi con ognuno di essi, cerca di risalire ai nomi dei loro genitori e, se qualcuno lo ricorda, anche a quello dei loro nonni, che sono i tuoi trisnonni. Se invece i nonni hai ancora la fortuna di averli, chiedi loro di raccontarti qualcosa che non ti hanno mai detto, di quando erano piccoli, magari del rapporto che avevano con i loro genitori. E tu, con i tuoi genitori, che rapporto hai? Quali erano le regole più rigide a cui hai dovuto sottostare durante la tua crescita? Quali sono state le tue mancanze più gravi nei loro confronti? Ci tenevano così tanto, i tuoi genitori, a non essere superati? Si comportavano come creditori? Accampavano già dei diritti nei tuoi confronti, da riscuotere non appena saresti cresciuto/a? I miei, spesso, sì. Anche qualcuno dei vostri genitori? E tra loro come erano, le dinamiche?

Cosa significa partecipare alla vita degli altri?

Spesso si assiste, nei racconti delle dinamiche parentali di allora, a delle vere e proprie attrazioni fatali tra persecutori e vittime, a come questi si cerchino e si trovino assolutamente sempre (ancora oggi) e anche a quanto siano necessari gli uni agli altri. Così è accaduto a mia madre, cui ho visto subire di tutto durante la mia crescita, e fare le sue recriminazioni di fronte a me bambino, di non essere capace di difenderla, al contrario di mio fratello, che in quelle occasioni, sembrava riuscisse a distrarre mio padre dal suo "operare". Io non ricordo questa sua abilità, perché tra me e lui c'erano nove anni di differenza e all'età di quattordici anni lui se ne era andato di casa. Eppure se penso a mia mamma, non posso non pensare con tristezza alla sua rassegnazione a essere vessata continuamente. Lei che diceva sempre di amare mio padre, malgrado tutto, come il primo giorno, anche se il giorno del loro matrimonio lui l'aveva schiaffeggiata e, quando lei più tardi gli aveva chiesto la ragione, lui tranquillo le aveva spiegato sinteticamente la sua logica: «Perché ridevi!».

Mi rendevo già allora conto, comunque, che una buona fetta della felicità che avrei potuto raggiungere sarebbe derivata dalla qualità della relazione che avrei saputo creare con i miei genitori; infatti, a differenza di mio fratello, il quale spesso arrivava dopo i litigi a non parlare più e a interrompere ogni rapporto con loro per lunghi periodi, a volte anche per anni, io non sono mai voluto giungere a punti di quel genere. Sentivo che lo stesso sarebbe valso per ogni relazione che avrei avuto in futuro. Con qualsiasi persona, avrei sempre cercato di risolvere e prevenire gli eventuali conflitti e avrei sempre cercato di lavorare per il bene mio e di tutti. Al mio passato dico grazie!

Fai un volo dalle parti del bambino che sei stato: sei a una ventina di metri dal suolo, che cosa vedi? Connettiti accuratamente con il bimbo che eri, è un'operazione di fondamentale importanza! È là che hai deciso se ci si poteva affidare! Avere fiducia nel prossimo, significa avere la speranza che tutto possa cambiare, e che in questo modo non tutto sia perduto, poiché ogni cosa, grande o piccola, deriva dal nostro impegno o dalla nostra distrazione di uomini. Nel mettersi a disposizione del prossimo c'è, al di là di quello che di utile ne potrebbe conseguire, un vero atto di consapevolezza con cui contribuiremo al bene del Pianeta stesso. Tu cancelli spesso le tue e-mail?

Molti non lo fanno mai; se sei tra questi, ti propongo un esercizio che ti farà riflettere. Sei nella prima pagina, quella in cui appaiono le e-mail arrivate oggi. Falla scorrere fino in fondo. In basso a destra, troverai le freccette per passare alla pagina successiva, in cui ci sono i messaggi dei giorni scorsi, ma, ancora più a destra, troverai una freccia che è volta verso destra a incontrare una piccola linea; se la schiaccerai, ti condurrà per mano alla prima pagina, quella del giorno in cui hai aperto la tua casella di posta elettronica. Rileggi le e-mail più datate e fai attenzione a come ti senti, riguardo alle cose vecchie successe. Proverai rimpianto per le cose non realizzate, affetto per i primi messaggi con una persona che poi è entrata con forza nella tua vita, tristezza per altre che con la stessa energia ne sono uscite. Ma potrai anche rivisitare il concepimento di idee che hanno portato a progetti realizzati. Fallo anche con la posta inviata: ti rivedrai nel chiedere informazioni per ottenere delle cose, per spostare dei limiti, per visitare luoghi nuovi... È rivelatorio vedere come eravamo, in una prospettiva a medio termine, come ci muovevamo. Prova a considerare come interloquivi: con più o meno sicurezza di adesso? Come eri? Più gentile? Più rispettoso? In cosa ti piaci meno e perché? In cosa di più, e per quale motivo? Come si può, da questo, accumulare esperienze per imparare a capire chi siamo? Come si può, poi, trasformare tutto questo in coraggio da mostrare e da dimostrare, all'occorrenza?

La motivazione è il motivo stesso dell'azione

Una delle strade possibili è andare a esplorare luoghi mai sperimentati dai nostri genitori e dalle nostre figure di riferimento, ad esempio indirizzandoci verso una forma artistica che potrebbe mostrarci le possibili vie da seguire: il disegno, la pittura, la scultura, la poesia, la musica, il ballo, la recitazione. Molti si sono salvati così, tanti hanno costruito ponti di notte – nascosti quasi anche a se stessi, per non tradirsi – per poi raggiungere luoghi, in cui magari non essere capiti, ma ormai già così lontani da non essere mai più raggiungibili. Ecco che, una volta raggiunta una di queste mete, rassicurati dall'essere riusciti a dimostrare che non si trattava solo ed esclusivamente di luoghi immaginari, potremo di nuovo, se non lo avevamo fatto in precedenza, ricominciare a parlare di consapevolezza e di autostima. Perché non provare da lì a costruire una strada nuova (più facile, da realizzare, di un ponte)? Quando non raggiungiamo un obiettivo, talvolta il blocco sta nel fatto che spesso il vero motivo, che ci spinge (e che muove gli altri) a raggiungerlo, è nascosto agli occhi di tutti e forse anche ai nostri. Racchiuso in un codice che chiunque fosse in possesso della relativa chiave potrebbe decifrare a volte anche molto facilmente. *«In questa relazione di crescita, assume un'importanza determinante il paradigma della "genitorialità" che mette in campo il rapporto capacità-bisogno. In esso, il figlio si trova di fronte alla figura genitoriale e va inteso come un bambino che ha bisogno di un adulto, qualcuno che sta sopra e qualcun altro che sta sotto, una persona che viene prima e un'altra che è arrivata dopo. L'assunto sul quale si basa il rapporto capacità/bisogno è quello secondo il quale ogni soggetto è figlio; fatto, questo, chiaramente non facile da assumere e dal quale hanno origine molte battaglie sia in famiglia che a scuola»*[2]. Qual è il vero obiettivo? Quale, l'emozione che verrà raggiunta con la sua realizzazione? La motivazione è il motivo dell'azione, ciò che ne determina la forza. Spesso qualcuno parla di

2. Marcoli, Ferruccio, *Wilfred R. Bion e le "Esperienze nei gruppi"*, Armando Editore, Roma 1988.

quello che sarà, una volta realizzato il tutto, dimenticandosi di sé, di come sarà proprio per lui in quel momento e in ciò che ne conseguirà! Qualcuno parla di aiutare il prossimo, altri devono certificare che quello che "avevano visto" c'era veramente, ma tu? Dimenticati per un momento di noi, degli altri, di tutti! Entra in contatto con te stesso/a (la meditazione potrebbe insegnarti a farlo) e chiediti ancora: "Qual è il mio vero obiettivo?". Qual è l'emozione che proverai con esso? Quella sarà la vera motivazione che ti condurrà alla tua rinascita! Possiamo misurare il grado di fiducia in sé di una persona grazie alla sua capacità di esporsi, di aprirsi agli altri senza temere il loro giudizio. Prova dunque a parlare di tutti i tuoi errori, raccontami delle volte in cui sei stato defraudato, ti sei sentito perso e sconfitto, impotente, tradito, frainteso, per aver dato credito a qualcuno, che non meritava assolutamente nulla. Invece di fare buon viso a cattivo gioco, fingendo che tutto sia andato bene, questa volta puoi scegliere di dare ascolto alla tua angoscia, lasciala uscire da te attraverso l'espirazione: ora ne sei libero. Questo atteggiamento ti permetterà di ottenere il vantaggio di essere autentico/a, visibile; ora non dovrebbero esserci ostacoli al ripromettерti che la prossima volta, in una situazione simile, sarai più pronto/a a difendere il tuo punto di vista! È comunque un progresso! Cosa mai potrebbe accaderti, se tu lo facessi sempre? Se invece sei portato/a a fidarti di te meno di ieri, avrai anche meno coraggio per confrontarti con degli obiettivi il cui raggiungimento ti sembra possibile, solo in parte e solo a tratti, come in un collegamento imperfetto e di bassa qualità che continuamente tende a interrompersi, come capita a me in rare occasioni quando comunico con i miei clienti su Skype; così ti starai implicitamente arrendendo e ti convincerai che quello che non ha funzionato fino a ora sia destinato ad ampliarsi consequenzialmente sempre di più. Sarebbe un affidarsi al possibile fallimento, un simpatizzare con i propri limiti tradendo le proprie possibilità di realizzazione. Tutte le persone che cambiano il mondo, all'inizio, quando i loro alberi non hanno ancora foglie e non fanno ombra, vengono osteggiate e derise. Nel mio ultimo libro *Non ti scordar di Te*[3], volevo che una parte si chiamasse: "La solitudine dei Numeri Uno", ma poi è diventata: "Anche tu puoi diventare un Numero Uno" perché, riflettendo, abbiamo pensato che alla gente non sarebbe importato molto della solitudine dei numeri uno. Si direbbe che in gran parte le persone non siano neppure interessate a quello che dicono di voler creare loro stesse. Gli occhiali dell'inconcludenza e della mediocrità obbligano queste persone a credere che non siano possibili altri risultati e a denigrare chi invece li raggiunge! Grazie a Dio, noi sappiamo che tra quello che vediamo nel nostro cuore e quello che realizzeremo e costruiremo ci siamo solo noi e il nostro impegno! Io Tiberio, benedico me stesso e gli altri, non giudico e non entro nella paura! Io (dì il tuo nome), benedico me stesso e gli altri, non giudico e non mi faccio prendere dalla paura!

«Caro Tiberio, se sono riuscita in questo ultimo anno ad avere fiducia in me, ad accettare i miei limiti, a scoprire chi sono, lo devo ad Alessandro e a te. Ad Alessandro perché mi ha permesso di essere finalmente me stessa. Per la prima volta ho aperto il mio cuore... fidandomi di un abbraccio... Le parole scambiate "ho fiducia in te", le ho collocate sopra il gradino più alto della scala dei valori. Un patto di sangue. Per me. Ma la fiducia tradita ha prodotto qualcosa di grande, mi ha portato sulla tua strada. Le sedute con te, come ben sai, hanno tirato fuori antiche ferite non risolte

3. *Essere Felici*, per Macro Edizioni.

di cui avevo seppellito il dolore, sempre latente in me. Ma, meraviglia delle meraviglie, mi hanno fatto conoscere, anzi ri-conoscere, la parte più bella di me! La positività verso la vita, le parole amorevoli, l'assenza di giudizio e di critica. L'accoglienza. Questo sei tu e non sono solo io a dirlo! Mi hai fatto una flebo di fiducia pubblicando qualcosa scritto da me, riconoscendo le mie qualità. Di questo, te ne sono immensamente grata. Oggi mi sento diversa eppure sono la stessa, consapevole di amarmi per ciò che sono. I giorni non sono tutti uguali e a volte la fiducia in me vacilla, ma dal mio cilindro magico tiro fuori una delle mie/tue frasi e tutto torna a posto!!!».

Capitolo 6

La primavera in autunno

«L'amore donato una volta, è donato per sempre»[1].

Meglio essere eccezionalmente audaci che normalmente sempre attenti, controllati e rispettosi. Hai mai detto a qualcuno: «Non faccio altro che pensare a te?». Forse ti sembra siano anni luce che ciò non accade e forse da molto tempo non senti il bisogno di dirlo a nessuno. Ma prova a pensare a questo come a un esercizio, che potrebbe condurti a guardarti attorno e a scegliere qualcuno che si potrebbe meritare di sentirti dire: «Non faccio altro che pensare a te». Quali potrebbero essere le persone a cui potresti indirizzare questa frase? La tua parte ombra si affretterà a farti notare che, se ci fosse qualcuno di così importante, te ne saresti accorto/a. Non ascoltarla, e sforzati di trovare tre persone a cui potresti, se qualcosa cambiasse, dire una frase di questo tipo. Prova a fare questo esercizio e ti accorgerai che l'**innamorarsi è una condizione a cui possiamo fare riferimento ancora prima che accada**, una scelta, un predisporsi a questa possibilità. Se qualcuno quindi ti dicesse: «Hai solo tre opportunità di amore, ma devi scegliere tra chi già conosci e hai già incontrato. È tra loro che devi scegliere tre persone a cui non sarebbe così assurdo un giorno dire: «Non faccio altro che pensare a te… Ti va di provarci?». Quando ci stiamo innamorando di qualcuno, ecco che ci ritroviamo a guardare tutti gli altri con occhio diverso. Ci scopriamo generosi, pronti al perdono, insomma "buoni" (perché appagati, liberi dal bisogno di riconoscimento e amore),

1. de St. Exupery, Antoine, *Il piccolo principe*.

mentre prima (poiché ci sentivamo incompleti, alla ricerca di qualcuno che ci amasse) eravamo bloccati dai nostri bisogni e dalle nostre paure. Proviamo a delineare il profilo anche di chi abbiamo accanto – disponiamo dei mezzi per farlo - togliendo le proiezioni nostre e gli atteggiamenti, che il nostro comportamento provoca in lui o lei. Se in questo momento sei single passa in rassegna le storie più importanti che hai vissuto e, con gli occhi della responsabilità, cerca di capire che cosa avresti potuto fare di diverso e ripromettiti di farlo nel tuo prossimo rapporto d'amore; questo ti farà sentire meno in pericolo, quando le circostanze si presenteranno. Puoi aumentare ancora la consapevolezza e, per arrivare al meglio, sostituire le caratteristiche idealizzate riguardo ai "principi azzurri" e alle "fate dai capelli turchini" con quelle reali che riconosci. Infatti è alla persona che hai accanto che devi arrivare a dire, possibilmente presto: «Non faccio altro che pensare a Te». Prova! Quello che ne conseguirà sarà gioia, tanta gioia. È stato scoperto che l'amore, nella nostra mente mette in moto un meccanismo che crea dipendenza esattamente come una droga, e quando uno dei due partner lascia l'altro, nel cervello di chi è stato abbandonato si scatena una tempesta di sostanze chimiche in tutto e per tutto simile a quella che avviene durante le crisi di astinenza. La scoperta, quindi, ribadisce scientificamente la potenza dell'amore e spiega i comportamenti, a volte irrazionali, delle persone quando sono ferite nei sentimenti; compiono atti, che mai avrebbero senso visti in condizioni normali. In questo scenario, si ha la conferma che essere lasciati scatena un terremoto, nella mente. Durante un seminario tenuto a New York, la professoressa Brown[2] ha affermato di avere intrapreso questo studio per fare comprendere quali sono le basi della sofferenza

2. Lucy Brown, docente di Neurologia presso il prestigioso Albert Einstein College of Medicine di New York, «Journal of Neuropsychology». Per queste informazioni ringrazio il giornalista Tommaso Varotti.

d'amore. Negli ultimi tempi, la ricerca scientifica ha dimostrato che l'attaccamento affettivo dipende da molte variazioni ormonali, che agiscono anche a livello cerebrale; ma non si sapeva cosa accade nel cervello delle persone innamorate quando vengono lasciate dal partner.

Si è compreso che il cervello di chi subisce un abbandono è scosso da una tempesta biologica. Alcune aree si attivano fortemente. Una di queste è la sede dell'amore romantico. Quando si è innamorati, l'attività elettrica tra le cellule cerebrali di questa zona è al massimo livello; ma la stessa cosa avviene anche quando si è abbandonati. Altre tre zone si attivano, dopo essere stati abbandonati dalla persona amata. La prima è molto sensibile a una sostanza, naturalmente prodotta dal cervello, che si chiama dopamina. è la sua azione che ci fa sentire euforici. Nelle persone lasciate aumenta la necessità di "dopamina", ma ovviamente, questa non viene prodotta e quella parte del cervello ne subisce le conseguenze. Quella parte vive il sentimento d'amore, ma allo stesso tempo è privata della gratificazione di cui avrebbe bisogno per produrre gli ormoni della felicità. Così, la sofferenza amorosa è identica a quella fisica; per questo, parlare di dolore, per descrivere il senso di privazione dovuto a una storia d'amore finita male, è assolutamente appropriato. Si spiegano (così) i comportamenti di coloro che sono stati abbandonati. La voglia insistente di sapere che cosa stia facendo o con chi stia l'ex partner è comparabile alla smania che può avere il fumatore accanito che resta senza sigarette e ha bisogno di nicotina. Ad alcuni volontari, da poco tempo abbandonati dalla partner, è stata mostrata la foto della persona amata e contemporaneamente è stata verificata la loro attività cerebrale. Il test ha stabilito che il meccanismo di sofferenza si innescava, identico, in tutti i volontari; quindi ne è stato dedotto che ogni persona reagisce allo stesso modo, seppur con diversa intensità, a una delusione d'amore.

Ti ho delusa?

«Ecco che mi siedo finalmente a scriverti del mio rapporto con la fiducia. Ho riflettuto molto su questo argomento nelle ultime settimane e mi sono resa conto di avere un rapporto così ambiguo... Nel senso che ad alcune persone mi affido completamente... con esse quasi mi annullo lasciando tutto nelle loro mani. Mi fido, direi, quasi "alla cieca". Ma mi chiedo se non lo faccia per apparire la solita "brava Irene"[3] davanti agli altri! Perché in realtà, dietro l'apparenza, NON MI FIDO fino in fondo di nessuno. Esiste sempre un margine di sospetto, un punto in cui penso che di sicuro quella persona ha lì pronto un tradimento da servirmi. Ritengo così che un'amica parli male di me alle mie spalle, che un collega condivida un giudizio negativo sulle mie capacità professionali con qualcuno, che il mio ragazzo, "ovviamente", quando esce da solo sia pronto a tradirmi con la prima che passa o pronto a fare ciò che mi aveva promesso di non fare più. Ecco, io vivo in uno stato di perenne sfiducia verso la vita, verso le persone. E mi domando se il problema alla radice non sia la sfiducia che ho verso me stessa. Non ho fiducia nelle mie capacità, nella mia bellezza, nella mia dolcezza, nelle mie potenzialità, nei miei sogni, nei miei progetti. Non mi sento una base solida, in questo senso. Allora che faccio? Mi ritiro prima della caduta (che secondo me avverrà sicuramente). Ho meno attenzioni da parte di Lucio[4] perché ha da

3. Nome di fantasia.
4. Nome di fantasia.

fare (giustamente, non esisto solo io nella sua vita). Così faccio marcia indietro... scappo... mi metto in un angolino accovacciata... forse, chissà... per attirare l'attenzione. Quando qualcuno mi parla guardandomi negli occhi, dietro quello sguardo gentile e disponibile... io intravedo la falsità... il tradimento, la non sincerità. Eppure, paradossalmente, sento il bisogno di fidarmi degli altri... e a volte mi lancio, ma so già che potrei cadere senza rete sotto. Forse dovrei fidarmi, ma con più equilibrio, senza per forza tuffarmi necessariamente di testa. Come ho fatto con Lucio un anno fa... quando, appena conosciuto, gli ho dato subito tutto e di più, e dopo un po' di tempo mi sono sentita svuotata, frustrata, usata. Non posso incolpare solo lui, perché avrei potuto agire con maggior criterio. E poi la grandissima delusione... e nonostante i suoi sforzi, nonostante io veda un radicale cambiamento in lui, il passato torna... e io lo proietto sempre nel presente e non mi fido. Mi crea tensione, questo stato... ho bisogno di fidarmi... di guardare con fiducia e speranza al futuro, al nuovo, che ho bisogno di accogliere con solarità e senza paura che dietro l'angolo si nasconda il tradimento. Ho due ricordi del passato che riguardano questo argomento. Avevo circa 5 anni quando i miei nonni sono partiti per la nostra terra di origine senza di me.

Adoravo mia nonna e lei mi portava con sé ogni volta che tornava al suo paese. Ma quella volta no...! Ricordo che, mentre mi abbracciava per salutarmi, sono scoppiata a piangere e mi sono staccata con forza dal suo abbraccio... era cattiva, per me... l'ho allontanata perché mi stava ferendo. L'altro ricordo risale a qualche anno fa, quando mia madre mi ha confessato il suo tradimento nei confronti di mio padre. Mi ha chiesto: "Ti ho delusa?". Le ho risposto di no, ma in realtà il mio mito era crollato in pochi minuti. Lei, la donna ideale, la mamma perfetta, la moglie migliore… il mio esempio… aveva detto una bugia a me… a tutti noi, per un anno… con tutta la complicità che avevamo costruito nelle nostre vite, mi aspettavo una piccola confidenza, anche se capisco che non sarebbe stato assolutamente facile per lei…».

La fiducia che concediamo agli altri, a ogni modo, è direttamente proporzionale a quella che siamo disposti a concedere a noi stessi. Chi non si fida degli altri, rivela a tutti che non ha fiducia in se stesso: le due cose sono interconnesse. In sintesi: concedendo troppa fiducia rischiamo di farci imbrogliare, ma se non ne concediamo a sufficienza vivremo perennemente nel tormento di una solitudine sgradevole e deprimente. Dobbiamo aver fiducia, anche e soprattutto, in noi stessi. L'essere titubanti ci impedisce di suscitare una impressione positiva. L'essere tentennanti, indecisi, incostanti, ci mostra sotto una cattiva luce. La persona disinvolta, sicura di sé, determinata, offre agli altri un'immagine di valore; quindi, credete in voi stessi: agite con fiducia! Per ottenere i risultati che auspicate, dovete confidare in voi stessi! Ogni volta che intraprenderete qualcosa di importante, compariranno inevitabilmente dei detrattori a dirvi che non riuscirete. Non preoccupatevi, non ascoltateli; fate riferimento a modelli più elevati. Credendo in voi stessi, scoprirete presto che le cose vi saranno più facili, nei contatti con la gente, negli affari e in ogni altro ambito. Insomma, se credete in voi stessi, tutto prenderà via via a funzionare meglio. Dovete imparare a credere in voi! Purtroppo, come molti di noi sanno, invece l'autostima che mettiamo in campo è minima. Ne consegue che, se io penso di valere poco e ritengo che anche gli altri non possano che essere pessimi, non riesco ad avere fiducia. Non posso affidarmi a qualcuno che ne sa meno di me, se già quello che so io è il nulla.

Una semplice storia miracolosa qualunque!

Stefano è un incredibile ragazzo, che con la sua forza e il suo coraggio ci dimostra quanto l'aver fiducia nelle proprie possibilità possa inconfutabilmente proiettarci nella dimensione dell'impossibile, dove tutto diviene di nuovo possibile. Ho lavorato con lui dalla Sardegna, facendo delle sedute tramite Skype, in seguito l'ho incontrato a Roma, con Laura, a un seminario di Louise Hay e Waine Dyer; lì ci siamo abbracciati per la prima volta e, dopo pochi giorni, lui e suo fratello Franco (un altro eccezionale filosofo metropolitano,con il quale pure avevo lavorato tramite Skype) sono venuti a fare l'ultima seduta dei loro percorsi a Lugano, benedicendo il mio studio con la loro energia unica. Nel corso dei nostri incontri avevo chiesto a Stefano di parlarvi di una cosa grandiosa, che lui ha creato nove anni fa e che io volevo condividere con voi in questo mio lavoro.

Passati pochi giorni dalla sessione di Lugano, ricevo da lui questo scritto:

«Buongiorno Tiberio, oggi riprendo posizione alla mia scrivania, colmo di tutte le emozioni vissute che piano piano tiro fuori dal calderone per riassaporarle con calma. Ti lascio il breve racconto della mia esperienza miracolosa con immenso affetto e pienamente consapevole che arriverà un giorno in cui parlerò del nostro incontro con un'enfasi ancora più grande. Ti voglio bene, uomo capace di un amore infinito. Grazie per l'importanza che ci hai dato in questi giorni. Grazie per i tuoi abbracci. Grazie per la stupenda seduta di ieri. Grazie per avermi mostrato com'è fatta una persona, che vorrò imitare. Grazie per l'aiuto che dai a questo mondo di persone, che hanno tanto bisogno di te e soprattutto grazie da parte di tutte le formichine che sono passate per

la tua strada perché anche magari morendo[5]*, hanno comunque avuto la possibilità di lasciare questo mondo colme di quell'amore che tutti vorremmo conoscere almeno una volta nella vita. Una semplice storia miracolosa qualunque. Sottotitolo: "Anche quando una formichina affoga nella birra, può sempre arrivare qualcuno in grado di farla resuscitare" (ovviamente scherzo ;))...ma ora facciamo i seri...*

"Mi dispiace ma Stefano purtroppo non camminerà più! *– esordiva così il medico, dopo avere visto il referto –. Faremo tutto il possibile, ma sarebbe già un miracolo riuscire a ripulire i tessuti dai frantumi ossei che si sono creati dopo la frattura della vertebra". Poi il neurochirurgo se ne andava, mentre la mia famiglia, lentamente crollava di fronte a quelle parole inaccettabili. È vero che desideravo un cambiamento nella vita, ma quell'esito, dopo uno stupido incidente in moto, era davvero troppo. Dodici ore per un intervento che salvò una vita, ma che diede, purtroppo, la definitiva conferma della paresi irreversibile alle gambe, le mie gambe. Tanti giorni di ospedale, poi un rientro a casa che segnava l'inizio della lunga terapia di mantenimento per tenere vivo quel poco che era rimasto. In famiglia scelsero Rinaldo, un terapista un po' sopra le righe, che coi suoi metodi spesso aveva suscitato opinioni contrastanti nei medici suoi superiori, e presto cominciammo un cammino che ancora stentiamo a capire. Probabilmente non credevo che le cose sarebbero migliorate, ma, quasi con rassegnazione, mi abbandonai alle mani di quell'uomo, alla ricerca di un raggio di luce per schiarire quel buio che oramai copriva tutto. Credevo in lui e lui credeva in me, e sapevamo che non avevamo niente da perdere. Pian piano quel-*

5. La storia delle formiche nasce dal fatto che quando eravamo a pranzo a Lugano, ho tentato di rianimarne una (con nefasto risultato) che era finita nella mia birra.

la che doveva essere una semplice terapia di routine prese le sembianze di una sfida, che ci avrebbe portato a conoscere i limiti della mente e del fisico umano. Trascorse qualche mese colmo di affiatamento e determinazione, poi, rapidamente, passammo dalla "paresi definitiva" a qualche impulso incontrollato alle gambe e ancora a un movimento quasi impercettibile di un dito del piede. Le cose presero una strada entusiasmante e impensabile, fino al giorno in cui, davanti allo stesso medico che mi aveva prospettato la paresi, mi ritrovai in piedi a riassaporare una posizione eretta, che pensavo non mi potesse appartenere più. ***Sono passati nove anni, e ancora non siamo riusciti a capire di preciso cosa abbia portato a tale miracolo.*** *Ogni tanto però torniamo indietro nel tempo e ricordiamo quell'assurdo periodo, un momento magico che di speciale sembrava avere soltanto l'unione e la fiducia estrema. Quell'affiatamento fra un ragazzo e il suo maestro per un attimo è riuscito a fendere il muro della logica, per aprire una porta verso ciò che era/sembrava impossibile. Non era nella mia natura credere nelle mie capacità, ma quella volta l'amore di tutta la gente che venne a trovarmi all'ospedale, quello della mia meravigliosa famiglia e la tenacia di Rinaldo completarono il cerchio della fiducia verso l'Universo/Provvidenza e come risultato ebbi una cosa raramente provata: una fiducia incondizionata nelle mie capacità».*

Stefano è stato l'artefice di un miracolo "qualunque", come dice lui, e grandioso, come dico io, e ci insegna tutto quello che da questo libro c'è da imparare[6]!!

6. Stefano ora sta frequentando la Formazione Master di Rebirthing, presto sarà lui ad "Allenare al Miracolo" i suoi clienti.

Capitolo 7

Giudizi e pregiudizi...

«Prudenti, sì; diffidenti, no.
Date a tutti la fiducia più totale,
con tutti siate nobili»[1].

L'ignoranza in un determinato campo porta sempre al pregiudizio. Tutto ciò che non conosciamo, se non facciamo attenzione, se non siamo presenti e collegati con i nostri pensieri più elevati, offrirà la possibilità, a quella parte di noi che detesta i cambiamenti e tutto ciò che di entusiasmante ne può conseguire, di proiettare la fantastica retrospettiva del "Festival dei Film sulla Paura", **la nostra**. In natura esistono dei "nemici per la pelle": il cane e il gatto, o il cobra e la mangusta ne sono esempi molto conosciuti; **i nemici naturali della fiducia sono i pregiudizi**. Il pregiudizio nasce dal modo collettivo di relazionarsi alle cose reali; fa parte quindi di ciò che comunemente viene condiviso dai più, ovvero di quelle forme di pensiero e di ragionamento che appartengono a una cultura e ne influenzano in modo inconsapevole la logica condivisa. I pregiudizi variano da cultura a cultura; così, mentre gli europei hanno determinati pregiudizi nei confronti delle qualità fisiche e psicologiche delle etnie di pelle nera, gli africani, al contrario, pensano che gli europei portino negatività e sfortuna. Ci sono anche delle motivazioni psicologiche, perché il pregiudizio è un pensiero che si basa sulle paure e le fobie del singolo individuo. Il pregiudizio porta spesso al razzismo, perché quando si ha paura dell'altro,

1. Josemaría Escrivá de Balaguer.

che non si conosce, si ricorre a cose sentite dire, che spesso non sono affatto vere. Così il tipo di cucina prediletto da un dato popolo darà origine a dei luoghi comuni, per cui si identificheranno le persone che provengono da quel Paese nominando quel cibo in termini dispregiativi, o i vicini di casa di quelle persone metteranno in giro voci assurde sugli odori che provengono dalle cucine degli stranieri e tutto ciò contribuirà ad alimentare l'inimicizia e l'ostilità che separeranno sempre di più gli stranieri da chi li ospita. Il razzista apparentemente, non ha paura e palesa apertamente l'inimicizia permettendosi il lusso di essere lui a incutere sgomento in chi in realtà lo terrorizza.

Mangiare tanto pane e poco d'altro

Anche la mia famiglia un tempo è stata oggetto di pregiudizi. E anch'io, per la mia storia, mi sono abituato con il tempo a "essere lo straniero". Forte infatti il richiamo a quella "costante" a cui mi sono abituato da sempre. Io sono nato in un paesino di campagna della Toscana, da genitori siciliani; per i miei conterranei ero un siciliano, quindi il mio primo giorno di scuola ho dato l'unico pugno della mia vita a un bambino che mi aveva chiamato così con tono di disprezzo. Avevo sei anni, quando la mia famiglia si trasferì da quel piccolo paese a una città, Livorno, e lì mi ritrovai a essere visto come un "contadino" (in quanto proveniente dalla campagna), naturalmente siciliano, data l'origine dei miei. Da militare, in Aeronautica, prima in Piemonte e poi in un aereoporto in Sardegna, ero improvvisamente diventato toscano per tutti. In Svizzera, dove sono arrivato trentatrè anni fa dopo il mio matrimonio con una ragazza del Jurà "bernese", ero e sono un italiano, mentre quelle poche volte che rivedo qualche vecchio amico in Toscana, per lui sono ormai “lo svizzero”. Che bello, comunque, essere sempre uno straniero, libero spesso di rappresentare me stesso e basta! Senza una bandiera precisa, forse, ma con molte bandiere pronte ad accogliere con rispetto, me, e io loro. I miei erano molto poveri. Eravamo così poveri che mia madre aveva escogitato un modo creativo per nutrirmi con tanto pane e poco d’altro: costruiva dei trenini composti da tanti pezzetti di pane, ma solo sugli ultimi “vagoni” c’era qualcosa da mangiare che non fosse pane, e se volevo arrivare a quelli, dovevo naturalmente prima mangiare tutti i “vagoncini” vuoti. A volte c’era anche la merenda. «Dolce o salato?», chiedeva mia mamma in quelle occasioni. Per “dolce” intendeva del pane bagnato sul quale spargeva un pochino di zucchero; per “salato” ancora del pane sul quale spalmava un pochino di concentrato di pomodoro, che faceva uscire da un tubetto di alluminio.

La mia famiglia aveva bisogno di me...

Loro non mi desideravano, alla nascita; c’era già mio fratello di nove anni e viste le difficoltà economiche che avevano, la notizia del mio arrivo li aveva portati probabilmente alla disperazione. Ma l’autostima, che li portò a cambiare idea e a decidere di farmi nascere malgrado le difficoltà economiche, fu premiata, infatti la loro situazione cominciò a migliorare proprio nel momento del mio arrivo, perchè con la mia nascita, seppur momentaneamente, conobbero la prosperità e la gente non smise in seguito di aiutarli. Come in un presepe metafisico, tutti gli abitanti del paese in cui sono venuto al mondo, conoscendo l’indigenza in cui versavano i miei, arrivarono in visita; chi con un pacco di pasta, chi con un barattolo di pomodori pelati, nessuno a mani vuote. Abitavamo in un piccolo appartamento, una specie di cantina facente parte di una costruzione, che anticamente era un castello di proprietà dei Medici di Firenze. Di tanto in tanto, arrivavano dei turisti a vedere e a fotografare lo stemma nobiliare infisso nella muratura esterna, e a me il fatto che la gente venisse dove abitavamo piaceva tanto. Mi faceva sentire ancora più al sicuro di quanto già potessi sentirmi con mio padre e mia madre. Vedevo in quello stemma una specie di magica tela di ragno, che serviva ad attirare il mondo in quel vicolo, che bisognava cercare, per trovarlo, per arrivare lì. Li, dove c'ero io. La mia *famiglia* aveva bisogno di me. Fu per questo simbolo che attirammo e conoscemmo chi in seguito avrebbe trovato un lavoro a mio padre, cambiando così la situazione economica della mia famiglia. Infatti l'Universo volle che, a poco più di tre anni di età, mi fosse possibile, naturalmente indirettamente, procurare un posto di lavoro stabile a mio padre, che fino a quel momento aveva lavorato ben poco. Era mia madre che, avendo visto da bambina il padre calzolaio all'opera, si industriava per trovare nel paese delle scarpe da riparare e delle stanze da dipingere; restava però il fatto che i soldi che riusciva a guadagnare servivano probabilmente solo a non arrendersi letteralmente ai morsi della fame. Nel frattempo, una villeggiante che veniva spesso in quel piccolo paese (chi tra di voi ha letto il mio libro sul perdono *Ricomincia da Te* si ricorderà di Ida), forse intuendo le difficoltà in cui ci trovavamo, si affezionò a me; un giorno – era venuta a trascorrere alcuni giorni in un albergo poco lontano – venne a cercarmi per darmi delle caramelle e trovò mia madre in preda allo sconforto. Volle sapere che cosa fosse successo, e mia madre le confidò la sua disperazione: non aveva neanche i soldi per fare la spesa. Così la signora, che lavorava come segretaria in una ditta di costruzioni che aveva cantieri a livello nazionale, procurò un lavoro a mio padre. Mio padre a mia madre rimproverava tutto. Intanto le contestava il fatto di avere i cassetti «pieni di morti», come diceva lui, – perché lei, devota ai defunti della sua famiglia, usava tenerne le foto in alcuni cassetti – e la incolpava di non essere stata capace di educare i propri figli e a provare amore per lui; poi la sua assurda gelosia ha fatto il resto e ha danneggiato letteralmente la nostra vita per lunghi anni. Innumerevoli sono gli episodi in cui qualcosa di brutto è accaduto a causa di questa sua bassissima autostima, che lo poneva continuamente in una situazione in cui, sentendosi in pericolo, reagiva attaccando. Da parte sua, anche mia madre non è stata da meno nel contribuire a creare confusione in me. I miei genitori, una volta che si erano fatti una ragione del mio arrivo, malgrado non mi volessero, si erano rassegnati a tenermi ma come una bambina. Quando ero piccolo, mia madre continuava a dirmi che il mio pene, quando sarei stato grande, sarebbe scomparso e che quindi io sarei stato una femmina (o avrei comunque potuto scegliere se essere maschio o femmina). Io ho creduto a lungo che questa cosa fosse vera e ho avuto bisogno di molta autostima per venire fuori da queste assurdità. Spesso le difficoltà non mancano nella vita di un bambino e forse anche durante la sua crescita, ma c'è sempre un punto in cui una persona inizia ad accorgersi che **il pensiero di non essere amati comporta delle conseguenze più dolorose rispetto al semplice fatto di non esserlo veramente**, in un dato momento. Se noi cambieremo idea e ci convinceremo del nostro valore e dell'amore che c'è per noi e intorno a noi, l'Universo sarà felice di tenerne conto e tutto prenderà un'altra direzione. Le conseguenze di questa presa di coscienza saranno fantastiche.

Casa tua è casa tua?

Dunque i pregiudizi non sono sinonimo di non amore e di non accoglienza, ma, come sempre quando dall'amore ci si allontana, di paura e di ignoranza.

Tempo fa mi trovavo in Sicilia e dovevo sbrigare delle operazioni in una banca. Per entrare i clienti dovevano depositare tutti gli oggetti metallici o elettronici che avevano in una cassetta, la cui chiave restava in possesso del cliente fino all'uscita. Mentre aspettavo, alcune persone, arrivate dopo di me, segnalavano ai cassieri la presenza di una cassetta porta oggetti aperta nell'atrio. Diversi mi chiesero se era la mia, e io mostravo tranquillo la mia chiave sorridendo. A un certo punto il cassiere, stufo di sentirsi fare lo stesso discorso da ogni persona che entrava, chiese all'ennesimo che segnalava la cosa, di portare alla cassa gli oggetti; dopodiché vidi passare davanti a me un signore che aveva in mano i miei due I Phone, la mia penna Mont Blanc, il mio portafoglio contenente franchi svizzeri ed euro, le mie chiavi di casa e quelle dell'auto a noleggio: avevo dimenticato di chiudere lo sportello. **Erano entrate decine e decine di persone e tutte si erano attivate per proteggere le mie cose e risolvere la situazione**, ed eravamo in Sicilia, la regione bellissima, oggetto di molti pregiudizi, dalla quale provenivano i miei. Quando arrivai in Svizzera, gli italiani cominciavano ad essere accettati abbastanza bene, ma ancora sentivo racconti di situazioni penose, dovute sopportare da coloro che erano arrivati anche solo dieci anni prima di me. Poi ho visto integrarsi i turchi, le varie etnie della ex Jugoslavia e così via. Io credo che non esista una Nazione così generosa e accogliente come la Svizzera, per me è questo il concetto di Europa: lingue, culture e religioni diverse, che non solo convivono tra loro, ma riescono anche a fornire a centinaia di altre etnie accoglienza e dignità. Se nel giudizio possibilmente non bisognerebbe scendere mai, il preconcetto è assolutamente da evitare. È un'arma infallibile nelle mani di quella parte dell'ego che noi, come degli armieri devoti, oliamo e manteniamo efficiente e carica. A volte, per "farci contenti", ci viene permesso anche di sparare, ed è il caso di quando usiamo il pregiudizio, il quale è sempre basato su una visione che non ha motivazioni. Inoltre, in ragione del pensiero creatore, se io temo che una persona sia portatrice di qualcosa di negativo, molto probabilmente, purtroppo, queste conseguenze possono avverarsi. Questo tipo di visione immotivata può anche portare a perorare una causa, o a rifiutarne la validità, solo e unicamente perché chi la propone appartiene oppure non appartiene a un gruppo a cui siamo allineati. Questo ci porta, come già dicevo in *Innamorati di te*, a quello che accade purtroppo comunemente ogni giorno, al Senato o alla Camera, dove ogni idea proposta viene accettata o respinta solo in base a chi la propone; cioé i partiti non voteranno mai una proposta, anche se fosse la migliore per il Paese, se arriva da qualcuno che è in antitesi con il loro pensiero; quindi vince sempre la maggioranza, che però non va intesa come riconoscimento della validità di una proposta da parte di molti, ma come espressione numerica dello schieramento politico con chi l'ha presentata. **Queste persone non fanno l'interesse del Paese**, indipendentemente dal fatto che il loro pensiero sia di destra o di sinistra: tutti si sono avvicendati nella conduzione del Paese, ma i risultati non cambiano (nessuno si prende carico delle difficoltà dei diseredati, dei malati, dei giovani in cerca di lavoro, degli anziani bisognosi di assistenza...); votano esclusivamente schierandosi con chi ha proposto una idea, facendo giuochi di squadra già prevedibili ancora prima di votare. Sono elementi facilmente visibili e comprensibili, eppure nessuno vi presta attenzione. Ogni idea dovrebbe essere analizzata negli esclusivi interessi del Paese, del partner, della famiglia, dell'azienda per cui si lavora, sempre e soltanto scegliendo l'idea migliore che viene presentata. Una delle persone più importanti tempo fa in Italia, che addirittura figurava come Capo del Governo e aveva in passato dimostrato delle capacità di gestione uniche, credendo a cose in cui gli altri avevano dimostrato di non credere, avendo fiducia in se stesso, nel mercato e nel futuro, – immeritatamente o no – è fatto oggetto di pregiudizi, per cui tutto quello che dice, fa o esterna viene giudicato in maniera pregiudiziale dai suoi stessi collaboratori e questo è un grave problema per il Paese. Il serial *Dallas* che era stato inizialmente comperato dalla RAI, causò un deficit incredibile, nessuno lo guardava. La televisione di Stato non fece nulla, banalizzandolo e raccogliendo ascolti irrisori; la persona di cui sopra, che ci credeva, volò in America, lo ricomprò e per dieci anni lo fece diventare una miniera d'oro di audience e di pubblicità. Talvolta l'eccessivo successo di qualcuno lo rende, agli occhi dei più, irrimediabilmente antipatico. Anche alimentare il pensiero che, se una persona è ricca, lo è esclusivamente perché probabilmente (e, per alcuni, sicuramente) ha commesso degli illeciti, per me rappresenta un pregiudizio assurdo. Quale validità potrebbe avere un tipo di decisione presa su queste basi? Raimon Panikkar ha dimostrato l'impossibilità di riuscire a evitare sempre questo tipo di condizionamento, cui Hannah Arendt aveva già accennato alla fine del libro *Le origini del totalitarismo*, ma anche la necessità che, di ogni proprio pregiudizio, si abbia piena consapevolezza, al fine di relativizzarne il peso e di abbandonare ogni insostenibile pretesa di verità a priori.

Nel linguaggio della psicologia sociale[2], quando si parla di pregiudizi ci si riferisce a un tipo particolare di atteggiamenti, che di solito conducono a posizioni di favore o di sfavore, assunti da chi ha come punto di riferimento un

2. Ringrazio Wikipedia per queste informazioni.

gruppo. Ma in chi subisce i condizionamenti e le ingiustizie derivanti dal pregiudizio subentrerà progressivamente la convinzione che "se non piacciamo agli altri siamo sbagliati" però, se ci sentiremo sbagliati per via della nostra provenienza, del colore della nostra pelle, del nostro accento che tradisce a quale gruppo apparteniamo, in una sola mossa saremo arrabbiati e in guerra con noi, con i nostri genitori e con l'ambiente circostante. Fai chiarezza su questi punti: ti senti a casa, dove ti trovi? Casa tua è casa tua? O almeno lo sta per diventare? È un lavoro di scavo, che non sempre è necessario. Come ho già spiegato in altri scritti, il mio metodo consiste nel viaggiare continuamente tra passato, presente e futuro: andiamo e torniamo, non fermiamoci a dormire nel passato, ma subito dopo averlo visitato, torniamo nel presente a investire quello che abbiamo imparato, a lavorare per il futuro, come un emigrante che, tornato al paese da cui era partito, porta con sé quello che ha guadagnato! Detto questo, se anche nella storia della tua famiglia, esiste un passato di trasferimenti, di emigrazione, di spostamenti, cerca di ricordare cosa pensavano i tuoi genitori della gente del luogo che vi aveva accolti e quali erano per loro i pregiudizi e gli atti discriminatori di cui magari venivano fatti oggetto. Più che le loro parole, cerca di ricordare cosa ti passavano energeticamente. Questa è anche l'occasione giusta per esaminare altri aspetti importanti: di che cosa parlavate, solitamente? E i silenzi, come venivano gestiti nella tua famiglia? Senti ancora il loro rimbombare? Venivano usati come lente di ingrandimento dei tuoi errori? Che cosa accadrebbe, se allontanassimo ogni forma di pregiudizio dal nostro cuore? Che cosa diventerebbe il mondo, il nostro mondo, una volta fatto? La nostra parte ombra è restia a farci dimenticare quello che nella nostra famiglia è accaduto (di negativo) e a enfatizzare quello che, non essendo accaduto (di positivo) ci ha "irrimediabilmente penalizzati" (secondo noi). Staccarci dalla sua influenza energetica, sempre continuando a vederla e ad amarla, vuol dire crescere. Così come anche decidere di fare la volontà di una parte luminosa interiore, spesso sarebbe la cosa migliore per noi. È una volontà a cui talvolta ci opponiamo; se invece l'ascoltassimo, risparmieremmo un bel po' di tempo (qualcosa che potremmo quantificare intorno a 5 anni circa). L'ego vuole convincerci che siamo separati da Dio, perché il suo obiettivo primario è proprio quello di prendere il suo posto nella nostra esistenza attraverso la paura. Invece è solo in noi stessi che potremo trovare quella luce abbagliante che cercavamo. Le nostre possibilità, se lo vogliamo percepire, sono sempre intatte! Questa è la realtà a cui attingere, non parliamo più di sogni da realizzare ora, ma di giorni, mesi, anni, decenni da vivere in maniera totale e splendida, e ora che i sogni sono diventati realtà, puoi addormentarti sognando di essere sveglio, poiché tra poche ore sarà molto più bello essere svegli che sognare!!! Meravigliosa notte, l'Universo è per te!!!

Capitolo 8

Puoi costruire strade nuove, ma se nevica devi spalare la neve solo...

«Se la tua felicità dipende da quello che fa qualcun altro credo proprio che tu abbia un problema»[1].

All'inizio dei lavori di un seminario, a cui ho partecipato tempo fa, sono state mostrate delle diapositive in cui erano rappresentati i *Prigioni* di Michelangelo. Per chi non li conosce, si tratta di opere volutamente rimaste incompiute in cui da un blocco di marmo emergono i tratti perfettamente ultimati del soggetto (imprigionato all'interno, secondo la visione del grande artista): "il blocco". Per metà espressi e perfetti e per metà "bloccati", un'impressione condivisa, ma non sempre consapevolmente analizzata. Il concetto dell'essere schiavi, **prigionieri di noi stessi**. È importantissimo mettere a fuoco questo concetto: ci sono parti di noi perfette e magnifiche, che siamo riusciti a sviluppare e a fare emergere dal marmo delle disapprovazioni, delle manipolazioni e delle delusioni subite, ma ci sono inevitabilmente altre parti che sono assolutamente chiuse e inespresse. Questo è il messaggio importante dato dall'artista con i *Prigioni* e questo tema mi intriga molto; io amo scolpire la pietra anche se è davvero molto che non lo faccio perché non ne ho il tempo (però vorrei/dovrei trovarlo, dovrei concedermelo). Quando ho cominciato a lavorare così

1. R. Bach.

tanto, incontrando comunque una soddisfazione pari all'esercitare un'arte, mi sono detto che lavorare con le persone che vogliono raggiungere degli obiettivi è quanto di più importante ci sia al mondo, non esiste un materiale più prezioso di quello umano. Quello che faccio io non ha nulla a che vedere con lo "scolpire persone", piuttosto ne ha molto con l'osservarle scolpire se stesse ed eliminare il materiale che non serve, che frena, che a volte inficia, sabota e blocca. Rifletti su questo punto. Quali pensi possano essere le parti della tua essenza che finora hai espresso meno? Non esiste alcuno tra noi, che non abbia delle parti inespresse da scoprire e da sperimentare; ci dobbiamo quindi lavorare, ma che bello farlo!

Ti ricordi che anche i Santi hanno un passato?

Un'occasione speciale per fare affiorare degli aspetti che conoscevamo poco è quello di confrontarci in un lavoro di gruppo. Forse non ami farlo e puoi anche cercare di allontanarne la possibilità, ma ecco che prima o poi capita che tu debba farlo, magari gomito a gomito con qualcuno che non sopporti e che incontri solamente davanti al distributore automatico del caffè, oppure insieme agli stessi tuoi dirigenti. Sei agitato/a al solo pensiero? Ma ecco che è già "quel" lunedì mattina e quello che ti aspetta è iniziare questo periodo che hai identificato come "difficile". Potresti sentire almeno che sarà decisivo per il tuo futuro, e che si tratta infine di affrontare le cose punto per punto! Ma intanto non hai dormito! Eppure negli auspici c'era che volevi/vuoi dare assolutamente il meglio di te. Intanto, sei stato/a puntuale? E quella persona del secondo piano? No, c'è anche lei. Ma perché proprio lei, che non puoi nemmeno vedere? Ecco che sono distribuiti i compiti. Tranquillo, c'è solo una cosa a cui bisogna veramente prestare attenzione. Non si può pensare di capire subito, poiché ciò farebbe scivolare nell'onnipotenza, e questo è particolarmente vero quando si parla del dover esporre all'interno di un gruppo le proprie idee, il proprio back-ground, le proprie convinzioni, il proprio passato (e come sappiamo anche i Santi ne hanno uno). Prova a pensare a un'altra volta in cui ti è accaduto qualcosa del genere, a come ti sei sentito e a come hai gestito il tutto, insomma che cosa ha comportato, quella situazione? Si è rivelata poi così difficile come pensavi? Analizzare il concetto di essere prigionieri di noi stessi ("prigioni"), e quindi del nostro passato, fa riflettere su che cosa possono averci insegnato o non spiegato nel nostro teatrino affettivo primario, riguardo alle nostre possibilità. Se io ci penso, mi accorgo che non c'è una sola cosa che mio padre mi abbia insegnato con il piacere di farlo; per lo meno non direttamente, nel senso che tutto quello che mi ha insegnato lo ha fatto implicitamente e mostrandomi il suo disprezzo o la sua indifferenza (o almeno questo io coglievo in lui). Io comunque per molti anni ho, purtroppo o per fortuna, fatto l'opposto di quello che voleva lui. Di questo oggi mi pento e gli domando scusa, perché forse non ho ancora smesso del tutto di essere il suo contrario. Durante tutta la mia crescita, imparavo quindi a fare quello che lui non faceva e mi rifiutavo di agire/essere come lui. Anche se poi ho fatto di tutto per conquistare la sua approvazione, o magari proprio per questo, quelle situazioni hanno il potere di intristirmi molto, forse perché lui ora non c'è più. E allora scelgo da subito di sentire la sua stima incondizionata, che mi raggiunge da quella dimensione elevata e consapevole in cui lui si trova ora. Eppure le sue "regole" erano opprimenti. Mi diceva sempre che se non avessi superato l'anno scolastico (bocciato, espressione ormai caduta in disuso) mi avrebbe ucciso, e il bello è che io non nutrivo alcun dubbio in proposito; ci credevo, eccome. Così, prima di una interrogazione o di un esame, salutavo definitivamente le mie piccole cose, facevo i miei riti, sperando e confidando che qualcosa mi aiutasse a non essere ucciso, se non ce l'avessi fatta a ottenere un buon voto. Poi c'era la casa, in cui io non potevo lasciare orme, poiché di segni ce n'erano già troppi e molti erano deleteri. L'equilibrio era del tutto instabile e ogni microscopica azione avrebbe potuto alterarlo; in realtà, perché mio padre non lo sopportava e lo sabotava appena poteva. Il nostro rapportarci con il gruppo attinge alle dinamiche presenti nei nostri nuclei familiari: a seconda delle circostanze, i ricordi e le esperienze che abbiamo "salvato" cercano di farsi largo e di influenzarci con la sensazione che le cose andrebbero fatte in un certo modo. Il nostro. Che sconforto sarebbe stato, se la mia felicità fosse dipesa dagli altri... dai miei genitori, per esempio; grazie a Dio invece no, dipendeva da me e io già lo sapevo! Dipendeva **esclusivamente** da me e da come avrei scelto di vivere, di percepire e di interagire con il mondo. Questo vale anche per te. Oggi sei tu il/la referente della stima per te stesso/a: decidi quanta ne meriti e in che misura ne hai bisogno per raggiungere i tuoi obiettivi e apri il rubinetto interiore che te ne fornisce quanta ne vuoi! Rilassati e guardati attorno: non c'è alcun attacco, sei il solo a considerarti inadeguato... Basta con la sofferenza, ripristiniamo la capacità di riordinare tutto intorno a noi e ritroviamo la giusta motivazione energetica per vedere in un altro modo le esperienze del passato, che non hanno portato i vantaggi sperati nei nostri giorni. Avere sempre ragione non è affatto una condizione imprescindibile, per il raggiungimento della serenità; anzi molti hanno cominciato a stare bene proprio quando hanno rinunciato a volere sempre essere i detentori della ragione.

Quando siamo in prossimità di una conclusione importante, di un completamento trasformativo indispensabile per proseguire, occorre dimostrare, più che in ogni altro momento, la nostra motivazione, la nostra voglia di farcela veramente, il nostro crederci in modo assoluto! Altrimenti perché mai gli altri dovrebbero concederci uno spazio che per ora noi stessi pensiamo di non meritare? Non c'è alcun motivo per cui dovrebbero sentire il bisogno di farlo. Come abbiamo visto, occorre quindi al più presto valutare che cosa ci frena ancora, che cosa blocca o procrastina, che cosa allontana e, una volta identificato il punto, cambiare e pianificare in modo chiarissimo e deciso quali sono i gradini da salire e il modo per farlo, al fine di apparire credibili a noi stessi e in linea con quello che diciamo di volere raggiungere. Si tratta sempre e soltanto di paure e, se le superiamo, ovviamente l'Universo si accorgerà di questo ulteriore cambiamento di energia, proprio come quando scaliamo le marce per sorpassare o per affrontare una salita, così muterà velocemente gli scenari e la realtà allineandoli alle nuove esigenze del copione che stiamo scrivendo.

«Noi abbiamo molto da imparare dagli altri, di questo non bisogna dubitare; coloro che rifiutano di imparare così, si dimostrano sciocchi. Dagli altri si può imparare qualunque cosa possa promuovere il nostro progresso spirituale, la si può assimilare completamente in armonia con le direttive stabilite per il proprio avanzamento sulla via morale, o Dharma. Voi dovete vivere a modo vostro, non come qualcun altro; siate immersi nel vostro Dio, nei vostri sentimenti e nelle vostre convinzioni, nella gioia che scaturisce dal vostro cuore e nel diletto che traete dalla vostra pratica spirituale. Se altri cercano di impedirvi di farlo, resistete loro, qualunque piano ordiscano, a qualunque espediente ricorrano. Non negatevi la Consapevolezza Divina e

l'Estasi Divina, abbattete le barriere che vi ingombrano il cammino e ostruiscono il fluire libero della Divinità, della dolcezza e della forza dal profondo del vostro cuore»[2].

Di quando rimasi come una statua di sale...

Un giorno stavo andando a Milano, dalla Svizzera, proprio mentre stavo attraversando il confine ricevetti una telefonata, alla quale non potevo ovviamente rispondere. Dal suono di avviso capii che l'interlocutore aveva lasciato un messaggio vocale.

Quando potei ascoltarlo, appresi che era di una giornalista di un importante mensile italiano a tiratura nazionale; diceva che stavano per mandare in stampa un articolo sul perdono e che era venuto loro in mente di sentire il parere di un esperto, e mi chiedeva, se ne avevo la possibilità, di richiamare presto e da un telefono fisso per una breve intervista. Arrivato al ristorante dove spesso mi fermo quando sono in zona di frontiera, spiegai la situazione e chiesi se era possibile farmi richiamare. Il telefono si trovava in mezzo alla sala, che in quel momento era piena di operai che pranzavano. Iniziai a rispondere alle domande e nella sala si creò un silenzio assoluto; tutte quelle persone mi ascoltavano parlare del perdono e degli approcci ideali per giungere a lasciare andare ciò che non ha funzionato tra noi e qualcun altro. La situazione era metafisica e cortese, quindi avevo conservato un ricordo simpatico di quell'intervista, che è però durato fino a che non ho acquistato la copia della rivista edita. Quello che segue è una parte di quanto ho letto e che mi veniva attribuito, sul tema del perdono: *«Primo step, scrivere all'offensore una lettera di rabbia e di sfogo, con insulti e tutto il peggio che ci ha scatenato – suggerisce il*

2. Centro Sai Italia.

trainer Tiberio Faraci – infine scrivere una lettera all'offensore, anche se non lo conosciamo..». Lì per lì sono rimasto come una statua di sale! **Posso mai, io, avere detto qualcosa del genere sul perdono**? Cosa avranno pensato, le persone che hanno letto una cosa di questo tipo, dopo che sono stato presentato come un esperto sul tema? Al momento ci sono rimasto male, certo, ma subito dopo ho pensato che anche da quella situazione ne sarebbe conseguito il meglio, e così è stato. Per un po' ho cercato di non pensarci, poi ho chiamato la giornalista per esprimere il mio sconcerto. In quel momento lei si trovava all'estero, ma si è scusata e si è detta dispiaciuta; comunque la cosa si è subito ricomposta, io non ero più contrariato e quando lei mi ha detto che se fossi stato d'accordo mi avrebbe intervistato ancora, io ho acconsentito. Sono conseguiti altri articoli ineccepibili, sempre su giornali importanti, e anche delle sedute che la giornalista ha voluto fare con me. Che cosa ne sarebbe derivato, se invece io fossi rimasto immerso in una vittimistica sensazione di delusione? *«Colui che vive secondo la fede, la speranza e l'amore, vive secondo le leggi universali. È con la fede, la speranza e l'amore che costruirete la vostra esistenza. Chiamate queste forze cosmiche e chiedete loro aiuto, fatevi consigliare, perché è così che diverrete veramente utili a voi stessi e al mondo intero... Se prima non si è fatto niente per meritare l'aiuto del Cielo, non si potrà ottenerlo. Il Cielo... è pronto a riversare tutte le benedizioni, ma per riceverle dobbiamo avere preparato qualche cosa in noi stessi con il nostro amore, il nostro disinteresse, la nostra pazienza, la nostra fedeltà... Tutte queste virtù sono frutti che produciamo per poterli donare al Signore. Allora sì che il giorno in cui chiederemo una grazia, saremo ascoltati»*[3]. E forse saremo finalmente noi a concedercela.

3. Omraam Mikhael Aïvanhov.

Sopra le nostre parole, sotto il precipizio...

Lavoro da tre anni con un uomo, che in termini analitici potrebbe essere definito un "individuo eccezionale". Anni fa, in Italia, aveva acquistato una copia del mio *Innamorati di Te*, per regalarla alla moglie in un momento non facile, ma poi aveva finito per leggerlo lui. Così mi chiamò per lavorare con me e cominciammo a fare delle sedute al telefono. Parlo di una persona che lavora nel campo dell'alta finanza, e che attualmente ha realizzato delle cose veramente enormi. Dopo avere fatto con me un ciclo al telefono, le sue competenze si allargarono alla Svizzera, dove nel frattempo si era trasferito e dove le nostre sedute erano divenute cicliche: lavoravamo sulla realizzazione di progetti innovativi riguardanti il mondo dei titoli. Da due anni si è trasferito negli Stati Uniti d'America e ci sentiamo praticamente ogni sera (per me, pomeriggio per lui), sfruttando la differenza del fuso orario. Insieme abbiamo attraversato momenti di grande esaltazione gioiosa, ma anche molti momenti difficili e pieni di apprensione, da apnea. Sì, abbiamo dovuto trattenere il fiato, a volte, e in certe occasioni abbiamo respirato solo ogni tanto, quando potevamo. Una volta lui mi ha confessato che in certe occasioni si era aggrappato alle mie parole, a quello che gli dicevo io, e che sotto sentiva il precipizio: **ma ora ce l'ha fatta**!!! In questa enorme traversata ha sempre avuto fiducia in un finale in linea con le idee, le sensazioni e le emozioni che, ciò a cui voleva arrivare gli dava. Fin dall'inizio aveva un'idea precisa degli obiettivi da raggiungere e anche delle emozioni che avrebbero suscitato in lui e in chiunqe altro ne fosse stato coinvolto; però non precisava come avrebbero dovuto essere... circoscritte e delineate. Sostanzialmente, le lasciava aperte perché potessero ampliarsi, allargarsi, focalizzarsi in base a nuovi apporti e riflessioni. Anche nelle difficoltà, è rimasto costantemente centrato sull'emozione che avrebbe provato quando sarebbe arrivato alla realizzazione. Cosa lo mandava avanti? Una cieca e assoluta fiducia e un piacere profondo già nell'agire per essa. Lui stava bene anche nello spendersi per la realizzazione, vedeva già la sua luce e la sua luce si rifletteva su di lui; era una promessa al suo progetto, un atto di amore, per il quale ogni giorno dimostrava di volere fare tutto, coerentemente e senza scorciatoie. Quella luce era un appuntamento di accoglienza tra i suoi raggi caldi; quindi la fiducia veniva rafforzata ogni giorno e ciascun pezzo del puzzle che andava nella giusta direzione, qualsiasi "fosso superato", qualsiasi rischio evitato alimentava il chiarore e il calore della visione, la cui realizzazione si avvicinava. Il senso di fiducia significava per lui allinearsi alle frequenze dell'emozione, che normalmente noi pensiamo e sappiamo che proveremo quando saremo arrivati. Il suo credo era che non si deve mai pensare e dire «prima devo o devi fare, al resto ci penserai poi, quando sarai arrivato...», ma, fare, preparare, pensare, sentire come se si fosse già là. Era convinto di potere solo così approdare sicuramente o almeno di arrivarci prima, con minore sforzo, e aveva ragione. Per lui, la fiducia era anche l'antidoto della paura. Non aveva paura di sapere come sarebbe stata la situazione verso la quale era diretto: come possiamo temere qualcosa, se non sappiamo nulla di ciò che ci spaventa? Pensava giustamente che se avesse dato ascolto alle paure sarebbe stato respinto, che sarebbe stato come cedere al contrario dell'ambizione verso cui avrebbe dovuto provare fiducia. L'immedesimarsi nella persona da lui figurata, immaginandosi già arrivato là, è stato per lui tutto. Sostanzialmente, il viaggio era per lui diventato una corsa ad abbracciare quel se stesso che era già giunto alla meta e che là lo aspettava, nella visione del progetto realizzato. Per anni e anni aveva visto e sentito quelle emozioni che a poco a poco provava a condividere con chi aveva accanto a sé. Incessantemente, per tutto il percorso, ha sempre pensato che il viaggio sarebbe stato più importante dell'arrivo, perché lo avrebbe plasmato, rafforzato, provato e rassicurato. È convinto che i pavidi, i mediocri, non diano importanza al viaggio perché sanno che esploderebbero durante le prove; quindi cercano delle scorciatoie, ma, anche se le trovano, poi cadono, proprio poiché il viaggio a loro è mancato. Occorre sempre farsi carico totale delle proprie responsabilità, al fine di essere in grado di gestire la totalità del potere possibile. Freud in *Psicopatologia della vita quotidiana* scriveva che, quando qualcuno della sua famiglia si lamentava per essersi morso la lingua, essersi schiacciato un dito o altro, invece della sperata compassione, riceveva da parte sua questa domanda: «A che scopo lo hai fatto?» Era una domanda accolta sicuramente con irritazione, ma che in quel momento forgiava e rendeva più resistenti, avvicinando la stagione del raccolto.

«Ricorda che l'intuizione è la voce dell'angelo e probabilmente non dovrebbe essere ignorata. Ascolta le tue intuizioni, presta attenzione al tuo intuito, non respingere i tuoi pensieri casuali, ispirazioni o idee. Il Cielo parla in frammenti, non in discorsi. Gli Angeli sussurrano velocemente. Lo fanno mentre volano... Onora i tuoi suggerimenti dal Cielo. Potrebbero darti il miglior consiglio che tu abbia mai avuto... Con Amore...»[4].

Quali sono i tuoi esempi? Coloro che ce l'hanno fatta o coloro che hanno rinunciato? Ti sento spesso dire: «Anche loro erano preparati, anche loro avevano le giuste carte in mano, eppure non ce l'hanno fatta». Se vuoi farcela devi guardare ai primi e non giustificare i secondi.

---

4. Neale Donald Walsch.

Capitolo 9

Per quale ragione è sicuramente meglio avere fiducia

Per me il mondo è una rete di meraviglioso amore, che si riflette su di me e sulla mia vita e la rende straordinaria al punto che la mia realtà attuale, quella che ho creato nella mia esistenza, supera praticamente sempre anche i più bei sogni che facevo da bambino pensando a come avrei voluto che fosse la mia vita da adulto, "da grande". Anche in questo preciso momento è così! Sono con Sally Veillette e con Dominique Hort e stiamo scrivendo il nostro *Life2 Bring Life To Your Life*, il seguito di *Come te non c'è nessuno*[1] che uscirà negli Stati Uniti d'America entro l'anno. **Non c'è un altro luogo al mondo in cui vorrei essere ora**; certo, mi manca Laura, che in questo momento si trova a Berlino, ma lei sa che sono qui a fare qualcosa che adoro e ne è contenta, così come io sono soddisfatto di sapere che lei è felice di fare qualcosa di importante con sua figlia. So che mia figlia è con suo marito e con i miei nipotini; in questo momento si trovano in Toscana in un bellissimo parco e sicuramente i bambini si staranno divertendo moltissimo… Meraviglioso!

Il "mondo"… sono le circostanze che attiriamo

Mi sento connesso alla creatività calma di Dominique e di Sally mentre le nostre anime sono intente a creare e a comunicare tra loro, in questa bellissima stanza con una vi-

1. Scritto con Dominique Hort, *Essere Felici*, per Macro Edizioni.

sta incantevole sulla “mia” Svizzera verde! Che cosa potrei chiedere di più? Le nostre essenze parlano in silenzio, e anche le nostre anime lo fanno; sì, perché per noi le cose nuove non arrivano dalla mente. Ce lo dicevamo tra noi questa mattina: la mente contatta quello che già conosce, le cose nuove arrivano invece dall’anima! La musica di sottofondo sublima la comunicazione raccolta tra noi e voi e io sono molto felice di me e di quello che in questo pianeta sono chiamato a fare! Il mondo è l’insieme delle circostanze che attiriamo, siamo noi, il mondo, e lo sono gli altri!

E gli altri sono tutti coloro che incontriamo o a cui pensiamo, dal momento in cui ci svegliamo e riprendiamo quell’inestimabile contatto fondamentale e consapevole con il nostro corpo, al mattino. Sono la nostra squadra; sono coloro che giocano con noi, se lo vorremo, o i nostri nemici. Se ne avremo l’intenzione, questa differenza connoterà già in modo fondamentale e deciso quello che troveremo là fuori. Io il mondo lo voglio sentire tutto, lo voglio provare al “quadrato”, perché questo è il solo modo in cui amo vivere, l’unico che mi mette a contatto al 100% con le mie responsabilità e, di conseguenza, anche con il mio potere! Andare nel mondo disarmato e in modo forte ma arrendevole, come un guerriero shambala[2], mi porta ad aspettarmi sempre il meglio dagli altri ed è questo che poi fondamentalmente accade (quasi) sempre, poiché è la qualità dei nostri pensieri a condurci a risultati di tipo elevato o a deludenti conclusioni, che spesso altro non sono che proprio ciò che in teoria volevamo evitare, ma che in realtà volevamo attrarre, visto che è quello che è arrivato! Il mondo è buono, il mondo è integro, il mondo ha bisogno di noi e noi del mondo; solo da un confronto

2. I guerrieri shambala erano dei personaggi presenti nella mitologia tibetana, sede di una società illuminata. Essi sceglievano di non ostentare la loro forza e di metterla al servizio dei più deboli.

positivo e costruttivo possono derivare quelle meraviglie che chiedevamo. Nel mondo troviamo tutto ciò che ci necessita, la risposta ai nostri dubbi e a tutte le nostre domande. Nel mondo, ogni nostro bisogno trova completamento. Il mondo è uno specchio enorme, nel quale rifletterci. Se il tuo atteggiamento sarà di disponibilità e di servizio, tutti gli altri si stringeranno per farti spazio, proprio lì, vicino a dove sono seduti loro, e ognuno di essi farà a gara per farti assaggiare quello che ha preparato, perché il tuo atteggiamento li avrà motivati a condividere con te i sapori della loro terra e le loro abilità. Sentiranno la tua mancanza, quando ti sposterai, e ti seguiranno con lo sguardo benedicendoti; piangeranno per te, perché la tua energia avrà lasciato il segno. Se hai fatto un buon lavoro, con la possibilità di cui sempre puoi disporre, ovvero quella che il perdono può portare continuamente nella tua esistenza, non ci sarà nulla nel mondo che potrà turbarti. Solo se ti ostini a sentirti fragile rispetto a tutto ciò che accade, avrai delle sorprese spiacevoli, ma saranno esattamente quelle che hai "prenotato", quelle di cui hai bisogno per la tua crescita, per le difficoltà, le pesantezze e la rigidità che difendi, quelle che ritieni essere così importanti per te! Se invece il tuo sarà un atteggiamento di partecipazione leale, intelligente e costruttiva, con in comunione totale con gli altri, se userai il mondo in tutta la miriade delle sue possibili immense sfaccettature, in contatto con il principio che vede i tuoi rapporti vissuti al massimo delle loro potenzialità, tutti vorranno avere a che fare con te e con la tua energia e i doni che ne deriveranno saranno incommensurabili. Tutto si moltiplicherà davanti ai tuoi occhi stupiti e la tua vita diventerà una vera meraviglia! Quando si ha fiducia di potere fare una certa cosa, si acquista sicuramente la capacità di farla; anche se all'inizio magari non ne sarai in grado, credimi, ti prego, e prova!

Mi dichiaro pronto a sentirmi totalmente presente...

È quello che abbiamo fatto tutti: ognuno di noi si è messo alla prova e alla prova è stato messo mille volte da coloro con cui interagiva. Ognuno di noi è arrivato all'oggi attraversando molti "ieri", talvolta vincendo, talvolta perdendo. Io, Tiberio, sono tutto quello che sono e anche ciò che non ho ancora scoperto di essere! Dillo anche tu, sostituendo il tuo nome al mio: «Io (di' il tuo nome...) amo e accetto incondizionatamente ogni parte di me! Accetto ogni espressione del mio passato e mi dichiaro pronto/a a sentirmi totalmente presente e a essere fiero/a di me stesso/a in qualsiasi manifestazione del mio essere! Io sono speciale, così come speciali sono i miei risultati!». Se riuscirete a mettere un po' di introspezione nelle vostre azioni, a esercitare un po' di controllo sulle vostre parole e a valutare con un po' di attenzione i vostri pensieri, ciò sarà per voi un rifugio e un riparo... Mettete in pratica buone azioni, che apportino felicità agli altri. *«Se questa è la prima volta che si dà fiducia, è buona cosa riflettere sui risultati. Se l'altra persona ci ha dimostrato di meritarla e ci ha fornito un risultato positivo, questo rafforzerà la nostra decisione. Con il passare del tempo, queste esperienze positive serviranno ad accrescere la considerazione che proviamo e a rafforzare le relazioni interpersonali»*[3]. Chi agisce per il meglio ed è rispettoso, diverrà armonico nel corpo, nelle sue espressioni e nella ragione. Sì, ora hai capito che le suggestioni non bastano più, quello che poteva essere accettabile nel passato lo era per determinare situazioni contingenti. Adesso non lo sarebbe più. Non possiamo accettare un brutto presente e un brutto futuro, a causa di accordi sbilanciati, ingiustificati, assurdi,

3. Per queste informazioni, ringrazio Roberto Fuflani del «Corriere della Sera».

infelici, solo perché allora certe cose erano possibili... Se io vivo una veloce evoluzione e le persone che ho accanto no, non posso, in ragione di un passato in cui certe cose potevano anche andare bene, ignorare che ora non sono più accettabili, se non interveniamo per trasformarle tenendo conto delle realtà attuali. Non possiamo fermarci, per restare con persone che non evolvono. Non c'è più tempo, non possiamo, non dobbiamo; a meno che non decidiamo che fermarci è quello che vogliamo. **Tu devi seguire te stesso, come se fossi la tua ombra**.

«Un uomo disperava dell'amore di Dio. Un giorno, mentre errava sulle colline che attorniavano la sua città, incontrò un pastore. Questi vedendolo afflitto, gli chiese: "Che cosa ti turba, amico?". "Mi sento immensamente solo". "Anch'io sono solo, eppure non sono triste". "Forse perché Dio ti fa compagnia". "Hai indovinato". "Io, invece, non ho la compagnia di Dio. Non riesco a credere che Lui mi ami e mi ascolti. Come è possibile che ami proprio me?". "Vedi laggiù la nostra città? – gli chiese il pastore – Vedi le case? Vedi le finestre?". "Vedo tutto questo", rispose il pellegrino. "Allora non devi disperare. Il sole è uno solo, ma ogni finestra della città, anche la più piccola e la più nascosta ogni giorno viene baciata dal sole. Forse tu disperi perché tieni chiusa la tua finestra"»[4].

Se l'amore naufraga, è a causa del nostro egoismo...

«Ciao Tiberio, ieri ho terminato un libro che stavo leggendo in queste ultime settimane. Mi è piaciuto tantissimo, da tempo un libro non mi smuoveva emozioni come ha fatto questo. Racconta la storia di Iza, una giovane dottoressa un-

4. Ken Buist.

gherese nella Budapest degli anni Sessanta. Agli occhi di tutti appare come un medico di successo, una figlia devota, insomma una donna perfetta in tutto, ma sotto sotto nasconde un forte egoismo sentimentale, che ha spinto il marito, pur innamorato di lei, a lasciarla, la madre vedova a suicidarsi perché si sentiva un peso per la figlia e il nuovo compagno, succeduto al marito, ad abbandonarla alla vigilia di una vita insieme, perché anche lui ha intuito la vera natura della donna e non vuole fare la stessa fine dell'ex marito e della madre di lei. Questa storia, soprattutto nel finale, quando è emersa la vera personalità della protagonista, mi ha fatto riflettere, perché mi ritrovo nella figura di Iza. Partendo dal principio di assumersi il 100% di responsabilità, mi sento di affermare che se le mie storie sentimentali sono naufragate è stato a causa del mio egoismo. ***A differenza della protagonista del romanzo, io sono arrivata a capirlo****. Non so se ho ancora la possibilità di recuperare la storia a cui continuo a tenere, ma di sicuro non voglio che ciò succeda più! Questa settimana ho scritto a Maurizio, per metterlo al corrente dell'offerta di lavoro naufragata. Volevo che lo sapesse da me, piuttosto che da altri. Ha condiviso la mia decisione; dal tono della mia lettera ha intuito che sto bene e ne è stato contento. Mi ha detto che ancora non lavora, ma che è intenzionato a prendere in gestione un ristorante e che mi darà informazioni dettagliate più in là. Ovviamente, mi ha fatto piacere che lui abbia avvertito un mio tono positivo; mi dà soddisfazione, innanzitutto per quello che sono stata in grado di fare in quest'ultimo periodo e poi perché, dopo le ultime mail un po' tese, sono stata capace di "recuperare " un rapporto più disteso e promettente per il futuro. Il giorno dopo però ho avuto un risveglio dolceamaro, perché sentivo la sua mancanza. Avevo cercato di sapere qualcosa della sua vita in generale, ma lui si è limitato a dire che sta bene e mi ha fornito solo* *informazioni di natura professionale. Me lo sono immaginato lì, a vivere con lei; è con lei che si sta ricostruendo una vita. Ma anche quando stavamo insieme si trovava in una fase indefinita. Il lavoro lo portava da una parte all'altra e lui si era stufato di girovagare, cercava stabilità. Credo che quella stabilità la stia ritrovando ora, con un lavoro per conto suo e una donna che apparentemente gli dà quella tranquillità che non ha trovato con me. Con lei probabilmente ritrova anche il calore di una famiglia, che aveva perso. Una famiglia già formata; io magari gli avrei chiesto un figlio e forse lui a 50 anni poteva anche non sentirsela più. La sua nuova compagna da questo punto di vista è già appagata. Insomma, ci sono molti elementi che lo allontanano ancora di più da me. Probabilmente se non avessi conosciuto Maurizio*[5]*, non mi sarei neanche messa in discussione per migliorarmi, e il mio percorso non è finito; anzi, adesso inizia una nuova tappa, molto importante. Ora più che mai devo e voglio dedicarmi a lavorare sull'umiltà, se non voglio ritrovarmi con un ennesimo fallimento sentimentale. Lui resterà sempre nel mio cuore e forse non arriverò più ad amare un altro uomo come ho amato lui, ma mi rendo conto che è giusto che lui trovi la sua strada e io la mia. In fin dei conti io voglio il suo bene e saperlo sereno mi consola. Riguardo a me, non sono capace di vedere il mio futuro, se non attraverso la voglia di diventare migliore di come sono ora, perché non debba ritrovarmi vittima del mio egoismo come la protagonista del romanzo. Che io lo voglia o no, la vita deve fare il suo corso e al momento le nostre strade hanno preso delle direzioni diverse, ma la speranza che un giorno (non tanto lontano) possano ricongiungersi, non muore. A presto... Elisabetta»*[6].

---

5. Nome di fantasia.
6. Walsch, Neal Donald, *Conversazioni con Dio*, vol. I.

La fiducia è il più potente antifurto...

Quando si viene a sapere di un furto, in cui sono state scoperte connivenze e complicità di vario tipo tra il ladro e quello che sembrava essere il derubato, accade di sentire parlare magari di porte o di finestre "dimenticate" aperte per facilitare il lavoro di un complice. Quando ci lasciamo andare a un atteggiamento vittimistico lasciamo aperte "porte e finestre" per un ladro metaforico, che non ha un accordo con noi, ma che non ci deluderà, ci farà tutto il male possibile, e in quel momento non sembriamo avere bisogno di altro. Ricordi i quattro punti di cui parlo nei miei libri precedenti, quelli che dobbiamo considerare come inderogabili per raggiungere ciò che diciamo di volere raggiungere?

1) Chiarezza sugli obiettivi (l'Universo non può fornirci qualcosa che non sappiamo neppure noi).
2) Essere coscienti che in noi c'è il nemico: una parte di noi non vuole che raggiungiamo obiettivi di quella levatura, perché staremmo molto bene, se ci riuscissimo, e lei questo non lo sopporta.
3) Fare tutto quello che è possibile, al fine di arrivare alla meta (le cose non piovono dal cielo e, se non abbiamo fatto tutto ciò che era nelle nostre possibilità, sarà improbabile che ci venga consegnato proprio il sogno "chiavi in mano").
4) Se abbiamo la fortuna di credere in qualcosa di più grande, in qualcosa di più alto di noi, possiamo affidare il nostro desiderio e lasciare a Lui il modo in cui quello che vogliamo ci raggiunga.

Un modo potrebbe essere affermare qualcosa di simile: ho fatto chiarezza su ciò di cui ho bisogno; ho cercato di non cadere nelle trappole sabotatrici di quella parte di me che detesta le novità, l'espansione, l'abbondanza e la prosperità; ho fatto realmente tutto quello che potevo per la realizzazione di quello che voglio. Ora chiedo che mi sia dato, ma, nell'evenienza che ciò, visto secondo un'ottica superiore più ampia, venga giudicato non adatto alle mie possibilità di realizzazione, accetto con gioia qualcosa di meglio e di più giusto per me... Così, se quello che hai chiesto tarderà a manifestarsi, potrai pensare che l'Universo sta probabilmente preparando per te qualcosa di più grande! Kirpal Singh diceva che la nostra missione consiste nel colmare il cuore di compassione, di misericordia e di amore universale, da irradiare a tutti i Paesi, a tutte le Nazioni e a tutti i popoli del mondo, per formare la vera religione del cuore come fattore dominante della propria vita, per rendere ognuno in grado di amare Dio, di amare tutti, di servire tutti e di avere rispetto per tutti, visto che Dio è immanente in tutte le forme. Ci sono mille possibilità per farsi contenti; a volte basta poco e non lo dimentichi più, come nel caso della corsa a perdifiato che hai fatto una volta per accontentare quel nonno che ammiravi e che guardavi sempre da lontano, avvertendo il rispetto e la considerazione che gli altri gli riconoscevano; quel giorno lui aveva dimenticato una cosa e ti aveva chiesto di andare a prendergliela e tu ti sei messo/a a correre come un piccolo giaguaro, con il cuore che ti batteva forte in gola per il timore di non farcela e di deluderlo. Poi sei arrivato/a da lui, che ti ha guardato/a come se fosse la prima volta che ti vedeva. C'era in gioco così tanto! La sua attenta valutazione, la **tua** considerazione. La sua stima, che volevi più di ogni altra cosa guadagnarti! E lui ti ha dato uno sguardo così importante che ti sembra che mai nessuno ti abbia più guardato/a così.

SECONDA PARTE

Del perché a volte è faticoso avere fiducia...

Capitolo 10

Quando hai riposto male le tue aspettative?

«Arriva il momento in cui, dopo aver perduto le illusioni sugli altri, si perdono quelle su se stessi»[1].

A volte diciamo di valere di più, altre di meno, ma ciò che accade intorno a noi è sempre quello che ci aspettavamo e questo avviene senza eccezioni. Quanto siamo lontani dal credere in questa grande rivelazione? È basilare che ci riappropriamo del nostro potere e che iniziamo a testare (senza esitazioni, ma senza ostentare) quelle forze che magari non abbiamo ancora fatte nostre. C'è un rischio, che dovremo contrastare, ed è che queste, quando sono nuove, potrebbero spesso fare apparire i nostri atteggiamenti arroganti agli occhi degli altri. Accade solo in rari casi che chi si stufa di subire, per non rischiare di cadere in quell'atteggiamento che ormai rifiuta, diventi a sua volta un oppressore violento e insensibile. Se siamo tristi e nessuno è pronto ad accoglierci, a capirci a farci sentire che siamo importanti, dobbiamo pensarci noi. Invece di fare le vittime, cogliamo quel momento per ricordarci chi siamo, chi vogliamo essere e percependoci in cammino, provare tenerezza verso noi stessi! Se siamo depressi, in un dato momento, è bene entrare nella depressione e viverla; ascoltiamo la nostra tristezza, scendiamo più in fondo, finché non troviamo qualche idea creativa. Improvvisamente, si manifesterà un impulso vitale che aveva-

1. Emil Cioran.

mo trascurato. Meglio se continueremo a provarci, anche se le prime volte proveremo delle delusioni: quando riusciremo a entrare in contatto con quell'impulso vitale, sarà la prima di molte altre volte, poiché avremo imparato a farlo, e quando ne avremo bisogno ci riusciremo ancora. Oggi è il quarantottesimo giorno dell'anno, la lezione odierna del *Corso in Miracoli*[2] è: "Non c'è nulla di cui avere paura". Quando abbiamo paura offendiamo Dio, perché in quel momento affermando che possiamo contare solo su noi stessi, dimentichiamo che esiste Dio e che Lui vuole il nostro bene. Se siamo credenti e abbiamo un rapporto di fede con la nostra paura, offendiamo Dio, perché è un po' come dire «fatti in là, faccio io». Eppure quante volte non sappiamo rinunciare alla tentazione di sentirci fragili, incapaci, in balia degli eventi, impauriti? E se questa è la qualità dei nostri pensieri, come potrebbe accadere che producano un risultato migliore di quello che già otteniamo? È quanto meno improbabile che questo possa verificarsi, anzi potremmo affermare senza alcun timore che è impossibile. Si dice che noi scegliamo la nostra famiglia di accoglienza, quella in cui nascere, ma è pure vero che per molti di noi la sensazione è effettivamente quella di non avere scelto benissimo e di non avere considerato con molta lungimiranza quello che il crescere in famiglie di quel tipo avrebbe potuto portare e insegnare (timore, senso di carenza, incapacità) e anche togliere (sicurezza, certezze, consapevolezza...). Quando ero piccolo, praticamente ogni giorno venivo svegliato dalle grida di mio padre che inveiva contro mia madre, colpevole di avergli preparato qualcosa per pranzo che lui non gradiva. Erano le sei del mattino, a volte le cinque e mezza, e mia madre si era alzata come sempre per cucinargli qualcosa che egli avrebbe

2. Edizioni Armenia.

consumato poi sul luogo di lavoro. Un minimo di leggerezza si palesava solo nei giorni di festa, quando, invece che dalle grida, venivo svegliato dalle risate di mio padre e mia madre che "giocavano" tra loro (certo, erano sempre meglio delle urla, e il lato positivo è che non ho mai avuto bisogno di una sveglia). Talvolta accade che i genitori paralizzino la nostra voglia di crescere e di riuscire: quando questo succede ci possiamo ritrovare ad adottare dei comportamenti rigidi e inflessibili, e a sentirci più inclini alla rabbia che non alla concessione di qualcosa a qualcuno. Capita anche a te di arrabbiarti troppo spesso? Non possiamo affermare con certezza che questo non dipenda da ciò che non abbiamo ancora risolto con la nostra famiglia. In cosa ti disapprovavano i tuoi? Da quello che mi dici, tu stai invece facendo molto per tutti; anche per i tuoi bambini, inventi storie per loro; sarebbe bello se ora ne concepissi una per te, una per cui si lascia andare tutto quello che non ha funzionato nella tua vita di allora! Prova a pensare che ogni volta che imiti quello che accadeva, pur invertendo i ruoli, stai nuovamente mettendo il bambino/la bambina che eri nella stessa situazione, a provare lo stesso dolore, lo stesso senso di impotenza; solo che questa volta lo hai deciso tu!

Quello che non abbiamo ancora risolto con la nostra famiglia è… Quello che non ho ancora risolto con mio padre è… Quello che ancora non ho risolto con mia madre è… Quello che ancora non ho risolto con mio fratello è… Quello che ancora non ho risolto con mia sorella è… Quello che ancora non ho risolto con i miei amici è… Quello che ancora non ho risolto con i miei colleghi è… Quello che ancora non ho risolto con i miei parenti è… Quello che ancora non ho risolto con i miei insegnanti è…

Prova a fare questo esercizio con grande sincerità, la pulizia che ne conseguirà ti regalerà la possibilità di risparmiarti il dolore che inevitabilmente avresti attratto, nel tuo futuro, al fine di riscattare quello che nella tua famiglia di provenienza non ha funzionato. Spesso attiriamo persone che hanno le caratteristiche negative (leggasi "difetti") che erano presenti nel nostro schema familiare, perché cerchiamo di risolvere ciò che non siamo stati in grado di capire e affrontare allora. Occorre anche dire però, che talvolta invece sono i figli a considerare egoisticamente i genitori in base a quello che possono e secondo loro debbono, ricevere; come se i genitori dovessero essere per sempre dei distributori di cose. Molti figli cercano di essere mantenuti per sempre; però così non crescono mai e non diventano mai autosufficienti affettivamente, economicamente e a livello di autostima e si sentono bene solo quando scorgono dei bagliori di considerazione o di riconoscimento negli altri; questa è una delle miriadi di situazioni tristi che si possono vivere.

«Ho scoperto che il massimo grado di tranquillità interiore deriva dalla crescita dell'amore e della compassione. Quanto più ci preoccupiamo della felicità altrui, tanto più grande è il nostro senso di benessere. Coltivare un sentimento intimo e affettuoso verso il prossimo mette di conseguenza, la mente a suo agio. Questa è la definitiva fonte di successo nella vita»[3]. Quale compito, più di quello che vede i genitori educare i propri figli all'amore per se stessi e per gli altri, potrebbe indirizzarci verso quello che sicuramente e finalmente diventerebbe un mondo migliore per tutti? Penso che la famiglia non sia sufficientemente tutelata, e che non si presti la dovuta attenzione a quello che può accadere; una volta che la porta di casa è chiusa, se accade qualcosa di negativo, sono solo i bambini a pagarne il prezzo. Lo pagano in contanti al momento, in termini di dolore e paura, e lo pagano poi, in

3. Dalai Lama.

"comode"rate per tutta la vita a seguire, attirando costantemente persone e situazioni che li possono fare soffrire abbondantemente come hanno imparato a fare così bene! Spesso, per amore, sacrifichiamo delle parti di noi, che sono importantissime e che a volte dovrebbero addirittura essere irrinunciabili! Riprenditi la tua responsabilità e il tuo potere.

Da cosa pensi possa derivare la scarsa fiducia in te stesso e negli altri, nelle situazioni nuove con le quali ti ritrovi a confrontarti? Rispondi per iscritto a questa domanda, dando tre risposte distinte!

Quando non hai avuto la giusta fiducia in te stesso/a, che cosa è accaduto? Quando in qualcuno o in qualcosa? Quando è avvenuto, nella tua esistenza, quali circostanze dovevi affrontare? E con chi? Dove ti trovavi? Fai un elenco di tutte le volte in cui questo è accaduto, poi soffermati su ognuna di esse, mettendola a fuoco, riesaminandola e riconoscendo quali sono state, in quella determinata situazione, le tue mancanze o le tue responsabilità, che sicuramente hanno contribuito al risultato spiacevole: questo ti restituirà il potere! Valuta che cosa, quelle situazioni, ti hanno dato, o tolto, e cosa hanno cambiato. Perché molti di noi considerano l'amore come un altare sacrificale, al quale non è possibile accedere se non con qualcosa che abbiamo già destinato all'indispensabile imminente sacrificio? Il concetto che domani è un altro giorno non funziona per tutti, anche perché non per tutti gli amori domani sarà un altro giorno. Vuoi provare a lasciare andare tutto quello che non ha funzionato tra te e i tuoi genitori? Sei già riuscito/a a scrivere ai tuoi genitori una lettera (una al papà e una alla mamma) che esprima soltanto riconoscenza amorevole? Una lettera in cui non si parli di quello che non hai avuto, ma solo di quello che hai ricevuto da loro? Se ci sono delle cose che ti hanno fatto soffrire molto e che ancora hai voglia di tirar fuori, scrivile, ma riferendoti esclusivamente a quello che provavi tu, a come ti sei sentito/a, evitando di incolpare, evitando di puntare il dito. Ecco un esempio:

«Cara mamma, è soprattutto in questi ultimi tempi di mia grande sofferenza che mi sei stata di grande esempio e, anche senza tanto dialogare, di grande conforto. Mai come in questo periodo ho avvertito il bisogno di sentirti vicina, perché tu rappresenti per me l'unica vera fonte di amore incondizionato a cui poter attingere. Ho prestato attenzione ai tuoi modi e ne ho tratto insegnamento: mi hai rivolto delle domande con delicatezza, quasi in punta di piedi, per non provocare le mie rispostacce (quanto sono stato/a insopportabile! Io, al tuo posto, non avrei retto!); al telefono hai sempre un tono dolce, affettuoso e caloroso, che ispira protezione e morbidezza, come una soffice e avvolgente coperta di lana. Poi ci sono la tua cordialità con la gente, il tuo altruismo, la tua generosità smisurata, la tua sensibilità! In tutto questo vorrei assomigliarti di più! In passato non abbiamo dialogato molto, anzi per niente; però ora io mi sento più vicino/a a te e so che questo rende più felice anche te. So che preferiresti avermi più vicina a casa, o almeno in Italia, e questo per me è un cruccio, ma so anche che il tuo desiderio finale è quello di sapermi serena e felice, ovunque io sia e questo fa di te una grande mamma, la mia mamma! Spero che Dio ti preservi a lungo per potere godere reciprocamente di questo nostro nuovo rapporto».

E ancora:

«Caro papà, gli anni in più e la tua percezione della fine che si avvicina ti hanno reso ancora più rigido di quanto sei stato finora. Invece di goderti questo tempo e di essere feli-

ce per ogni giorno di vita in più, ti sei chiuso in te stesso, a fare elucubrazioni su quando non ci sarai più. Questo mi fa male, vorrei tu potessi restare sempre con noi; ogni tanto mi ritrovo a pensare a quando arriverà quel triste momento: lo faccio un po' per prepararmi e un po' per scaramanzia, per allontanarlo sempre di più. Mi dico che non dovrò stare tanto male, perché, come dice la mamma, ti assomiglio tanto (e di questo ne vado fiera) e quindi conserverò in me la tua essenza. Ma il mio desiderio è che tu stia con noi il più a lungo possibile. Proprio come ho organizzato la festa per i tuoi 80 anni, vorrei organizzare quella per i 90 e, perché no, per i 100! Sono sicura che, volendo, puoi arrivarci tranquillamente. Inoltre, ho un'altra ambizione: soddisfare "il tuo" desiderio, e cioè quello di vedermi sistemata con un lavoro stabile che mi piaccia e una persona a fianco con cui condividere la vita; perciò, ti prego, dammi il tempo di regalarti questa gioia! Papà, ti voglio bene! Se sono quella che sono, lo devo anche a te! Sono fiera del mio modesto, semplice, grande papà, non avrei potuto averne un altro migliore».

Un tempo i padri non parlavano molto e delegavano totalmente alla moglie la responsabilità dell'educazione dei figli, della quale le ritenevano totalmente responsabili. È stato così anche per me: mio papà non aveva le parole, non sapeva esprimere i propri sentimenti. Accadeva questo anche nella tua famiglia? Interrompi un attimo la lettura e prova a ripensare a quelle dinamiche: che cosa ti viene in mente? Chi tarpava le ali, e a chi, nella tua famiglia? Non lo faceva nessuno? Sicuro/a? Neanche la nonna? Neppure il nonno? Se è così, sei una persona fortunata! Rifletti: la tua famiglia metteva in scena un teatrino affettivo primario con repliche giornaliere, e hai preso per buona qualsiasi cosa venisse rappresentata, anche quando buona non era e neppure reale e tantomeno giustificata! Le disapprovazioni ricevute in famiglia sono spesso il motivo per cui poi non confidiamo sufficientemente nelle nostre capacità e, di conseguenza, neppure in quelle degli altri. Perché dovremmo? Nessuno ce lo ha insegnato. Anzi sono state sottolineate le nostre carenze, le nostre inadempienze, le nostre inadeguatezze; invece di essere sostenuti, incoraggiati e difesi, siamo stati attaccati e disapprovati, talvolta addirittura umiliati. E quindi, se non ti è mancato nulla, ti sei industriato/a per farti mancare qualcosa. Hai fatto tutto da solo/a! E ci sei riuscito/a!

«Quando qualcuno fa qualcosa che non ti piace, prova a tollerarla. Nel modo più gentile, digli che non ti fa stare bene ciò che è avvenuto o ciò che è stato detto, ma sforzati di non trattarlo freddamente e di non interrompere l'affettuosa comunicazione con te; perché, in questo modo gli insegnerai ad avere paura di perderti...o almeno a temere di perdere il calore del vostro rapporto. Questo è, ovviamente, ciò che, secondo alcune persone, Dio fa con noi... Dai alla gente la stessa opportunità che vorresti ricevere da Dio (e da altre persone, in questo caso), con amore...»[4].

Non credere negli altri, nell'amicizia o nell'amore, significa non avere fiducia in se stessi? Secondo me, c'è un forte legame tra le due cose, una relazione strettissima, che nasce da una convinzione profonda: "*Se non ci riesco io, non è possibile farlo*", e potrebbe essere anche interessante analizzare questa riflessione, se avessimo una considerazione sufficiente di noi stessi per assumerci il rischio di doverne poi gestire i risultati. La domanda è la seguente: può esistere l'amicizia senza la fiducia?

---

4. Walsch, Neal Donald, *Conversazioni con Dio*, cit.

Capitolo 11

Ti affidavi raramente... e così...

«L'odio non cessa con l'odio in nessun caso: l'odio cessa con l'amore»[1].

La facilità a volte sembra più complementare alle cose complicate che non alle cose semplici. La facilità è un'amica che spaventava molto i nostri genitori e alla maggior parte di noi è stato letteralmente impedito di frequentarla. «Quella lì non la vedi più», dicevano. Dobbiamo insomma abituarci a un mezzo molto più potente di prima, ma questa volta alla guida ci saremo noi, da soli! Prova quindi a te stesso/a che puoi fare a qualcuno una critica costruttiva senza dovere poi temere di essere rifiutato/a. I tuoi mantenevano le promesse che facevano agli altri? E quelle che facevano a te? Comperavano quello che veniva indicato come un tuo premio, se avessi raggiunto un traguardo? Quando ti è stato promesso qualcosa che poi non hai mai ottenuto, e da chi? Interrompi la lettura e fai un elenco preciso di episodi e personaggi, descrivendo le circostanze in cui tutto è avvenuto! Ti rendi conto che occorre uscire al più presto da questa sensazione inconscia di essere stati trattati ingiustamente? Hai qualcosa del tuo passato da lasciare andare? Qualcosa che non sei riuscito/a a risolvere riguardo a un rapporto che non ha funzionato con qualcuno, sul lavoro o nel campo affettivo? Hai letto il mio *Ricomincia da Te* in cui parlo di perdono? Potrebbe aiutarti. Allargando il focus, in quale altra occasione sei stato deluso/a dalla decisione di

1. Buddha.

qualcuno che ti ha impedito di arrivare a un qualcosa che sarebbe stato già tuo, se non vi fossero state queste palesi inadempienze? Io, Tiberio, tengo moltissimo a mantenere le cose che prometto! Quando ho scritto *Un cammino per diventare angeli*[2], con le sue 450 pagine, per rispettare i tempi di consegna dormivo all'incirca due ore a notte. Tutte le decisioni che applichiamo senza riflettere su cosa sia meglio e tutte le decisioni che ci vedono sospettosamente rigidi vengono dal passato e da quello che accadeva nella nostra famiglia d'origine. Non ci insegnavano a scegliere quello che era il meglio per noi ma quello che era il meglio per loro...

Un'insostituibile storia d'amore...

Prendi un foglio e una penna e scrivi: «Sai mamma, mi dispiace che»;... poi lascia che dalla penna esca tutto quello che è bene che fluisca, come fosse una specie di drenaggio tramite il quale dal tuo corpo, dal tuo cuore e dalla tua anima possano uscire tutte quelle cose non dette che frenano il vostro presente. In seguito scrivi: «Sai mamma, mi dispiace che tu...»; lasciati andare, affinché quello che intercorre tra voi possa diventare eccezionalmente migliore anche nell'ottica di quello che sarà il futuro. Quando hai finito scrivi: «Cara mamma, mi dispiace che io...» e riporta tutte le situazioni che ti hanno visto/a protagonista in fatto di errori. Hai terminato? Ora devi scrivere: «Se potessi tornare indietro, quello che farei è...» e precisare cosa faresti. Poi scrivi: «Io ti amo e ti ringrazio perché...» ed esprimi il tuo amore e la tua gratitudine per lei, per tutto quello che ha

2. *Essere Felici,* per Macro Edizioni.

fatto per te nell'arco di tutta la sua vita. Poi scrivi: «Da parte mia, cercherò di...» e qui si parla di futuro: cosa farai tu per cambiare in meglio la dinamica del vostro rapporto. Ora si tratta di scriverle una lettera amorevole in cui ti sentirai di riconoscerle tutto l'amore che hai sentito fluire dal suo cuore e dalla sua disponibilità.

Come è andata? Come ti senti? Hai mai notato che: «Come ti senti?» è una domanda che viene posta quasi esclusivamente quando qualcuno non sta bene? Io trovo che sia un peccato; dovremmo porcela più spesso, all'interno delle nostre relazioni. Ora guarderemo al papà. «Sai, papà, mi è dispiaciuto che...»: fai sentire la tua voce, non avere timore ad aprirti, riguardo a ciò che non hai apprezzato, poi scrivi; «Sai papà, mi dispiace che tu...» e continua ad aprirti come nella risposta precedente, ma entrando nello specifico del vostro rapporto. Ora scrivi: «Caro papà, mi dispiace che io...» e qui hai l'occasione di precisare tutte le occasioni in cui sai di averlo deluso (forse voleva un maschio e invece sei arrivata tu, forse voleva una femmina e invece sei arrivato tu...). Quando hai finito, scrivi: «Se potessi tornare indietro, quello che farei è... Se potessi tornare indietro gli errori che mai più farei sono...» e indica gli atteggiamenti che non assumeresti più, le cose che non ripeteresti e le scelte che mai e poi mai rifaresti. Hai terminato? Ora si tratta di scrivere: «Io ti amo e ti ringrazio perché...»; ricordati della sua protezione o, in assenza di questo, di quando è stato dalla tua parte, anche se è stato in una sola occasione, esprimi tutto l'amore che trovi senza ascoltare la tua parte ombra, che si opporrà dicendoti che tuo padre si preoccuperebbe se dovesse leggere tutte quelle cose belle, e che nella tua famiglia non siete abituati a simili sciocchezze. Se nella tua famiglia non siete abituati al meglio, grazie a Dio c'è ancora spazio per provare a cambiare, no? Ce l'hai fatta? Ora scrivi: «Da parte mia cercherò di...»; anche qui si parla esclusivamente del domani: quale potrebbe essere una novità da applicare al vostro nuovo rapporto? A quali nuove fantastiche abitudini potreste insieme fare riferimento? A questo punto devi scrivere anche a lui una lettera di riconoscenza. Lo so, non è facile, a volte, riuscire a considerare solo il meglio di quello che è accaduto in un rapporto d'amore, perché quella tra te e i tuoi genitori è comunque una storia d'amore, niente altro che **una semplice, meravigliosa e insostituibile storia d'amore che, come risultato, ha dato niente di meno che la tua vita stessa**! Te ne rendi conto? Ci avevi mai pensato? Quand'anche fosse solo questo, che ti hanno dato, ti rendi conto di quale straordinaria occasione ti hanno reso protagonista? Tutto quello che hanno fatto per te in seguito è un di più! E, nella grande maggioranza dei casi, non cesseranno mai di fare delle cose per te e di fornirti attenzioni e aiuto. So che non è sempre così, ma, come dicevamo, in questo caso ricordati che quanto meno ti hanno dato la vita! So anche che, se ti hanno dato solo quella, la tua parte peggiore in questo momento ti suggerirà che se non te l'avessero data, ti saresti risparmiato tanta sofferenza; però questo esprime solo il suo deleterio punto di vista, considerato che il capolinea dei suoi progetti è rappresentato dalla morte. Ma se veramente non sei soddisfatto della tua vita, sappi che sei tu pienamente e interamente responsabile di quello che ne vorrai fare. Trasformala se non sei soddisfatto di quello che hai ottenuto finora, potresti vedere che hai in chiaro almeno un punto: vorresti qualcos'altro; ma perché non provvedi allora? Migliorala! Esegui questo esercizio, anche qualora i tuoi genitori (o uno dei due) non facessero più parte di questa esperienza terrena; ne vale davvero la pena!

Un'incredibile occasione, la nostra vita!

La vita è come un enorme recipiente, dentro al quale puoi mettere quello che vuoi, e quello che non ti hanno insegnato i tuoi, puoi impararlo da solo e con i tuoi mezzi: da adesso, se per te è così importante! Forse finora sei restato a piangerti addosso per quello che non hanno fatto per te; sappi che io predico la responsabilità come l'unica strada che ti può portare a riappropriarti del tuo potere; se mi ascolterai e rinuncerai al vittimismo dietro al quale ti eri nascosto, la tua vita cambierà in modo veloce e sostanziale e veramente sarai fiero di te, per i risultati che ti concederai di raggiungere in pochissimo tempo, invece di piagnucolare su ciò che ormai ti sembrava perso irrimediabilmente.

«Ecco, tu ti sei adirato perché abbiamo peccato contro di te per lungo tempo e siamo stati ribelli. Siamo divenuti tutti come una cosa impura e come fanno il mondo sono tutti nostri atti di giustizia; tutti siamo avvizziti come foglie, le nostre iniquità ci hanno portato via come il vento. Nessuno invocava il tuo nome, nessuno si risvegliava per stringersi a te; perché tu avevi nascosto a noi il tuo volto, ci avevi messo in balia della nostra iniquità. Ma, Signore, tu sei nostro Padre; noi siamo argilla e tu colui che ci plasma, tutti noi siamo opera delle tue mani. Signore, non adirarti fino all'estremo, ma ricordati per sempre dell'iniquità. Ecco, guarda: siamo tutti tuo popolo»[3].

I nostri genitori ci hanno creato dal nulla e nel farlo hanno avuto accesso a un'occasione incredibile, in cui, facendo appello a tutta l'autostima che sono riusciti a trovare si sono creduti in grado di dare la vita, e così è stato. In quel momento sono entrati in contatto con quanto di più divino c'era in loro. A me è accaduto addirittura una volta soltanto, nella mia

3. *Is* 64, 3b-8.

vita, e ne è conseguita la cosa di cui vado più fiero: la nascita di mia figlia Maude Eloise. Anche gli insegnanti, al pari dei genitori hanno la possibilità di sostenere i bambini e di indirizzarli verso il meglio per loro, per i loro talenti! Alle scuole elementari avevo un maestro molto particolare, che investiva il 98% del tempo che avevamo a disposizione per parlarci dei suoi hobby: la caccia (uccellini di tutti i tipi, richiami, cartucce e cani da ferma erano argomenti comuni, nel nostro quotidiano) e il Touring Club (cartine, viaggi, itinerari ecc.); poi, nell'ultimo quarto d'ora di lezione, diceva: «Torniamo a noi...» e iniziava la tragedia, perché in quei pochi minuti spiegava e interrogava in modo compulsivo, compiendo vere e proprie stragi, simili ai miei occhi a quelle delle sue battute di caccia. Devo però ammettere che una volta con me fu geniale, nel risolvermi un problema. Una delle sue fisse era il «Corriere dei Piccoli»; noi allievi eravamo obbligati a comperarlo, a portarlo in classe, e tutti dovevano averlo, pena una severa strigliata e la minaccia di un cattivo voto non appena ce ne fosse stata l'occasione. Io adoravo questa sua fissa perché mi metteva in condizione di avere ogni settimana un giornale tutto mio da leggere! Però un giorno mia mamma, vista la situazione finanziaria tutt'altro che prosperosa, riuscì a convincere un edicolante a prestarle il giornaletto, che invariabilmente poi veniva restituito finita la lezione. Io ero molto triste per questo e confessai il mio disagio al maestro (anche se mia madre avrebbe chiamato questa confessione "fare la spia"). Lui, compresa al volo la situazione, prese l'abitudine di mostrare delle cose a noi alunni con delle figurine che ritagliava sempre dalla mia copia, rendendola così in una sola mossa irrestituibile, perché invendibile, e soprattutto mia! L'imparare ad affidarci a qualcuno è strettamente legato alle esperienze che abbiamo accumulato in precedenza, ma queste non dovrebbero mai costituire degli elementi pregiudiziali da usare poi quando ci si trova in circostanze che sembrano analoghe, perché il prezzo da pagare che ne conseguirebbe sarebbe più elevato della probabilità che si ripeta quanto è avvenuto in precedenza. Questo, anche in funzione del fatto che noi investiamo un'energia infinita nel pensare a cose negative che temiamo accadano, per cui sponsorizziamo sempre in modo consistente la loro realizzazione, salvo poi lamentarci di tutto e di tutti!

Ti ringrazio moltissimo, grazie sempre...

Un sabato mattina, di qualche mese fa, mi trovavo a Milano. Controllando la posta elettronica, vidi una mail di Bob Mandel indirizzata ai suoi contatti. L'oggetto era: "Terrible Situation...". La mail diceva: «*Amici, mi spiace terribilmente disturbarvi e dovere ricorrere al vostro aiuto; sono a Londra con la mia famiglia, siamo stati derubati, non abbiamo più nulla; abbiamo salvato solo la nostra vita e il nostro passaporto! Abbiamo bisogno di 3000 sterline per pagare l'albergo e rientrare subito negli USA; la settimana prossima vi restituirò tutto*». Seguiva l'indirizzo di una sede di "Western Union" alla quale si poteva mandare del denaro. Io sono scattato come una molla, sono riuscito a mettere insieme 1000 euro e sono andato a spedirgli il denaro, certo che anche altri gli avrebbero mandato dei soldi. Non è stato così; nessuno dei suoi contatti lo ha fatto, ed è stato un bene perché era una truffa. Un hacker era entrato nella sua posta e aveva mandato questa richiesta, ma c'ero cascato solo io. Ora, è vero che sappiamo tutti che cos'è un hacker, ma ci aspettiamo che entri nei circuiti aziendali di chissà quale livello, non nella posta dei nostri amici. Questo è quello che ho scritto a Bob, quando ho saputo di avere 1000 euro in meno:

«Caro Bob, innanzi tutto sono felicissimo che non sia accaduto nulla di spiacevole a te e alla tua famiglia! Secondo, sono gratificato dall'avere avuto l'occasione di dimostrarti che, se tu avessi avuto bisogno, avrei cercato di aiutarti. Terzo, sto scrivendo un libro sulla fiducia e sono contento di avere dimostrato a me stesso che sono pulito riguardo all'argomento che sto trattando, e di questo episodio parlerò nel libro. Quarto, tu mi hai insegnato tante cose, e una di queste è che la vita è ricca e che non bisogna mai bloccare l'energia denaro, ma lasciarla fluire, non averne paura. Ti ringrazio moltissimo, grazie... sempre!».

"A noi non resta che fidarsi"

Ci sono situazioni come quella appena descritta di Bob che lasciano comunque un pochino d'amaro in bocca, ma oggi la realtà supera la fantasia. Nessuno avrebbe detto solo pochi mesi fa che uno Stato potesse arrivare a fallire[4]. Ora sappiamo che questa non è più un'assurda e astratta ipotesi da fantapolitica, e non stiamo parlando solo di Paesi come Grecia, Irlanda, o Portogallo; no, oggi si parla di possibilità che possono riguardare tutti, quindi naturalmente anche l'Italia ma, perfino gli Stati Uniti! Negli USA, infatti, tira aria di provvedimenti anticrisi di dimensioni epiche. È un brutto vento, che spira soprattutto per il personale di municipi e ministeri, per gli insegnanti, i pompieri e i poliziotti, per i quali si delinea un drastico taglio degli organici e un ancor più drastico ridimensionamento dei contributi previdenziali. Con il debito raddoppiato dopo la crisi finanziaria del 2008 e il deficit federale che da anni viaggia intorno al 10% del PIL, è venuto il momento di adottare delle misure che tranquillizzino i mercati con interventi incisivi. Finora i tagli sono stati

4. Per queste informazioni ringrazio il giornalista Massimo Gaggi.

invocati da tutti, però senza mai entrare nei dettagli: adesso i repubblicani della Camera dei Rappresentanti, vengono invece allo scoperto con un piano antideficit che punta a ridurre il debito pubblico di ben 2500 miliardi di dollari, nell'arco di dieci anni. Con tagli molto pesanti in campi sensibili come quello della scuola, della sicurezza interna, dei trasporti, della giustizia, degli aiuti all'estero e di quasi tutti i tipi di sussidio. Le notizie più sinistre sono, però, quelle che provengono dalla finanza locale. La crisi, che ha fatto crollare le entrate fiscali di città e Stati, ha fatto precipitare molte amministrazioni in una condizione finanziaria disperata. L'Illinois, lo Stato di Obama, è sull'orlo del fallimento, ma molti altri grandi Stati – dalla California a New York – non sono messi meglio. Manca solo una legge, per dichiarare la bancarotta. Che cosa possiamo fare, noi? A noi non resta che affidarci, fidarci persino delle cose che dobbiamo pagare. Proprio ora, mentre sto scrivendo, è arrivata la notizia che, per far sì che gli Stati Uniti non fallissero, il congresso USA ha semplicemente deciso di alzare il tetto del debito pubblico che viene accettato; ciò significa che sotto l'aspetto tecnico sono falliti. Se non si fosse alzato il limite, sarebbe già così! Teoricamente, quindi, gli Stati Uniti, sorpassando clamorosamente in dirittura d'arrivo la Grecia, il Portogallo, la Spagna, l'Irlanda e naturalmente l'Italia, "sono falliti". I titoli di Stato statunitensi non hanno più, in questo momento, diritto alla "tripla A". Fino a ieri sarebbe stato assolutamente fantascientifico immaginare ciò, anche se "l'individuo eccezionale" mi parlava di questi rischi già tre anni fa. Oggi le banche si fanno pagare per tenere i tuoi soldi, si fanno pagare quando vuoi ritirare i tuoi soldi, pretendono che tu dica perché li prendi e non è detto che te li diano, come se i soldi fossero diventati loro, come se avessero rapito qualcuno di importante per noi. Pretendono un riscatto, per ridarci i nostri soldi, la nostra libertà!

Capitolo 12

Qual è l'origine della tua rassegnazione?

«La fiducia nella bontà altrui è una notevole testimonianza della propria bontà»[1].

Tu dai l'anima e un giorno immancabilmente, qualcuno ti dirà: «E chi te l'ha chiesta?». Se riuscissimo a capire che dare il meglio di noi non è una scelta o un'opzione da prendere o non prendere in considerazione, ma un dovere da compiere e da preservare per ognuno di noi, la fiducia si diffonderebbe come l'aria che respiriamo e il mondo ne trarrebbe dei benefici immediati; però non bisogna avere aspettative di riscontro. Per molti è apparentemente difficile prendersi la responsabilità di quello che hanno fatto, anche perché non sono coscienti di avere contribuito a creare delle cose che non funzionano. In Italia c'è il numero più alto di *meet*, sono ragazzi che non studiano e non hanno un impiego; un giovane su cinque non ha un lavoro e non crede di trovarlo; una donna su due non ha un lavoro e ha rinunciato a cercare un lavoro. Oggi per alcuni anche solo sopravvivere significa compiere un'impresa. Eppure ci sono dei dipendenti, che oggettivamente non fanno il loro dovere, e il loro datore di lavoro forse ne è al corrente, ma in quel momento non vuole o non può intervenire, magari licenziandoli. Ma se questi collaboratori infedeli continuassero ad approfittare della situazione, sarebbe discutibile l'intervento del datore di lavoro? No, non lo sarebbe! E se un gior-

1. Michel de Montaigne.

no Dio si stufasse di noi, del nostro comportamento e sopraggiungesse una sorta di dittatura divina per ristabilire l'ordine, quanto rimpiangeremmo la situazione in cui ci troviamo ora? Non dobbiamo mai abbandonare la certezza che tutto quello che accade intorno a noi è il frutto diretto e consequenziale dei nostri pensieri, e ovviamente della qualità dei nostri pensieri, visto che questi funzionano sempre e incessantemente, nel bene e nel male. Ognuno di noi, quindi, deve sempre dare il meglio di sé! Spieghiamolo ai nostri figli, è uno dei nostri doveri, non basta avere dei figli per diventare genitori. Fa riflettere il fatto che, per avere dei figli, non ci voglia alcuna patente, mentre per qualsiasi altra cosa occorre avere una preparazione adeguata. Avrete i figli che vorrete, se non avrete paura, se pure a livello inconscio non ci saranno paure. Anche se a volte non sono i genitori ad aspettare un bambino, ma i bambini ad aspettare che i genitori siano più fiduciosi in ciò che rappresentano e forse ne relativizzino anche un po' l'importanza. Talvolta restiamo inconsciamente bloccati da qualcosa che abbiamo subìto o che abbiamo visto subire, oppure ancora una volta non ci permettiamo di confrontarci con i risultati ottenuti dai nostri genitori. Avere figli rappresenta forse l'atto di fiducia più grande che possiamo fare, se ci pensate, perché attiriamo nella nostra casa un individuo assolutamente sconosciuto e perché obblighiamo implicitamente i nostri bambini ad affidarsi completamente a noi, anche se a volte non siamo pronti ad assumerci questo onere.

Viviamo pensando alla vita...

Qual è il paradigma generazionale cui ci troviamo a confrontarci? Nicola Gianinazzi, nel suo *Anima e Psiche*, ci dice: «Lavorando con adulti e anziani, spesso genitori di genitori, è emersa l'esigenza di formulare un quarto paradigma organizzativo del pensiero accanto a quelli della genitorialità, pregenitalità e genitalità, ossia il paradigma della generazionalità, per toccare gli aspetti affettivi e cognitivi, che attengono all'età adulta più avanzata e al mondo degli anziani. Essi si organizzano attorno alle seguenti tematiche: 1) non è più possibile generare nuovi figli; 2) i figli hanno abbandonato paese/casa/valori della famiglia d'origine; 3) i figli hanno avuto a loro volta dei figli; 4) i figli si prendono cura dei genitori anziani o malati, fungendo da genitori per i propri genitori. Questo quarto paradigma mette la mente a confronto con l'attesa della morte e con il limite naturale del processo di invecchiamento, in base al quale non è più possibile avere figli anche se lo si desiderasse (le eccezioni non fanno la regola); però se si considera la fiducia esistenziale necessaria per l'organizzazione dei pensieri generazionali, questa consente altri processi naturali ed evolutivi, quali: 1) la trasformazione della sterilità fisiologica in fertilità simbolica; 2) l'accettazione del distanziamento geografico, dell'allontanamento da casa, dell'orientamento esistenziale dei figli; 3) il diventare/fare i nonni; 4) la comprensione reciproca – con il minimo di confusione possibile – nella relazione costruttiva tra i figli accudenti e i propri genitori –; 5) l'attendere la conclusione del processo di invecchiamento e la morte».

Fino ad arrivare al momento del lutto, quindi; la fine apparente di tutto; la trasformazione comunque è possibile e a nostra disposizione, quasi sempre durante tutto il nostro percorso. Il mio punto di vista al riguardo è quello che mi porta a esortare a vivere pensando alla vita, dato che avremo tutto il tempo di pensare alla morte quando saremo morti! Stiamo parlando di un limite, della grande paura che dissolve l'ultima diffidenza. Affrontiamo la fine con l'ultimo atto di fiducia, confidando in ciò che nel corso della nostra vita abbiamo depositato sul nostro conto personale, con le nostre credenze e convinzioni. Abituiamoci a fare le cose con piacere, nella nostra esistenza, e non perché ce le chiedano educatamente, ma perché, se riusciremo a mettere questo ingrediente in qualsiasi cosa ci troveremo a fare, potremo cogliere il senso del divino del servizio che è insito in ogni azione. Qualsiasi intervento ha un fine, un beneficiario, qualcuno che trarrà vantaggio da quello che stiamo facendo, anche nelle banali azioni abitudinarie che compiamo quando ci prepariamo per uscire o quando torniamo a casa e ci apprestiamo a dedicarci a noi stessi; non è, questo, divino?

La tua realizzazione sta avvenendo... ora... comunque...

Tempo fa, ho pranzato con una persona che consideravo sincera e apprezzabile. Alla fine del pranzo mi dice: «Ti racconto una cosa, a cui non crederai». «Figurati», ribatto, «io credo a tutto». «Un giorno», continua, «Paola[2] mi parlò benissimo di te; io avevo bevuto e non so che cosa mi ha preso, ma ho cominciato a pensare che tu e lei aveste una storia, ero geloso di te, del fatto che piaci a tutti, del tuo successo, dei tuoi libri. Insomma ho preso la pistola che ho nel mio studio e sono andato ad aspettarti nel bar vicino a dove ricevi. Poi tu non sei uscito, la sbronza mi è passata e io me ne sono tornato a casa». Come mi sono sentito io? Mi sono sentito triste. Come travolto di colpo da una valanga di neve. Un uomo colto e interessante, di cui mi fidavo e che faceva parte della mia vita, aveva pen-

2. Nome di fantasia.

sato queste cose di me e alimentato del livore pericoloso nei miei confronti. Subito dopo, però, ho provato ammirazione per lui, per il coraggio che aveva dimostrato nel confessarmi una cosa simile. Allora gli ho detto che doveva regalarmi una bottiglia di vino per farsi perdonare. In seguito però, ripensando a noi due, mi sono ricordato che avevamo pranzato insieme infinite volte e che mai, mai una sola volta, aveva offerto lui. Così, anche se non provo alcun rancore nei suoi confronti, ho meno voglia di vederlo e penso che per un po' sarà così. L'uomo è un mistero...

«La cessazione delle modificazioni e delle agitazioni della mente è il requisito iniziale necessario per ottenere un'udienza del Divino. La Sua sala di accoglienza ha otto cancelli, che bisogna attraversare: 1) controllo dei sensi interiori; 2) controllo dei sensi esteriori; 3) postura nello stare seduti; 4) controllo del respiro; 5) controllo della mente; 6) concentrazione; 7) meditazione; 8) superconsapevolezza. La meditazione è la via regale per ottenere la superconsapevolezza. Quando la mente è stata messa sotto controllo da queste otto discipline, la forza di volontà può essere sviluppata con facilità. Il Signore, con il semplice volere, può realizzare qualunque cosa immediatamente e facilmente. Nell'uomo, la forza della volontà non è generalmente molto grande; quando egli raggiunge quella forza, ottiene qualcosa che è pari al potere di Dio. Questo è il significato di "fusione" ed è la meditazione che la rende possibile»[3].

Se questo non è il primo dei miei libri che leggi saprai che i nostri pensieri sono inconsci all'80-90% e che la percentuale dei pensieri coscienti è solo del 10-20%. Io adoro sentire Ferruccio Marcoli dire che è come se la parte cosciente lavorasse solo negli orari d'ufficio e l'inconscio in-

3. Sai Baba.

vece 24 ore su 24. Trovo che anche questa metafora aiuti a capire la mole di risultati raggiunti nel magazzino dell'inconscio. Mutare abitudini, uscendo dall'ordinaria sicurezza, conduce a incontrare motivazioni più forti, per un appuntamento con la tua ritrovata volontà. Questo ti renderà più capace anche di dominare la tua impazienza. I problemi servono solo a rafforzare la tua volontà, se lo vuoi vedere. Nessuno ne è esente, giorni fa Obama, ha parlato davanti a 150 persone tra studenti, genitori, insegnanti, avvocati e politici, per lanciare la campagna nazionale "stopbullyng.gov". Ha detto che il bullismo comporta atti che possono avere conseguenze gravissime e ha esortato ad agire per fermare questo fenomeno, per prevenire ogni violenza e far sì che le scuole e le città diventino posti sicuri, in cui far crescere i ragazzi e dove nessuno debba aver paura di restare solo o di essere diverso dagli altri. Obama ha raccontato che, da piccolo, lui stesso è stato fatto oggetto di scherzi e insulti. «Anch'io allora sono arrivato a pensare al suicidio come unico modo per uscirne», ha spiegato il Presidente, «ma sono stato fortunato, perché ho trovato qualcuno con cui confidarmi». C'è sempre qualcosa che ti costringe ad aprire la tua mente, il tuo cuore ed esplorare i tuoi sensi, se vuoi tenerne conto: tutto questo è troppo importante, per non coglierne l'occasione. Ed ecco che quello che pensavi si sarebbe realizzato piano piano diventa il "già", poiché le cose sono accadute. Paradossalmente, a volte la cosa più dura è proprio accettare il fatto che tutto ciò che dicevi di volere stia avvenendo veramente, perché sembra così enorme e spropositato, rispetto ai tuoi standard precedenti, a quello che ti autorizzavi a fare prima. Ovviamente, la tua parte ombra, una volta compreso che c'è ancora spazio per negoziare, ti dirà: "Verissimo, tutto questo è troppo per te; dai, ci penso io a rispedire tutto all'Universo". Invece dovrebbe essere come entrare in un cinema e poi girarsi e capire che sei tu l'attore principale, che è te che sono venuti a vedere e che è il pubblico quello che hai di fronte, non lo schermo. Puoi capirlo anche prima di realizzare tutto, mentre tutto sta accadendo; ci saranno molti segnali, se fai attenzione. Apprezzamenti, riconoscimenti, persone che improvvisamente manifesteranno il desiderio di passare del tempo con te. Anche gente che mai avresti pensato lo facesse: si **sta compiendo la tua realizzazione** e non puoi andartene proprio ora, anche se la voglia di farlo sarebbe grande! Ti chiedono semplicemente di esserci.

«Ho sfogliato il mio diario di qualche tempo fa e ora ricordo un periodo in cui sentivo di avere un rapporto con la fiducia piuttosto altalenante: a volte la percepivo forte e chiara, altre volte pareva proprio sparire. In un momento buio, per farmi coraggio e per avere speranza nella fiducia scrissi questo: "La fiducia in me è una fiamma, che talvolta si spegne. Quando la sento spenta è come se la legna della mia anima fosse bagnata e non prendesse fuoco. Ma... se non mi fermo a questo, se guardo bene, mi accorgo che c'è ancora un po' di brace sotto la cenere. E al riparo c'è una piccola riserva asciutta di paglia e di tronchetti di legno, che permettono di fare la miccia e un fuocherello, che mi scalderà. Lentamente il fuoco crescerà, la legna potrà ardere anche da umida... e man mano che con il calore si asciugherà, brucerà sempre meglio. Non solo, ma ne arriverà sempre di nuova. C'è un bosco intorno a me! Ho fiducia in te, Serena, tieni questi legnetti per accendere il fuoco, presto ne arriveranno altri. Abbi fede, arriveranno. Tu pensa solo ad accendere il fuoco... Credi nella vita, ogni entità farà la sua parte. Un abbraccio dalle colline ventose e innevate"».

Il luogo dell'incendio...

Durante una seduta un mio cliente mi disse che poco tempo prima aveva riferito a qualcuno un suo ricordo d'infanzia: si era trovato nel bel mezzo di un incendio, con il padre, ad attraversare su "un'Ape" carica di legna, la strada lambita dalle fiamme. Così, dopo il racconto, i due avevano finito per parlare dei danni che la natura è costretta a sopportare per mano dell'uomo. L'amico era molto pessimista, su questo punto, e vedeva tali danni come irreversibili e insanabili. Allora il mio cliente, mentre stava guidando l'auto nella strada costeggiata dalla boscaglia sui due lati, gli aveva chiesto: «Ti piace questo verde? Rigogliosa questa selva, vero?» e quando l'amico aveva annuito, gli aveva comunicato che era quello, il luogo dell'incendio! Certo, è così: la natura ha sempre la capacità di sopportare gli errori dell'uomo, trasformandoli in nuove occasioni di rinascita. Sarebbe fantastico, se riuscissimo anche noi a trasformare in qualcosa di buono i nostri errori! Da tempo ormai ci siamo accorti che il discorso di trarne esperienza andrebbe spesso riscritto: troppo spesso, dopo averli trasformati in conoscenza non mettiamo in atto quanto ne dovrebbe conseguire. Ovviamente, occorre crederci, nelle trasformazioni che chiediamo e che stiamo costantemente attirando da altre dimensioni. Occorre innanzitutto non arrendersi troppo presto, cosa che siamo invece bravissimi a fare. È come quando esci con qualcuno che ti porta in un luogo che non ti piace, mal frequentato, un po' da "sfigati", in cui mai, dici, potresti incontrare una persona interessante. Ma rifletti un attimo, se ci sei capitato/a tu per caso quanto vuoi, potrebbe anche succederti, guardando meglio, di accorgerti che non sei l'unica personcina magica nei paraggi, no? La parte ombra detesta il nuovo, perché sa bene che è attraverso il "nuovo" che spesso arriva anche il meglio.

La felicità è un'attitudine, un insieme di percezioni e di atteggiamenti a cui sapersi e/o volersi attenere. Il disagio ti fa vedere i tuoi difetti, è come una lente d'ingrandimento nelle mani della parte peggiore di te. Abbiamo incessantemente la possibilità di fare scelte, proprio come in questo momento... la cosa a cui stai pensando sembrerebbe essere un'occasione veramente ottima, e la stai valutando; che farai? Un'alternativa al senso di inadeguatezza che proviamo in certe situazioni, quando dobbiamo fare qualcosa di importante, è considerare che si prova questa sensazione non perché non ci sentiamo abbastanza capaci di operare in quel senso, ma perché siamo troppo esigenti con noi stessi e con quello che vorremmo dare. Puoi passare tutto il resto della tua vita, a farti andare bene quello che hai intorno, ma non per questo potrai dire che la tua vita va bene. Davvero, secondo te, non hai alternative? Rispondi. Quali sono le tue "istruzioni sull'uso?". Quali daresti a qualcuno con cui tu avessi un rapporto fantastico? È così importante per te, che proprio tutti abbiano una buona opinione di te? Allora ascoltati, puoi dire a te stesso/a: posso permettermi di piangere e di sentirmi debole in questo momento senza dovermi per forza scoraggiare: la soluzione, al presente, sembra sfuggirmi, ma è sicuramente più vicina di quanto non sembri. **Come funzioni tu**? Prova a scrivere le "istruzioni sull'uso" che vorresti dare al tuo partner, ai tuoi colleghi sul lavoro, ai membri della tua famiglia; ne vale la pena: potresti scoprire molte cose che non ti autorizzi a vedere e soprattutto a tener conto. Tu puoi fare sempre tantissimo, se te lo riconosci, e avresti anche potuto fare molto già anni fa. Nella scuola in cui ho frequentato la prima elementare, nel minuscolo paese toscano di Castellina Marittima, c'era in palio un premio di 10.000 lire; una cifra enorme, per l'Italia degli anni Sessanta, e mitica per il paese. Mentre i miei genitori lottavano per risollevarsi dalla povertà del passato, perché di soldi ancora ce ne erano pochi, io frequentavo la prima classe, dove c'era una maestra molto amorevole, e andavo a scuola con una cartella, che mia madre aveva ricavato da una scatola di scarpe, foderandola con carta colorata (cosa di cui mi vergognavo molto); questo, però, non mi impedì di portare a casa le leggendarie 10.000 lire scrivendo un "pensierino" sulle nozze di Cana quando Gesù trasformò l'acqua in vino) che venne poi pubblicato su un giornale. Quella parabola è rimasta talmente impressa nella mia mente da ispirare la mia vita futura e ora quello che provo a fare io, nella mia esistenza e in quella degli altri, è esattamente questo: trasformare l'acqua in vino pregiato, risolvere le situazioni di difficoltà, mutare il disagio in opportunità e abbondanza.

Capitolo 13

Amici di noi stessi? Amici!

«Amate i vostri nemici, fate del bene a coloro che vi odiano»[1].

Per molti anni non ho avuto amici maschi. Non ne conosco il motivo, almeno apparentemente; forse, avendo visto mio padre durante i suoi comportamenti particolarmente caratteriali, non riuscivo a essere soprattutto propenso a credere in possibili interazioni con loro. Le prime volte in cui ci confrontiamo con il mondo sono importantissime, perché determinano quale sarà, in seguito, il nostro modo di rapportarci con l'esterno e con ciò che ci aspettiamo dagli altri. Se la prima volta che sei andato al mare, in una giornata così speciale e densa di emozioni, perché ti confronti con questa parte dell'Universo che ti mancava e che ti affascinava (ma allo stesso tempo ti spaventava), qualcuno, proprio quel bambino dell'ombrellone vicino, che sembrava interessarsi a quello che stavi facendo e volerti aiutare, ti ha poi distrutto il castello di sabbia, che avevi costruito sulla spiaggia e di cui eri fierissimo, proprio un attimo prima di farlo vedere a mamma e papà potrebbe essere sorto un problema. Potrebbe essersi instaurato un meccanismo per cui ogni volta che dovrai confrontarti con qualcosa di nuovo – un lavoro, un amore, un esame, o qualsiasi altra possibilità non sicura – ti sentirai a disagio, diffiderai di chi vorrebbe aiutarti e non avrai voglia di collaborare con nessuno. Poco importa, se sai che il bambino che ti ha distrutto il castel-

1. *Lc* 6, 27.

lo non conosceva l'amore dei genitori, e che quindi ai suoi occhi sarebbe stato insopportabile vederti ricevere i complimenti dai tuoi, il problema resta. Così, come quel giorno che un amico violento, con molti problemi a casa e che avevi provato a redimere, mentre stavate passeggiando si fermò, ti ha guardato e ti ha detto: «Ora ti devo picchiare». Ti brucia ancora quello schiaffo perché non proveniva dal fronte opposto, ma dalle retrovie, da una mano inaspettata, che credevi amica... Ma se andassimo a vedere più a fondo, quella volta forse non ti ha picchiato un amico, ma uno che avevi usato come forma di assicurazione; volevi stare con lui perché pensavi che così nessuno ti avrebbe mai più dato fastidio; ecco perché era accaduto, perché avevi deluso la vostra amicizia. Tra pochi giorni andrò a Livorno dove incontrerò una ventina di amici d'infanzia, che non vedo da tantissimi anni e che hanno organizzato una serata per me: so che sarà emozionante!

Non c'è niente da fare, bisogna solo aspettare...

Giorni fa ho partecipato a un campus di una settimana, improntato sulla funzione simbolica e sulle interazioni di gruppo, organizzato dall'Istituto di Ricerche di Gruppo con cui collaboro da due anni. Il lunedì, giorno di inizio dei lavori, sono stato il primo ad arrivare tra i partecipanti. Proprio come si fa al primo giorno di lavoro, magari del primo lavoro retribuito della propria vita. Io sono così, ho imparato ad adattarmi molto, nella vita – dato che sono cresciuto imparando a "fare slalom" tra due genitori piuttosto particolari, in un contesto di conflittualità molto elevato, che veniva gestito in termini alquanto incerti

– quindi da sempre ho imparato che dovevo "esserci" (almeno io). Ero io, a dire loro di non parlare con la bocca piena. Dovevo essere io, il punto fermo e centrato, per me stesso e possibilmente anche per gli altri e ancora oggi una parte del mio essere risponde a quell'attitudine: «Posso aiutarvi a fare qualcosa?». Ma qui no, non c'era nulla da fare, bisognava solo aspettare. Aspettare? Quale territorio nuovo e a me sconosciuto! Io non devo mai aspettare e, quando obbligatoriamente mi trovo a farlo, non mi concedo mai un'attesa che sia un'attesa. Ho sempre degli appunti in mano, un'agenda, un'ispirazione del momento da fermare, un'idea apparentemente geniale, ma spesso assolutamente inutile e inappropriata, rispetto alle priorità del quotidiano di quel momento. Già il mio lavoro era iniziato, ma ero nella condizione a me più inusuale e quindi sconosciuta: non sarei stato io a condurre il gioco; in gioco c'ero io, proprio come desideravo fosse. Gli obiettivi della settimana erano costituiti dall'approfondimento – attraverso il gruppo – della funzione simbolica, dal riconoscimento delle reazioni avute durante l'esperienza, dalla presa di coscienza della nostra capacità di fraintendimento e dal lavoro sulle disuaguaglianze e sui conflitti, al fine della costruzione del consenso. Quasi immediatamente sono state rese note le modalità essenziali di base e i partecipanti sono stati divisi in quattro piccoli gruppi; poi a ogni "squadra" è stato assegnato un luogo, in cui potersi reciprocamente "annusare" e familiarizzare. La prima sorpresa è stata l'apprendere che praticamente tutti i partecipanti avevano già preso parte in precedenza a seminari analoghi e che la maggior parte dei componenti del mio gruppo aveva già compiuto quell'esperienza diverse volte in altre occasioni. Una volta avvenuto questo confronto, entrò in scena il primo compito.

Che cosa è penoso più del male stesso?

Occorreva trovare un modo per risolvere un enigma, di cui venivano date ai gruppi indicazioni progressive e frammentate. Ogni gruppo aveva solo una parte di indicazioni. Si trattava quindi di interagire con le altre formazioni, e potevamo farlo tramite dei messaggi "sms" inviati ai vari rappresentanti intanto eletti. **Tutti sapevano cosa fare, io no**. Ho deciso allora di muovermi come al solito, "a modo mio"; così ho inventato subito un sistema per ottenere una griglia componibile delle parole che avrebbero formato la soluzione, però mi sono accorto immediatamente che, così, mi sarei separato dagli altri e allora "frenando in testa-coda, ma senza toccare il guard-rail, né invadere le altre corsie", ho condiviso subito quello che stavo facendo, allineandomi a quanto già messo in moto dal lavoro collettivo del gruppo, che da quel momento in poi è diventato un vero coro, visto che fin lì gli era mancata proprio la mia voce… Eravamo uniti e amici, e abbiamo vinto! La soluzione era: **l'attesa del male è più penosa dei mali presenti**! Quale simbolismo poteva essere trasmesso in maniera più appropriata, per sciogliere definitivamente il "tasso d'ansia", più o meno visibile, mio e degli altri? Tra gli studenti delle scuole di Counseling che partecipavano, c'era anche chi, conoscendomi di nome, "temeva" che fossi un "infiltrato" messo dalla dirigenza nel gruppo per valutare i vari comportamenti. Da subito comunque mi sono sentito molto a mio agio e a casa: ci si poteva fidare! Il tuo atteggiamento, riguardo alle possibilità che hai di indirizzarti verso l'amicizia, la prosperità, la pace, potrebbe essere inteso come un possibile ritorno a casa; nel senso che più volte, nella tua esistenza, sicuramente hai attraversato territori di solitudine, di carenza, ma nessuno mai ha pensato che proprio a te sarebbe dovuto mancare qualcosa per sempre; chi mai te l'ha detto?

«Nessuno è un'isola. Il modo in cui viviamo e quello che facciamo ha un effetto su chi ci circonda. In un mondo interdipendente e interagente, ciascuno di noi è una variabile determinante nel futuro di tutti. Il principio che governa l'azione responsabile è eterno! Fare del bene e trattarsi bene non sono atti contraddittori: vanno insieme. Se vivi e agisci in un modo che è buono per gli altri e per la natura, vivi e agisci in un modo che è buono anche per te»[2].

Il "professor Te stesso"...

Quello che la valutazione della tua stima ti permette di fare è un reale salto di qualità, in relazione a ciò che potresti o non potresti costruire per te e per gli altri; però, come per il libero arbitrio, ti viene concesso di essere l'unica autorità in questo settore. Tu hai l'ultima parola; infatti, **anche se tutti gli abitanti del pianeta Terra individuassero in te la persona in grado di fare qualcosa per salvare tutti, senza il tuo assenso ciò non sarebbe possibile; senza il loro, invece, sì**! Ti potresti sintonizzare su quel canale che hai cercato perché hai cominciato a credere davvero nella sua esistenza, risolveresti la cosa a modo tuo. È il tuo pensiero creatore che conta, e non quello che pensano gli altri di te; sarà la tua opinione a permetterti di raggiungere i risultati che tutti possono attribuirti e di avere la possibilità di attingere a ciò di cui tutti ti ritengono capace; te ne senti meritevole? Gridalo, dillo, pensalo cento volte al minuto! **Io merito, io posso, io ne ho la capacità e la facoltà, io ci credo**!! Ogni occasione nuova è come una clessidra che inizia a far scorrere la sua sabbia. Per un certo periodo, questo ti permette l'opportunità di plasmare il presente

2. Ervin Laszlo.

in funzione del futuro, e ciò ti riporta alla consapevolezza che sei tu a costruire in ogni istante la tua vita, con la gratitudine di vivere nel presente qualcosa di meraviglioso nel tuo quotidiano, come se fosse solo per un istante magari: il volo di una farfalla colorata ed elegante, che sei rimasto/a a guardare come se fosse uno spettacolo unico e irripetibile, è fantastico sperimentare semplici alchimie celestiali e impareggiabili, come quella accaduta a un concerto di un giovane violinista armeno di 26 anni, Sergej Katchatrian, talento emergente a cui era stato affidato uno Stradivari del 1702. A sentirlo suonare, nel magnifico "concerto per violino" di Brahms, accompagnato dall'Orchestra Nazionale Russa, c'era da rendersi conto di quanta letizia possa derivare dall'ascolto e dalla riflessione, dall'incontro con noi stessi, che potrebbe diventare consapevole e festoso.

In simili occasioni si ha la sensazione di non avere provato da tanto tempo una gioia così intima e profonda: è un'emozione indescrivibile, non avremmo mai pensato che potessero uscire suoni tanto intensi da uno strumento (ma, se ci aprissimo alle emozioni, gli stessi suoni potrebbero scaturire da qualsiasi cosa). Ed ecco che momenti come questo diventano strade, paesi, nazioni a cui poter chiedere asilo, cittadinanza, case di nostra proprietà. Indipendentemente dagli obiettivi che hai, la tua autostima, ovvero il livello a cui fai riferimento per le tue capacità e attitudini, deciderà se ce la farai e in che modo. Che cosa potrebbe renderti fragile, in questa operazione di valutazione del tuo valore? È così terribile questo "professor Te stesso" che ti deve esaminare? «Dipende tutto dal suo giudizio», dici? Tutta la tua vita dipende da quello che deciderà lui su di te? Sì, hai perfettamente ragione, tutto dipenderà da ciò che "il professor Te stesso" deciderà su di te; tutto dipenderà da come in male o in bene, ti valuterai, da ciò che deciderai di essere in grado di fare oppure no, da quanto ti concederai di essere magnanimo e comprensivo verso te stesso. Il 99% delle volte frena, chi ci sta intorno (il nostro ambiente di riferimento spesso, inconsapevolmente e pensando di agire per il nostro bene, fa di tutto per evitare che noi possiamo raggiungere i nostri obiettivi). Noi osiamo e quindi vinciamo, ma per riuscirci dobbiamo talvolta prendere momentaneamente la distanza dalle opinioni e dalle paure anche dei nostri cari! Ma allora, dov'è il problema? Ti eri reso conto dell'esistenza di questo "professore"? Lo conosci e sai quanto può essere spietato, quando si parla di te? Sai che è buono e disponibile con tutti, ma che appena può è capacissimo di ferirti in tutti i modi? Sai qual è il suo vero nome? Ecco, è il momento di saperlo; si chiama: *Lasommadituttiipensierinegativichehaisutestesso*. Questo professore è dentro ognuno di noi e vuole il peggio per noi. Allora perché vuoi che sia proprio lui, a esaminarti? Non sarebbe meglio, se ti lasciassi valutare dalla parte centrata e consapevole, luminosa e amorevole, che hai? Non sai più se ancora esiste dentro di te? C'è! Assolutamente intatta, ma devi essere tu a prendere contatto con lei, proprio come faresti con una persona importante per te a cui hai deciso di fare riferimento. Certo è tanto che non ti fai vivo con lei! Anche lei con te? Sì, lo so, lei ti ha lasciato libero di sbagliare, come il padre del figliol prodigo...

Del ritrovare la strada...

Chiunque sbaglia, di qualsiasi portata sia il suo errore – dalle piccole omissioni fino ai delitti più efferati – lo fa per mancanza di amore e di fiducia.

Occorre che ne teniamo conto, se vogliamo veramente risolvere i problemi più importanti, e soprattutto, dobbiamo farlo, se è vero che vogliamo un mondo diverso, una vita più soddisfacente. Può esserti capitato di avere scelto qualcuno e di avergli affidato il ruolo della parte più centrata che hai. Lo avevi scelto per chiedere chi eri veramente e se ti meritavi qualcosa, se eri in grado di andartela a prendere provando a conquistarla o se era meglio rinunciare in partenza! Certo che queste decisioni non sono il massimo ma, visto che senza la sua guida ti stavi perdendo, forse è il caso che tu ne tenga conto in futuro. Chiedi alla tua parte migliore, prima di decidere qualcosa che non va bene per te; scegli i tuoi pensieri più elevati e fallo prima che sia troppo tardi per prendere la strada giusta per la tua realizzazione divina. Persa la fiducia, ti eri smarrito. Ma sapevi che avresti ritrovato la via. Se si dovessero ripresentare situazioni analoghe, ricordati che è assurdo che tu chieda informazioni al tuo ego, alla tua parte meno utile, a una dimensione che spera il peggio per te; che razza di consigli potrà mai darti? Ti farà cadere nei precipizi. Ti dirà di fare una cosa e puoi essere certo che questo consiglio ti farà prendere una direzione, in cui forse neanche la tua vita potrebbe essere preservata; ti suggerirà di non percorrere una via, e puoi esser sicuro che lì invece avresti trovato serenità e pace, le cose che cercavi da tanto, da sempre, e magari erano vicine come non lo erano mai state prima. È come il suggeritore a teatro, ma un suggeritore assurdo che sussurra dialoghi di altre rappresentazioni allo scopo di confonderti. La parte ombra ci dice sempre cosa è giusto e cosa è sbagliato (per lei); peccato solo che quello che per lei è giusto è sempre il peggio per noi. Cosa vuoi trovare? Separazione, conflitto, paura, dolore, rabbia, preoccupazione, sofferenza, depressione, malattie, incidenti, morte? Oppure la vitalità, l'amore, l'armonia, la pace, la sicurezza, la certezza, la felicità, la salute? È importante scegliere invece un altro giudice, la fiducia, visto che ci è concesso di farlo. Questo esaminatore se lo sceglieremo pensando all'amore per noi stessi, sarà in grado di dare il giusto valore, quindi il minimo (in base alla seconda serie di aggettivi), ai nostri fallimenti precedenti, alla nostra tendenza a farci influenzare, alle nostre incapacità, imperfezioni, contrarietà, mancanze e sconfitte e il giusto peso (quindi il massimo) alle nostre certezze, attitudini, completezze, intuizioni vincenti e risolutive e ai nostri successi. Ecco finalmente arrivato il giorno di questo esame così importante, quello della tua autostima: come alla discussione della tua tesi di laurea, ci sono tutte le persone importanti per te, che hanno preso del tempo e si sono concesse la possibilità di dare la priorità, tra tutti gli impegni che avevamo oggi, alla celebrazione di questo momento di festa.

«*L'autostima non può essere costruita dall'oggi al domani. **Ogni cosa ha bisogno di tempo; se continuerai a fare sforzi coraggiosi giorno dopo giorno, alla fine acquisterai fiducia***»[3]. Un chiarissimo esempio per osservare il collegamento tra autostima e fiducia: capita che la parte peggiore di noi riesca veramente a farci intendere che le nostre possibilità di realizzazione siano terminate, che quello che vorremmo raggiungere non sarà mai più alla nostra portata, una volta persa l'occasione che avevamo e che ormai non possiamo più ottenere nulla dalle speranze che avevamo. FALSO! Saranno innumerevoli, le testimonianze relative alle coincidenze sincroniche, quando entrerai in contatto con le meraviglie che sono in pronta consegna per te. A conferma di ciò, ecco una mail appena ricevuta:

«*Ti racconto questa. Appena finita la seduta sono uscita per andare a una lezione di canto. Lo studio della mia insegnante è nella via in cui hanno abitato i miei genitori pri-*

3. Daisaku Ikeda.

ma che io nascessi e fino ai miei 12 mesi di età… Ho voluto cogliere questo segno e così ho chiesto di quella casa a mia madre; erano presenti anche mia zia e mia cugina. E ho scoperto che un amico di mia cugina ora abita proprio nella casa in cui stavano i miei genitori. Oggi provo a suonare il campanello e a chiedere gentilmente se posso vedere la casa. Ero già d'accordo di andarci con mia madre, che aveva acconsentito con un grande sorriso curioso… ma purtroppo (per fortuna; chi può dirlo…) non si è sentita bene ieri e la cosa è saltata. Beh, si vede che oggi è il momento giusto per prendere coraggio e andare là da sola. Ti farò sapere».

Se qualcuno ti sta raccontando qualcosa, in quel momento è lui il protagonista, non dimenticarlo: ascolta, ascolta e ascolta ancora…

Capitolo 14

Ti fidi di chi vende qualcosa?

Tutti noi acquistiamo qualcosa e lo facciamo molto spesso, ma quello di cui sovente non siamo consapevoli è che tutti noi, continuamente, oltre a comperare, vendiamo! Sì, tutti proponiamo alcune cose nostre, quello che sappiamo fare, e non solo nel nostro lavoro, con le nostre competenze; effettivamente, continuamente ci mettiamo in vendita, cerchiamo di piacere, di essere apprezzati, e cerchiamo sempre di farlo nel migliore dei modi, per ricevere in cambio il massimo che è possibile ottenere! Chi non lo fa? Anche un mendicante vende la sua povertà, il suo aspetto malandato, la sua gratitudine. Perché non riconoscerlo? Ci sono però molti modi per farlo: alcuni sono convincenti e il successo che ne deriva è evidente, altri sono privi di energia e anche in questo caso i risultati lo dimostreranno. E quando siamo noi, a vendere, come siamo? Non male? Ma se noi dobbiamo/vogliamo fare la differenza, non possiamo accontentarci di essere "non male"! Facciamo un'autocritica spietata: vendiamo bene quello che abbiamo? E come lo proponiamo? Ci crediamo? Siamo convincenti? Sappiamo comunicare il nostro entusiasmo? Come troviamo possibili compratori? E quando poi ci siamo riusciti cosa ne abbiamo ricavato? Come riusciremmo a vendere o a proporre qualcosa di nostro, se ai nostri occhi non apparisse degno di credibilità? Certamente, non potremmo, né vorremmo farlo! Nessuno di noi vuole apparire più di grande di quanto non sia, ma almeno quello che sappiamo fare, vogliamo metterlo in campo e a disposizione degli altri nel migliore modo possibile, sì o no? **Hai stima di te stesso/a**? Quanta? Puoi ampliare e migliorare il tuo rapporto con quella parte di te che è decisiva più di qualunque altra, ai fini dei risultati che vorresti/dovresti/potresti raggiungere? Difficile da raggiungere e nello stesso tempo facile da perdere, è tanto destabilizzante quanto importante, eppure regola la nostra esistenza: stiamo parlando della fiducia in se stessi. Quando sei tu ad acquistare delle cose, tendi ad avere fiducia che quello che ti viene detto corrisponda alla verità? Chiediti se ti disturbano, questi concetti, e perché. Tu non vendi niente? Sei sicuro/a? Anch'io vendo qualcosa: vendo la mia esperienza, le nostre sedute, le nostre consulenze e i risultati che abbiamo raggiunto, i nostri seminari, i nostri libri e audiolibri; perché fare finta che non sia così? Il libro che stai leggendo lo hai acquistato, no? Se te lo hanno prestato o regalato, vuol dire che comunque qualcuno lo ha acquistato per sé o per te. Ti fidi dei commercianti? Da cosa pensi possa derivare l'eventuale scarsa fiducia nei loro confronti? Hai avuto delle esperienze negative in merito? Come si comportavano i tuoi genitori quando andavano a comprare qualcosa? Chiedevano sconti? Ti facevano vergognare, per questo? Ricordi un episodio specifico in cui hanno avuto discussioni con qualche venditore? Riuscivano a ottenere giustizia? Il fare chiarezza su questi punti trova delle resistenze proprio nella nostra parte scura, che preferisce lavorare sottobanco per potere continuare a gestire nell'ombra questo mercato "sotterraneo". Tempo fa ho lavorato con un signore, che gestiva con successo una piccola officina con quattro operai. Loro lavoravano e anche molto, e lui era molto amato dai suoi clienti per la sua onestà e competenza. Era amato anche dai suoi operai, per come li trattava e per la precisione con cui li pagava (anche più di quanto convenuto, con incentivi, premi e altro). L'unico problema era che alla fine del mese, una volta saldati i conti dei fornitori, a lui rimaneva poco, non un vero stipendio. Alla prima seduta avevamo concordato che ogni giorno avrebbe dovuto pensare e comportarsi come se dovesse far entrare denaro sufficiente per pagare un quinto operaio. Avevo intuito, infatti, che per lui sarebbe stato più facile trovare degli introiti per pagare una persona in più che per avere il suo legittimo stipendio; infatti le cose migliorarono subito. Il vero risultato però, lo ottenemmo alla seconda seduta, quando egli mi confessò che gli riusciva difficile smettere di fare degli sconti altissimi ai clienti. Allora gli feci questo esempio: «Se, mentre stai lavorando, ti accorgessi che un cliente si porta via degli attrezzi, che cosa faresti? Come ti comporteresti? Reagiresti?».

«Certo», mi rispose. Ogni volta che fai degli sconti ingiustificati è come se loro se ne andassero portandosi via un po' del tuo stipendio, o degli attrezzi, non puoi permettertelo, se vuoi continuare a lavorare e soprattutto a creare lavoro per i tuoi operai».

Afferrò il concetto molto in fretta e quando più avanti gli chiesi come andassero le cose con il suo quinto operaio, mi disse che il suo quinto operaio, era diventato il suo primo operaio, quello più importante!

Cose che nessun maestro mai ci dirà...

Avete visto come a volte l'onestà di una persona che lavora vendendo un servizio può diventare pericolosa per l'esistenza stessa della sua azienda, del suo benessere. Non tutti, però, sono così onesti; spesso chi vende non dice tutto. Sapete cos'è una "crosta non edibile"? Fateci attenzione, quando acquistate un formaggio: spesso capita di leggere quelle tre parole scritte molto in piccolo. "Edibile" è un termine scelto ad arte tra molti altri inusuali e poco conosciuti; non trova posto nella maggior parte dei vocabolari, eppure il suo significato è molto importante: un cibo "non edibile" è un cibo "non commestibile". E allora se mentre stai mangiando del buon formaggio, e per caso ti cadono gli occhi su quella frase, la consideri una cosa da poco? Non puoi mangiarlo: ti farebbe male! Ma perché è stata scelta una parola così poco comprensibile? La risposta è facile: perché prendere in mano un formaggio sulla cui confezione leggi "crosta non commestibile" sarebbe impopolare, farebbe pensare forse all'acquirente: "Ma il formaggio, non sarà, anche qui come la crosta?", oppure: "Sì, la crosta non è commestibile, ma io pago anche quella e allora non lo compro e ne prendo un altro". Facciamo un altro esempio: acquisti un'auto nuova, quella dei tuoi sogni, ma quando arriva in garage e ti presenti per ritirarla, ti accorgi che mancano alcuni optional, che avevi scelto e pagato; se ha delle caratteristiche che non avevi scelto e non ci sono gli accessori che avevi richiesto, è ancora la macchina dei tuoi sogni, o no? Che cosa si deve fare? Tenere quella che è arrivata e fare finta di nulla come un tempo? Va bene solo se poi non ti abbandoni alla sensazione di essere stato manipolato. Difendere le proprie ragioni a volte può diventare un vantaggio paradossale, e fare risolvere la questione con uno sconto non adeguato. Ma se il non farlo ti fa sentire infelice, allora devi agire assolutamente e subito, altrimenti non saresti nel tuo sogno, bensì in quello di qualcun altro. Ci sono poi delle persone che vendono cose che già di per sé esprimono un ideale e questo è compreso nel prezzo. È il caso di coloro che ci aiutano a confidare nelle energie… Ho conosciuto la dottoressa Giuseppina Lisa Manno in un workshop di lavoro sulla nave Splendida, l'incredibile ammiraglia di 18 piani della flotta della C. Crociere. La dottoressa Manno è specializzata in idrobiologia e tossicologia delle acque e ha collaborato con il CNR a uno studio sull'inquinamento da agenti chimici, della flora e della fauna. È una vera ambasciatrice del mondo vegetale! Ha un Master in teoria e pratica del Feng Shui scientifico-intuitivo della Chue Foundation, è Grand Master Chan Kun Wah e conosce a fondo l'architettura Feng Shui. Dopo avere esercitato la medicina tradizionale, ha deciso di seguire il suo cuore verde, la sua innata passione per il regno vegetale. Il suo motto è che «alberi e rocce ci insegneranno cose, che nessun maestro mai ci dirà». La sua fiducia nel verde è assoluta e consiste nel credere che stare con le piante, parlare con loro e toccarle, oltre a fare bene al corpo e allo spirito, serva per ricevere e infondere fiducia; ritiene che possiamo riequilibrare e riattivare la nostra energia interna attraverso l'unione con l'energia che emana da loro. Tutta la materia è energia – Einstein l'aveva intuito – così come noi siamo energia. Molti non sanno che le piante, gli altri esseri viventi, i minerali e tutta la materia che conosciamo nel nostro sistema solare, nella nostra galassia e nel cosmo, sono delle antenne ricetrasmittenti. Ogni cosa ha un'energia elettromagnetica con una sua propria lunghezza d'onda e si comporta da ricevente e da emittente. Per creare un giardino, bisogna entrare in sintonia energetica con lo spazio in cui va costruito: si faranno misurazioni elettromagnetiche, si analizzerà l'energia degli abitanti di quello spazio; successivamente si collocheranno le piante a seconda del clima del posto: se all'esterno badando bene all'orientamento e alla posizione, se all'interno, all'umidità e all'illuminazione. Si potranno collocare delle fontanelle in punti specifici, se servirà l'energia attivatrice dell'acqua che scorre, e delle rocce, se servirà dare stabilità all'elemento terra. Poi si opererà con il colore e con le forme: delle piante, dei fiori, delle rocce, e delle foglie. Per arricchire e abbellire gli interni, ha creato degli oggetti di design utilizzando le Tillandsie – piante del Sudamerica capaci di assorbire l'elettromagnetismo – che non hanno radici, hanno poche ma fondamentali esigenze nutrizionali e servono anche come protettrici contro l'inquinamento elettromagnetico artificialmente indotto, di cui si sa ancora poco, ma che certamente è nocivo per le nostre cellule. La dottoressa Manno dice che tutto quello che può accadere a un giardino, può accadere all'anima e alla psiche. Certo è che vivere in un ambiente così meravigliosamente attento alle nostre esigenze ha dei costi. Quando si parla di controvalore, si intende ovviamente precisare quello che otteniamo in cambio del denaro che paghiamo. Ecco cosa mi ha scritto oggi un cliente, a questo proposito: «*Grazie a Dio, ho visto che il pagamento è andato a buon fine :). Appena riesco ad avvicinarmi alla posta, provvederò a mandarti il resto di ciò che ti sei ampiamente meritato. È incredibile come ci siano dei momenti in cui 1500 euro sembrano tanti e altri in cui, di fronte a ciò che si "acquista", sembrano addirittura pochi. Sono davvero contento! È come se avessi messo da parte qualcosa per comprare una bicicletta, e avessi scoperto di avere comprato una Ferrari :). Ancora grazie, Tiberio*».

È bellissimo essere stimati, sentire che il prezzo che domandi, in cambio di quello che fai, viene ritenuto adeguato da coloro con i quali lavori!

Qualcosa di valore inestimabile...

Una storia molto triste e penosa, ma anche commovente, ci fa conoscere come a volte sia possibile, acquistando qualcosa, riuscire a mandare un segno d'amore anche da un'altra irrimediabile dimensione. Paolo Salom ci racconta un fatto accaduto in Giappone pochi mesi fa. Eriko Ohara ha ritrovato in un anello la sensazione di essere ancora amata, quando questa possibilità sembrava finita per sempre. È un piccolo anello d'argento con brillanti. Non di grande valore, anche se incomparabilmente prezioso perché le è stato regalato da suo marito, che non tornerà più a casa. «Non avrei mai creduto di riceverlo in questo modo», dice. Mamma di due bimbe, una di due anni e una di cinque mesi, Eriko, 33 anni, è una sopravvissuta allo tsunami dello scorso 11 marzo, conseguente al terremoto. È viva, perché il marito Yoshinari l'ha chiamata al cellulare subito dopo la grande scossa: «State bene? Tra poco salteranno le linee telefoniche...». Queste le ultime parole, che Eriko non dimenticherà. Parole strozzate dalla paura, dalla necessità: due bambine piccole spaventatissime, un allarme maremoto e la necessità di correre via, prima che tutto venisse spazzato dal mare. Aveva caricato le figlie in auto e si era diretta verso il rifugio previsto nelle esercitazioni della Protezione civile; la strada, però, si era subito intasata di famiglie dirette allo stesso luogo. Forse per il panico collettivo, si era formata una coda enorme, destinata a un appuntamento fatale di lì a poco. Terrorizzata ma lucida, la donna, forse spinta dall'istinto di conservazione e di protezione verso le sue due creature, aveva immediatamente invertito la marcia, dirigendosi a tutta velocità dove la guidava il suo istinto. Dopo pochi minuti, vedeva l'incredibile: un'ondata di fango, detriti e auto che si dirigeva verso di lei. Tra la sua macchina e lo tsunami c'erano ormai solo due vetture. Lei a quel punto si era diretta verso la collina. A loro è andata bene: una scommessa vinta con il destino. La sua macchina veniva inseguita dall'acqua, e la guardava continuamente nello specchietto retrovisore; infine, la giovane madre si era resa conto che aveva superato il limite raggiunto dalla melma: per soli cinquanta metri. Erano salve. Senza un graffio. Ma anche senza più nulla: avevano trascorso la prima notte in auto, al freddo, per risparmiare il carburante. L'indomani avevano raggiunto un centro di raccolta portando con sé solo gli abiti che avevano addosso. E il marito? Era vivo? Che ne era di lui, autista in una ditta di trasporti? Soltanto dopo alcuni giorni, la giovane donna aveva saputo che il marito era stato travolto dallo tsunami mentre si trovava sul furgone. «Stava sicuramente effettuando delle consegne», le hanno riferito i manager dell'azienda. Un giorno ancora e poi aveva potuto raggiungere l'obitorio per riconoscere la salma e ritirare gli effetti personali. Un compito doloroso che, inaspettatamente, si era trasformato in una sorpresa, in qualcosa che le aveva donato forza e speranza. A San Valentino, ha raccontato, dopo avere consegnato la tradizionale scatola di cioccolatini a suo marito, gli aveva chiesto un regalo per il "giorno bianco"[1]: «Non mi aspettavo nulla. È vero, glielo avevo chiesto. Ma gli avevo anche detto: "Lo so, non sei il genere di marito che fa un regalo alla moglie"». Quando aveva esaminato gli effetti personali raccolti vicino al corpo del marito, aveva notato un pacchettino: conteneva un anello, un anello per lei. Le lacrime, poi un sorriso e la consapevolezza del sentimento che legava quell'uomo a lei e alla sua famiglia. Era una prova d'amore consegnata oltre il tempo della vita.

«È molto difficile invertire gli effetti del pensiero negativo, una volta che hanno assunto una forma fisica. Non è impossibile, ma molto difficile. Richiede un gesto di fede estrema, una straordinaria fiducia nella forza positiva dell'Universo, comunque definiate quest'ultimo: Dio, Divinità, Motore Immobile, Forza Prima, Causa Prima o quant'altro. I guaritori possiedono esattamente questo tipo

1. Il "giorno bianco" è una tradizione che impegna i mariti e i fidanzati, dopo avere ricevuto dalle loro amate i doni di San Valentino, a restituirli "tre volte più grandi" un mese più tardi, il 14 marzo.

di fede, si tratta di una fede che procede fino ad arrivare alla Conoscenza Assoluta. Loro sanno che voi siete un tutto, completo e perfetto nell'attuale momento. Tale consapevolezza è a sua volta un pensiero, e un pensiero molto possente, ha il potere di muovere le montagne, per non parlare delle molecole di un corpo. Per questo i guaritori riescono a guarire, e spesso anche a distanza»[2].

2. Walsch, Neal Donald, *Conversazioni con Dio,* vol. I, cit.

Capitolo 15

Come in un film in bianco e nero... che poi diventa a colori

«L'anima non avrebbe arcobaleno
se gli occhi non avessero le lacrime...»[1].

Sei disposto a correre il rischio di dare fiducia? Che cosa ha comportato, in passato il farlo? Puoi viaggiare in molte direzioni, ma senza voltarti troppo indietro! **Si è disposti ad affidarsi agli altri nella misura in cui siamo capaci di volere bene a noi stessi**. Non è molto ben visto, chi sa volersi bene ed è attento ai propri bisogni; molti considerano questo atteggiamento come narcisista ed egoista, invece è esattamente il contrario! Se perderai la capacità di sceglierti incondizionatamente e di rispettare la tua essenza, provando tenerezza e considerazione per te stesso/a, sarà improbabile che tu possa amare gli altri. Sarà anche molto difficile vivere una storia d'amore valida, dopo aver attratto una persona importante, se non ti vorrai bene: un po' perché non ti vorrai concedere un dono così grande, un po' perché non ti riconoscerai la capacità di interessare. Se sarai convinto/a di valere poco e di non meritare niente di buono, non attirerai mai qualcuno da amare e se ci riuscirai, non ti riterrai comunque in grado di amare e di essere amata. In certe storie, ti sei sentito/a come imprigionato, dentro una cella, in una specie di film in bianco e nero, in cui non si diceva niente. **Ma un amore senza ombre è un diritto per tutti**. Per

1. John Vance Ghency.

amare qualcuno e per poter vivere una vera storia d'amore, esercitati ad amare te stesso/a, altrimenti significa che hai già deciso di stare da solo, e forse sarà così per sempre! **Volere bene a se stessi è la stazione da cui partono tutti gli amori possibili**! Tutte le storie d'amore, nella più completa accezione del termine – quindi l'amore non solo nelle relazioni sentimentali, ma anche in ogni altra sua forma possibile, dall'amicizia all'altruismo dei missionari e dei medici di frontiera – partono da lì **proprio** come accade in America con i capolinea da cui si possono prendere quei meravigliosi bus *coast to coast*.

Un amore tutto tuo...

Ecco una lettera inviatami da una cliente, che testimonia un tipo di fiducia prezioso, ovvero quello nel futuro:

«Caro Tibi, proprio come mi hai insegnato tu, nel lontano 2007 presi un foglio e scrissi la richiesta e le indicazioni necessarie all'Universo per farmi incontrare la mia anima gemella... il miracolo è poi arrivato solo nel 2010, per due semplici motivi: quando chiedevo non ero poi così convinta e forse inconsciamente avevo ancora il cuore occupato. Ma poi, quando fui sicura al 100% che avrei ottenuto quello che chiedevo, i miracoli non tardarono ad arrivare. Parlo al plurale perché avevo chiesto che questa persona provenisse dalla Sicilia e di siciliani se ne presentarono addirittura due. Il primo non aveva certo tutte le caratteristiche richieste, ma arrivò con il compito ben preciso di un incontro "karmico", di fare un breve cammino insieme che, a mio avviso, dovevo comunque passare. Poi compariva quello giusto, che rispecchiava realmente tutte le caratteri-

stiche richieste. Da notare che provenivano da due località vicinissime tra loro. Allora, proprio come mi avevi insegnato tu, presi un foglio e scrissi: "Ho un amore libero e tutto mio con le seguenti caratteristiche: è siciliano, perché doveva essere siciliano; è onesto, benestante, con buona cultura, rispettoso, gioioso, amorevole, romantico, spirituale, generoso materialmente e spiritualmente; fedele, quindi con il gene della monogamia; è sincero, infonde sicurezza nel rapporto e fa subito pace dopo un litigio; senza portare rancore; è ottimista e mi rende serena; tra noi c'è una forte attrazione fisica, ma è dolce, umano, cordiale, solare; ama i bambini e accetta anche l'idea di averne in affidamento; ama i viaggi, gli animali, la musica, il ballo; le buone amicizie; ama ridere e chiacchierare con me; è un buon cuoco, affettuoso, tenero, bello. Spero che sia veramente il sole della mia vita come io il suo, e che ami me, prima di tutto e tutti, ma prima ancora Dio! Se applicherà i principi della mente immortale prima di me e prima della mente mortale – e anche qui devo ringraziare te, per avermele fatte conoscere durante una terapia, nel 2006 – automaticamente mi farà stare bene e non mi farà soffrire. Inoltre, senza che io l'abbia chiesto, lui non fuma e beve il giusto; ha molta pazienza e, oltre a essere un buon cuoco (ha fatto un apprendistato di 4 anni, e sa fare anche il pizzaiolo e il panettiere), cura l'orto; questo avevo dimenticato di dirtelo. Per quanto riguarda il canto, è un tenore e da giovane avrebbe potuto intraprendere la carriera di cantante: la voce c'era ma mancavano i mezzi. E che dire del ballo? Quando mi fa ballare, ho una sensazione mai provata prima con nessuno, ma mi è stato detto che le anime gemelle hanno la particolarità di "sentirsi" molto anche nel ballo. Soprattutto, però, lui veramente ha il gene della monogamia, assai raro in un maschio... In effetti, Gianni non sa amare più di una donna alla volta, perché la sua consapevolezza non gli permette di tradire (mi ha confessato di avere avuto, prima di sposarsi, molte e belle avventure; però poi, durante il suo matrimonio, durato oltre 30 anni, non ha mai tradito la moglie e di questo sono certa, anche se sembra impossibile). Quando avevo fatto la mia richiesta su questa caratteristica, non avevo dubbi che sarebbe stato così: anche se sono rari, questi uomini esistono. Per quanto riguarda i bambini in affidamento, un giorno è stato lui stesso a propormi di ospitare a Lugano il bambino che ho adottato a distanza e che vive in Africa. Lui ha fatto un cammino nel campo spirituale pari al mio ed è molte volte un grande maestro, per me, soprattutto per quanto concerne l'umiltà e la modestia. Dico questo, caro Tibi, perché quando gli dico che ha veramente tutte queste caratteristiche, lui mi risponde che non le vede, ma che comunque gli sembra normale essere così. Anche per quanto riguarda l'allegria non ho mai riso tanto con un altro uomo. Lui alterna momenti di grande serietà a momenti di alta comicità, ha un lato umoristico così istintivo che spontaneamente ci ritroviamo a fare grandi risate. Bene, termino qui; testimonia, se vuoi, nel tuo nuovo libro, che l'Universo con me è stato veramente generoso perché ha risposto pienamente alla mia richiesta e ha anche ascoltato quando avevo chiesto ultimamente, ovvero, di andare presto, molto presto, a fare un bel viaggio insieme in Sicilia. Così il mio amore, nonché anima gemella, mi ha subito accontentata e questo Natale e Capodanno mi ha fatto fare un meraviglioso soggiorno ai Giardini Naxos, e lì abbiamo passato il nostro primo meraviglioso Capodanno insieme... Grazie, Universo; grazie, Dio; grazie, Tibi, per avermi iniziato alla comprensione di come, con certezza, sicurezza e molta FIDUCIA i nostri miracoli si possono veramente avverare. Silvana!».

Non sempre, però, in amore si riceve quello che avevamo sognato nei momenti di massima consapevolezza; talvolta magari troviamo qualcosa di meraviglioso, ma ci sembra troppo per quello che noi pensiamo di valere e allora lo sabotiamo; oppure ci si fraintende e ancora non si vuole ferire qualcuno e finiamo per ferirci da soli. Così anche questa storia d'amore, apparentemente perfetta, che Silvana ci raccontava, si è trasformata in una bella amicizia con un "arrivederci alla prossima vita", da cui loro due in armonia si sono ripromessi di incontrarsi da adolescenti e di stare insieme per sempre. A volte le nostre esperienze ci insegnano che ci sono persone che entrano in un rapporto d'amore solo per ricevere e non per dare. E comunque le storie d'amore finiscono tutte, prima o poi; ci hai mai pensato? Anche quelle che durano "per sempre", sono tradite a un certo punto da quello dei due che... muore per primo... Non intristirti; vale la pena ricordarci che è su noi stessi che dobbiamo lavorare, per diventare migliori! Perché con noi stessi resteremo per sempre, fino all'ultimo giorno!

In te c'è tutto!

Ci sono poi persone, che non sono così contente di stare insieme, ma neanche così scontente da lasciarsi. Mi capita di sollecitare chi non sta bene in una relazione a comunicare i propri bisogni, esprimendosi come se l'altro/a li avesse capiti e volesse tenerne conto. Questo fa sì che autorizziamo noi stessi a esprimere le nostre esigenze e che ci sia anche un punto fermo per poterci domandare se mai esista la possibilità di risolvere i conflitti in atto e proseguire insieme. Che cosa accadrebbe, se la persona con cui siamo in relazione si esprimesse nei nostri confronti in questo modo?

Ecco un esempio:

«È da tempo che aspettavi questa lettera! Quante volte te l'ho promessa! Scrivere non è mai stato il mio forte, ma sento che è giunto il momento che io mi impegni per raggiungere il tuo cuore e farlo tornare a brillare! C'è tanto amore dentro di te; io lo vedo quando sei con nostra figlia, quando parli dei tuoi piccoli allievi a scuola e anche nei miei confronti! Nonostante le porte che continuo a sbatterti in faccia, tu sei lì, disponibile, pronta ad aiutarmi, pronta a cominciare qualcosa di nuovo insieme, sempre! Ci sono tante cose, che vuoi condividere con me! Come quel giorno di febbraio, quando hai portato me e la bimba a vedere quello spettacolo teatrale: ho visto la luce nei tuoi occhi e io lì, a pensare a chissà cosa, a cosa significasse quella luce. Tu, la sera, con un semplice sms mi hai spiegato che la luce era la grande felicità che provavi nell'essere lì a condividere la storia del Piccolo Principe con le persone che ami. Io sono qui, bloccato, con la paura di riproporre al mondo ciò che hanno già proposto i miei genitori. Ci ho provato, con te, e a modo mio ci ho creduto, ma poi, di fronte alle prime difficoltà, non ho saputo parlarti, aprirmi, e ho continuato ad allungare la lista delle scuse, che un giorno avrei dovuto farti (te la ricordi la lista?)! Sei una persona eccezionale, positiva, che si illumina anche solo guardando un fiore. Tu ci credi, nella vita, e da ogni situazione riesci a tirare fuori il bello! Ti amo e sei sicuramente la miglior compagna che potessi desiderare! Purtroppo, però, ti ho tradita, in tutti i sensi, e ho contribuito a far sì che ti spegnessi; ti ho portata, con i miei modi di fare, a dubitare di tutto e di tutti, e soprattutto di te stessa. Ti sei isolata e solo a causa delle mie paure. Mi piacerebbe che tu fossi ancora disponibile ad aiutarmi a

superarle, nell'amore; sì, perché, contrariamente a ciò che ho continuato a dirti, ho veramente tanta voglia di tornare a fare un'infinità di cose insieme!».

Riqualificarsi, rispetto al proprio rapporto di coppia, dovrebbe essere per entrambi un "tagliando" obbligatorio da fare ogni sei mesi: diamo più importanza alle nostre auto che alla storia d'amore che viviamo. Invece di accettare la realtà così come è, rendiamola accettabile, dando il meglio di noi; poi, se malgrado tutto, un rapporto dovesse arrivare al 35% delle aspettative e bisogni che si hanno, molto meglio lasciarsi liberi, anche questo è amore! **In te c'è tutto**! Non ti manca niente per arrivare dove vuoi e non devi dimostrare nulla a nessuno, esattamente al centro di questi due estremi, di queste due enormi verità, ti trovi tu, devi ritrovarti tu! Nessuna donna, nessun uomo, nessun senso di colpa, nessun rimpianto, nessuna paura, possono disturbare il tuo equilibrio CRA. Specialmente ora che tutto sta per compiersi in una direzione o nell'altra. Sei disposto a correre questo rischio?

Se imparassimo ad amarci...

Io senza di te non respiro... Davvero? Allora mi sono messo ancora una volta nei guai! Per non perderti di nuovo in abbagli, ricordati che, all'inizio di una storia, una frase guida potrebbe essere invece: «Io tengo a Te, ma tengo anche a Me! Sì, ho rischiato tante volte, per cose e persone, e ora merito anch'io questa possibilità, per me stesso/a; sarebbe il dono più grande, senza prezzo, quello che desidero da tempo e che sento di meritare». Dilla anche tu! Se questo non è il primo libro mio che leggi, saprai che una cosa di cui mi sono accorto è che, quando siamo innamorati, la parte peggiore di noi non funziona bene! Da questo consegue che, quando siamo innamorati, il nostro ego non riesce a sabotare la nostra esistenza, perché siamo totalmente presi dalle possibilità che il nuovo amore ci offre, quindi non potrà fare altro che aspettare per ripresentarsi un paio di mesi più tardi. Lo farà, facendo leva su una delle parti più fragili che il nostro nuovo rapporto presenta – la gelosia, per esempio – ricominciando così il suo lavoro e scatenando la paura (il suo motore) contro il suo nemico numero uno: l'amore! Ho capito, che se riuscissimo a mantenere un focus finalizzato allo stato dell'innamoramento, metteremmo in scacco la nostra parte ombra, costringendola a lavorare male, e quindi potremmo riuscire a far emergere con più facilità la nostra parte illuminata. Non sempre questo è possibile; pensiamo a quante persone stanno ancora cercando in tutti i modi di incontrare il partner perfetto, che a sua volta sta cercando proprio loro. Cosa si può consigliare, a queste persone, per raggiungere uno stato di innamoramento perenne da poter produrre continuamente nella propria esistenza? E per coloro che invece hanno già una storia d'amore in atto, come potrebbero reagire, se la persona di cui sono innamorati dovesse cambiare idea e lasciarli? Morirebbe? Da tutto ciò è nato il concetto *Innamorati di Te*, che è anche il titolo di uno dei miei libri che parla di autostima e di responsabilità, il mio primo libro di crescita personale e probabilmente il più amato dai miei lettori. Chiaramente l'intento voleva essere quello di incoraggiare a intrecciare una storia d'amore con la vita, attraverso la possibilità di imparare ad apprezzarci e a entrare in contatto con il luogo più vicino a noi sul pianeta Terra: il nostro cuore. Con noi stessi resteremo fino all'ultimo respiro e, se impariamo ad amarci, questa condizione ci darà una grande pace e completezza interiore, un'altra vita. Questo non significa isolarsi, anzi vuol dire "ammettere" che vale la pena confrontarsi con gli altri, investendo il proprio tempo e le proprie energie con loro per crescere reciprocamente, ma dopo avere imparato a relazionarci al meglio con noi stessi. Volersi bene, significa avere per sempre un contatto privilegiato con il meglio di noi, ed è uno stadio che non esclude assolutamente il mondo, ma anzi lo richiama e lo celebra. Se sentiamo accettazione e amore verso noi stessi, questo amore tracimerà nel cuore di tutti coloro con i quali ci rapporteremo, con la persona con la quale costruiremo la nostra storia d'amore, con i nostri genitori, con il nostro prossimo, con i nostri colleghi, clienti, amici, dipendenti, superiori, con tutti! **Molte persone cominciano ad amarsi solo quando, e se, qualcuno si innamora di loro**! Questa è una decisione masochista e penosa in quanto li costringe ad ammettere che non potrebbero essere amati se quella persona non li amasse. Riconoscono così all'altro/a un potere enorme, che li metterà in una situazione di triste dipendenza, per cui obbligheranno il/la loro partner a gestire "una potenza", che lo/la porrà in una condizione di forza forse neanche desiderata. Non mi stancherò mai di dirti che, se non imparerai ad amarti non ti renderai nemmeno conto della presenza di chi vuole amarti veramente! Sentirai attrazione solo e soltanto nei confronti di chi purtroppo non ti tratterà bene, ma in maniera scostante e anaffettiva. Talvolta ho lavorato con donne, che il principe di turno, bello e ricco, hanno finito per sposarlo veramente e che magari viaggiavano spesso in elicottero, ma non erano poi libere di scegliere un tragitto a loro piacimento con l'auto, perché lui, per gelosia o per avarizia, controllava anche i chilometri percorsi. Molte persone sono negative perché sono state amate poco o niente; altre sono cattive perché diffidenti, o perché da sempre vengono guardate con eccessivo sospetto e totale mancanza di fiducia. Connettiamoci con il massimo di ciò che vorremmo attrarre e proprio quello sarà ciò che veramente arriverà per noi; anzi, ci verrà semplicemente incontro, poiché lo avremo scelto. **Il mondo è buono**! Capita che persone molto povere trovino dei tesori e li restituiscano: ad esempio dei pensionati da 400 euro al mese, che trovano un portafogli e che non esitano un secondo a fare in modo che coloro che ne sono i proprietari ne rientrino in possesso; ce ne sono altre che invece, pur essendo ricchissime, incessantemente pensano a come accumulare ancora denaro a discapito di altri. Ovviamente, sarebbe stupido cedere al luogo comune, tanto caro a coloro che non hanno voglia di impegnarsi a migliorare la loro situazione, e dire che i ricchi sono avidi; io conoscono tantissime persone benestanti, che sono generosissime e non porterebbero via mai qualcosa a qualcuno! Non ci resta quindi che sentirci impazienti di ripristinare una buona relazione con noi stessi e ristabilire delle regole di attenzione, rispetto, disponibilità e amore verso la nostra persona, la più importante tra tutte quelle con cui avremo occasione di relazionarci nel corso della nostra esistenza. **Accorgiti di te e del tuo valore: ti piacerà tantissimo, questa storia, ed è proprio della tua storia che stiamo parlando**!!!

Capitolo 16

Quello che non ti ho mai detto

«Oltre la fede: avere fiducia nella propria esperienza»[1].

Prima di cambiare direzione, occorre innanzitutto valutare, se ci troviamo o meno su una strada che poi non ci mancherà, se l'abbandoniamo. Se è finito un amore che non ti conduceva da nessuna parte, va bene; era forse un amore sbagliato ed è finito, ma era pur sempre un amore e merita rispetto. La possibilità/speranza di pentirci è un'arma auspicata dal nostro ego. Hai rispettato i tempi che ti eri prefissato/a per raggiungere degli obiettivi, ma immagina che, visto il tuo impegno, l'Universo ti riconosca ancora un po' di tempo, per farti raggiungere l'eccellenza, la perfezione; quindi crea ancora un elenco di cose da fare e falle subito, allo scopo di realizzare tutto, con la totale soddisfazione di chi non avrebbe potuto comunque fare di più. Appena puoi, elimina le cose che consideri superflue, delega, affida delle priorità nuove e decidi i tempi di svolgimento. Inizia da quella che è ferma da più tempo, o se preferisci, dalla più facile da attuare. C'è bisogno di te, devi esserci totalmente, ora, perché sei il solo che ha le competenze per agire a un livello altissimo con quello che hai creato! Qui alle Egadi, e precisamente a Favignana, dove mi trovo questa settimana a lavorare al libro che poi leggerete, il collegamento a Internet è problematico. Mi viene da pensare che avviene un po' la stessa cosa quando dovremmo confidare nelle nostre possibilità: a volte è difficile farlo, conquistare e trovare una con-

1. Osho.

nessione, che è poi facilissimo perdere! Ma quanto **ne vale la pena**!! Tempo fa arrivò nel mio studio, con tanta paura, un ragazzo che si era già arreso alla vita. La sua situazione, in quel momento, era molto difficile, avrei potuto riassumere tutto il suo disagio di diciannovenne vinto in una sola parola: rassegnazione. Quella di essere rassegnati a 19 anni è sicuramente una condizione spiacevole per chi la vive e anche triste per chi la osserva dal fuori, ma quanto può esserlo per dei genitori che vedono loro figlio/a, anziché combattere qualcosa che non va, subirlo con tutto quello che ne consegue?

Una sensazione impossibile da descrivere...

Il suo problema era quello di dover convivere con degli attacchi convulsivi incontrollati, che lo terrorizzavano, perché erano improvvisi e ingestibili, e gli impedivano di fare una vita normale, perché si vergognava al solo pensiero che potevano arrivare in qualsiasi momento. Anche i risultati scolastici risentivano di questo stato di cose, ovviamente, e la maturità sembrava un miraggio ormai anche quell'anno. Per questo quando la madre mi aveva cercato, dicendomi che aveva portato suo figlio ovunque, da tutti i medici e terapeuti possibili (in seguito il ragazzo mi aveva confessato che a scuola con i suoi amici si divertiva a farne l'imitazione) e mi chiedeva la garanzia del risultato. Io, che questa garanzia non potevo certo dargliela, avevo capito il suo sfogo e l'avevo rassicurata, pur spiegandole che avrei potuto solo assicurare il mio impegno totale, lo stesso che garantisco a tutti, anche a chi non me lo chiede esplicitamente. All'inizio il ragazzo, durante le sedute, guardava per terra e non era interessato a quello che dicevo. Rispondeva con cinismo e rabbia, con delusione e tristezza. Era stato in precedenza esentato dal servizio militare, che da noi prevede un impegno annuale di un mese fino all'età di 45 anni, e in quei giorni aveva anche saputo di essere stato escluso dalla possibilità di partecipare al servizio di protezione civile, che in Svizzera è aperto a tutti (talvolta anche a persone con menomazioni gravi). Questo lo aveva gettato a terra perché gli aveva dato il senso di quello che gli sarebbe stato permesso di fare in futuro: **niente**. **Perché allora impegnarsi**? Questo era diventato il suo assioma. Per non imbarazzarlo, e per non farlo sentire pressato dalla situazione, mentre gli parlavo, guardavo sempre fuori dalla finestra, con fare un po' distratto. Ma che gioia un giorno, quando, durante una seduta, ho visto con la coda dell'occhio il suo mento alzarsi e i suoi occhi cercare nel mio viso la conferma di quello che avevo detto: **ero riuscito a interessarlo**! Quale era stata la frase che aveva permesso di potere contare sulla sua partecipazione attiva alle sedute? Questa: **«Sei veramente sicuro di volerti arrendere, di non voler vivere la tua vita e di voler rinunciare a tutto quello che di bello essa potrebbe comunque offrirti, a causa di quei pochi minuti di "attacchi" che potrebbero arrivare?»**. In precedenza, nel corso di un esercizio, avevamo quantificato la media della frequenza e della durata di questi attacchi, in una settimana, quindi in un mese e in un anno. La lettera che segue, e che potete trovare sul nostro sito www.ricomincia-date.com, mi è stata scritta da lui:

«Carissimo Tiberio, ti parlerò di come ho vissuto assieme a te il cammino di crescita personale, mai altro nome fu più azzeccato. Ero sconsolato, rassegnato, avanzavo per inerzia e non per volontà, senza neppure sapere dove andare. La scuola era un disastro, le condizioni di salute cominciava-

no veramente a diventare insostenibili. Per la maggior parte del tempo della mia giornata ero completamente assente. ***Ma c'era la voglia di cambiare.*** *Si dice che quando l'allievo è pronto il maestro appare; ero prontissimo e tu sei arrivato. Mai avrei immaginato il terremoto esistenziale che stava per investirmi. Piano piano, poco per volta ma costantemente, le credenze negative e limitanti riguardo a me stesso, riguardo al mondo e a tutto quello che è possibile, venivano messe prima in discussione, poi compresa la loro natura nociva, venivano eliminate e infine sostituite. Ho cominciato a rendermi conto che le cose stavano cambiando, verso gennaio: stavo meglio, lo sentivo. Alcune persone cominciavano pure ad accorgersene, gli ingranaggi giravano con me e per me, al contrario di quello che accadeva prima quando lo facevano contro di me.* ***Un giorno, in cui c'era bel tempo, il sole splendeva e il cielo era azzurro, avvertii chiaramente che il famigerato Universo, di cui ti piace tanto parlare, mi aveva trovato.*** *È una sensazione impossibile da descrivere. Quello fu il giorno del salto di qualità, l'Universo mi sosteneva, le marce entravano con facilità una dietro l'altra e il motore cominciava a rombare. Le sedute diventavano sempre più incisive, ogni volta che ci vedevamo mi sentivo più forte, rafforzavo le risorse che già possedevo e ne scoprivo di nuove. Il risultato degli esami fu sorprendente, nettamente al di sopra delle aspettative. In ogni caso, per quanto fosse fondamentale e di assoluta priorità ottenere la maturità, il suo valore diventa relativo a confronto dei progressi fatti a livello personale. Tutti gli elementi negativi sono spariti e quelli positivi valorizzati ed enfatizzati. Mi muovo nel mondo sicuro e felice, e sempre più velocemente. Ho acquistato consapevolezza, prontezza, scioltezza e l'entusiasmo e la gioia di vivere, che erano perdute, sono ora uno dei lati forti della mia personalità. Se prima non sapevo cosa fare della mia vi-*

ta, ora non so da che parte iniziare; la lista delle cose da fare è lunga e ambiziosa, ma la determinazione a raggiungerle lo è ancora di più. Sei una persona eccezionale, che ha saputo tirar fuori il meglio di me e non per un giorno, ma per sempre. Si è creato un feeling rarissimo e bellissimo; nel tuo studio, sincerità e amore sono le parole d'ordine. Non sei un insegnante o un dottore, loro si limitano a passare informazioni o cure magiche; tu sei molto di più, sei un maestro, sei un "cazzo di coach": le risorse non le trasmetti, le tiri fuori dalla gente; non risolvi problemi impossibili, istighi a cercare le soluzioni dentro di sé; non sputi sentenze moralistiche su ciò che è giusto o sbagliato, spingi le persone verso quello che ritengono più giusto per loro. Per questo, non si crea dipendenza tra te e i tuoi "clienti": non regali cibo, insegni a cucinare! È stata un'esperienza di prima classe, di quelle che ti cambiano la vita! Per questo non rinnego gli errori commessi e le occasioni sprecate: alla fine, si sono rivelate un sentiero che mi ha portato a te e a quello che ora sono e sono fiero di essere quello che sono».

Già durante le sedute, il ragazzo si era messo a studiare con grande impegno e aveva recuperato tutto quello che aveva perso arrivando alla maturità. Da quel momento gli attacchi sono cessati, tuttavia ancora oggi, quando viene in studio a salutarmi e mi conferma che gli attacchi non si sono più presentati, io gli dico che ne sono felice, ma anche che, se si dovessero ripresentare, lui deve pensare che ciò non gli impedisce di vivere una vita normale e perfino straordinaria negli altri momenti! Lui, che era restio a partecipare a qualsiasi momento sociale (per timore che gli altri lo vedessero durante uno dei suoi attacchi), nel corso delle sedute aveva preso la decisione di andare in Australia per imparare l'inglese. Lui, che aveva perso la sicurezza nel fare qualsiasi cosa, qualche settimana dopo la fine del nostro ciclo mi stupì: avevo finito una seduta e, dopo avere accompagnato un cliente all'uscita, visto che la persona che seguiva aveva un leggero ritardo, avevo deciso di controllare i messaggi sul cellulare; proprio in quel momento il telefono squillò, era lui! Risposi e lo sentii dire: «Tiberio, sono un Dio!»; restai un po' sorpreso da quella frase, ma subito dopo capii. Mi raccontò di essere stato a Brontallo – un luogo del Canton Ticino, in cui ogni anno si svolgono i campionati mondiali di tuffo – e di essersi tuffato per ben due volte consecutive dall'altezza di 23 metri. Mi raccontò di essersi sentito così felice per avere spostato i limiti della sua paura, dopo avere fatto i tuffi, da aver sentito il bisogno di guardarsi in uno specchio; era andato a cercarne uno e l'aveva trovato in un bar, aveva guardato la sua immagine e si era detto che era un Dio, poi aveva sentito il bisogno di dirlo a me e di ringraziarmi! Non posso spiegarvi a parole la mia felicità. Dopo avere imparato l'inglese, prima di riprendere gli studi ha voluto fare un'esperienza in Africa andando in una missione a insegnare ai bambini un inglese elementare. Questo era diventato quel ragazzo di 19 anni, che durante le nostre prime sedute guardava sotto il tavolo. Ma la cosa più bella di questa storia è che quello che abbiamo fatto insieme gli ha fatto capire qual è la sua strada: da due anni frequenta l'Università, perché ha capito che quello che faccio io sarà il suo lavoro nel futuro! E ha anche capito che io sono fiero di lui!

Lasciare per un attimo la presa...

Quando hai un progetto da realizzare, occorre naturalmente credere in modo ferreo che ci riuscirai, ma è utile anche fissare un termine oltre il quale non sei più disposto ad andare, a impegnarti in quella direzione. Prenditi tempo per decidere, e stabiliamolo; lo sapremo solo tu e io, ma è fondamentale farlo, per la tua serenità e per la tua vita stessa che è più importante di tutto!! Ciò non significa lasciare uno spazio al pensiero creatore inverso, ma lasciare per un attimo la presa affinché si assestino altri energetici elementi necessari per poi provare subito dopo a spingere di nuovo. Anche questo è un modo di lasciare il "come" all'Universo! Molti intorno a noi fanno rimbombare dei messaggi invalidanti: «Con i tempi che corrono, non puoi più fidarti di nessuno!»; «Io non do confidenza a nessuno!»; «Chi si fida, viene tradito!». Oggi i rapporti umani in genere sono alquanto scadenti, la fiducia scarseggia in modo pauroso. Il più delle volte, ci manteniamo sulla difensiva. Gestiamo dei timori forti su certi temi. «Se ciò che desideri è avere il controllo sulla situazione, dire la verità ti mette in *totale* controllo. Ci hai mai pensato?»[2]. Tutti detestano la falsità; che cosa accadrebbe, se gli altri pensassero di te che sei falso? Che cosa accadrebbe, se gli altri non si fidassero di te? Molti trascorrono tutta la loro vita a costruirsi intorno una credibilità, poi magari accade qualcosa e intorno a loro le cose cambiano. Prova a pensare che anche intorno a te ci sono persone inginocchiate o indebolite; se puoi, aiutale a rialzarsi. A chi potresti dare sostegno? Lo so che ci sono ottime ragioni per cui occorre stare attenti, ma possiamo farlo senza scivolare nell'allarmismo ingiustificato. Se ad esempio si parla di ladri, nessuno dice che non ce ne siano, ma la fiducia è ancora il più potente antifurto, la formula di assicurazione più vantaggiosa; eppure è innegabile che le cose brutte accadano. Giorni fa leggevo su un giornale la storia di un signore, al quale era stata rubata la bicicletta (compagna di mille viaggi, alla quale lui, grande appassionato di ciclismo, teneva tantissimo) mentre stava lottando con la morte, intanto che i medici tentavano di rianimarlo

2. Neal Donald Walsch.

con un massaggio cardiaco. I giornali incessantemente fanno da cassa di risonanza a episodi al limite dell'orrido che parlano di un mondo dove solo il controllo potrebbe salvarci dall'attacco imminente. Tempo fa, in una stazione di rifornimento situata subito dopo la frontiera, in Italia, alle auto provenienti dal nord, che venivano posteggiate davanti all'Autogrill, qualcuno bucava una gomma. Quando il conducente della macchina ripartiva quelli che avevano provocato il danno, lo sorpassavano e lo avvertivano che aveva una ruota a terra; poi si fermavano e offrivano il loro aiuto, ma nel farlo non tralasciavano di derubare il malcapitato. Ho saputo di falsi addetti alle Poste che vanno dalle persone anziane, dicendo che sono state date loro per sbaglio delle banconote false, in Posta, e che loro sono stati inacaricati di effettuare la sostituzione; ovviamente, la sostituzione avverrà al contrario, nel senso che alle vittime di questi raggiri verranno date banconote false in cambio di quelle autentiche. Sono numerosi, gli episodi di questo tipo che lasciano gli anziani in situazioni di grave disagio psicologico, perché al danno materiale si aggiungono la vergogna e la difficoltà, anche solo a condividere episodi di questo tipo con i figli, che potrebbero perdere il rispetto verso di loro o non ritenerli più in grado di attendere ai compiti di prima, come vedersi affidare i nipoti di tanto in tanto, o altro.

La "mia" campanellina magica...

Quando ero piccolo e vivevo in Toscana, a Livorno, accadeva che, approfittando dello scenario irripetibile di scogliere a picco su un mare inaspettato, molti turisti accaldati, sulla strada di Roma, non resistevano all'idea di concedersi un bagno, e affrontavano le ripide viuzze di accesso all'acqua. Una volta rinfrescati, tornavano alle vetture e non trovavano più i bagagli e ogni altro oggetto di valore lasciato incustodito. Prova a pensare se c'è stata una volta in cui tu hai rubato qualcosa a qualcuno; forse è talmente preistorica, la cosa, da sembrare quasi offensivo essere ancora qui a parlarne, ma prova a ricordare, se questo è accaduto, a come si sono svolti i fatti. Se lo hai fatto, prova anche a pensare a tutte le volte che hai restituito qualcosa che non ti apparteneva al suo legittimo proprietario: come è stato? Quando ti hanno obbligato a farlo? Quando è stata una tua libera scelta? Come ti sei sentito? Io una volta, avrò avuto cinque anni, sono stato con mia madre in visita a casa di una sua conoscente e rimasi affascinato da una campanellina, probabilmente un piccolo soprammobile: non trovai nulla di meglio da fare che rubarla e nessuno se ne accorse. Quando andammo via, percorse poche centinaia di metri, con grande fierezza mostrai a mia madre la "mia campanellina magica" e, di conseguenza, quello che avevo fatto. Ovviamente tornammo indietro e mia madre mi costrinse a restituirla, con mia grande umiliazione. Un'altra volta, più o meno alla stessa età, convinsi un bambino di un giardino confinante (più grande di me e, ai miei occhi, ricco) a cedermi il suo fucile Winchester Indian-Rifle, appena ricevuto, in cambio di una "pseudo pistola", un'invincibile "arma spaziale" da me fabbricata al solo scopo di tentare questo scambio improponibile, che ebbe la durata di un brevissimo quarto d'ora; subito dopo, naturalmente, ebbe luogo la restituzione del maltolto, davanti alle delegazioni delle due famiglie che, ricordo, ebbero grosse difficoltà a farmi capire che cosa non andasse bene nel nostro scambio, visto che tutti e due ne eravamo entusiasti. Quella fu l'unica volta in cui possedetti un giocattolo vero, un Winchester quasi vero, da autentico cow boy, anche se solo per un quarto d'ora: comunque, fu uno dei quarti d'ora più belli della mia vita. Le cose non hanno sempre un solo aspetto, e non lo hanno, sicuramente, quasi mai per noi. Noi non siamo come gli altri, e allora? Potresti scoprire che quello che è difficile per gli altri, è facile per te; tu non sei loro, tu sei tu e avrai il meglio perché per te è previsto questo, forse semplicemente perché finora hai dato il meglio, tutto quello che potevi in tutta la tua vita. Ci isoliamo, ci barrichiamo in casa, trascuriamo i contatti con gli altri. Non ascoltiamo veramente nessuno, ma così rischiamo di non trovare neppure chi ascolta noi, quando ne abbiamo bisogno. Se, gradualmente, imparassimo ad avere reale fiducia nelle persone, faremmo delle scoperte sorprendentemente piacevoli. **Scopriremmo innanzitutto l'inesauribile sorgente di bontà che risiede negli esseri umani e, dissetandoci a questa fonte, intrecceremo relazioni splendide**!

Capitolo 17

Di Dominique e di una storia d'amore con te (stesso/a)...

Se non siamo contenti di ciò che si manifesta nella nostra esistenza, di ciò che riceviamo, è perché dovremmo imparare a chiedere cose migliori! Il problema spesso non dipende da quello che riceviamo, come riteniamo vittimisticamente no; spesso la complicazione nasce non dalle risposte che otteniamo, ma dalle domande che facciamo: sono inutili, non importanti, non inerenti al focus e non ci aiutano a raggiungere quello che diciamo di volere ottenere. Se a frenarti è la mancanza di fiducia nelle persone con cui ti relazioni, chiediti se e quanto sei capace di avere fiducia in te stesso, quanto hai fiducia in te prima che in loro! Impara a credere di più e meglio nelle tue possibilità. Certo, la fiducia va dosata, come la voce non parliamo con il megafono in chiesa, e non sussurriamo a un concerto rock. Chi non si fida degli altri, chi non delega, apparentemente ha una fiducia così smisurata nelle sue capacità da accentrare tutti i compiti, perché pensa che nessuno potrebbe fare quel lavoro meglio di lui/lei. Non è così. È molto più probabile, invece, che, proprio perché inconsciamente non si fida in fondo nemmeno di se stesso/a, e sia portato/a poi a dubitare del prossimo, pensa: "Se io sono così, non capace, non efficace, non intelligente, non attento... gli altri non saranno certo migliori di me...". Scriviti una lettera colorata, fai pace con te stesso/a e con gli altri nello stesso momento! **Inizia una storia d'amore con Te stesso/a**! Prima non ti amavi, ma non si sa perché, per chi, per cosa, per quale convinzione errata, per quale motivo assurdo; inizia subito, da ora, una vera storia d'amore con Te, con la tua energia, con la tua essenza, con i tuoi doni unici e irripetibili! Sei tu, la persona più importante tra tutte con cui ti puoi relazionare, su un'esperienza indimenticabile e insostituibile.

Il corpo, nostro più fidato "GPS"... o forse no...

Ho chiesto a Dominique Hort, con il quale ho scritto *Come te non c'è nessuno*[1], di parlarci di quello che lui insegna e sente sul tema della fiducia, con cui ci stiamo confrontando nel libro che state leggendo. Dominique dice che, anche se potrebbe sembrarci un controsenso, il corpo (inteso, in tutto questo capitolo, come entità fisica, emotiva e mentale), è disegnato per essere il nostro migliore "GPS". Il GPS è quell'apparecchio che abbiamo tutti in auto, il navigatore satellitare, quello che indica la via... È una sorta di controsenso perché, dopo anni di non ascolto e dissociazione tra noi e il "nostro vascello", chi più si fida del proprio corpo e lo ascolta? Al contrario, i segnali che ci arrivano da muscoli, pelle, articolazioni, organi interni e sensoriali vengono considerati messaggi fastidiosi, che disturbano la nostra routine quotidiana o le scelte che vogliamo fare. Al corpo stanco vengono dati degli eccitanti come il caffè, degli energizzanti, come la "Red Bull", del cibo spazzatura, o peggio ancora, delle droghe; al corpo dolorante, degli antiinfiammatori o antidolorifici; al corpo triste, degli antidepressivi. Anche nel mondo "non allopatico" – quello naturale e biologico, per intenderci – il corpo stanco, infiammato o depresso viene trattato con erbe, rimedi omeopatici o

1. *Essere Felici*, per Macro Edizioni. Informazioni sul dottor Dominique Hort su www.carpediem.ch.

vitamine, massaggi, manipolazioni o stimolazione di punti riflessi, nell'intento di togliere i fastidiosi sintomi; sovente, senza lavorare sulla vera causa che li ha creati. Questa filosofia della vita moderna, con i suoi trattamenti medici o naturali, tende a sconnetterci dal corpo perché considera il sintomo come qualcosa di negativo da eliminare. I segnali che riceviamo dal corpo fisico, emotivo e mentale vengono vissuti come se con esso avessimo firmato un contratto più o meno del genere: "Funziona bene finché ci riesci, perché, se mi disturbi mostrando che qualche cosa non ti va, troverò il rimedio o il modo per tapparti la bocca o non ascoltarti". Purtroppo, a causa di questo modus operandi, finiamo per non fidarci più di lui perché ciò che ci sussurra, o a volte ci urla a pieni polmoni, non viene considerato un consiglio o un dono, ma un impedimento alla vita che vogliamo vivere. Paghiamo a caro prezzo il fatto di avere tolto la fiducia al nostro GPS migliore; causiamo o abbiamo causato sofferenze a noi stessi e agli altri, ogni volta che:

- scegliamo di non ascoltare pienamente i messaggi del corpo;
- non siamo in grado di capire cosa tali messaggi ci vogliono dire;
- siamo incapaci di cambiare strada o direzione, anche quando sappiamo cosa dovremmo fare di diverso.

Il tuo corpo, miracolo della natura, è disegnato invece affinché ogni sensazione, dolore, emozione o pensiero sia una combinazione tra:

- le tue scelte quotidiane (*software*);
- il bagaglio genetico o karmico (*hardware*) con il quale sei venuto al mondo;
- le strategie di funzionamento che hai appreso (sistema operativo).

Quando i programmi o le "apps" (*software*) che hai caricato, non sono compatibili con il sistema operativo o con la tua struttura e/o memoria determinata dal codice genetico, il tuo fidato GPS segnala che stai andando fuori strada e ti offre con amore tre doni che hai la possibilità di fare tuoi.

1. **Il primo è quello di poterti fermare un attimo e interrompere ciò che stai facendo.**

   È esattamente quello che dà più fastidio: arrestare la routine nella quale spesso si vive come automi. L'essere umano, nella sua disfunzione, vuole continuare a fare i suoi errori, senza pagarne le conseguenze; così andrà a cercare il dottore o il terapeuta che, dando ai sintomi una diagnosi, renderà la situazione accettabile perché di fatto deresponsabilizzerà la persona e dissocerà il sintomo dalle sue cause; dopo avere ricevuto il medicamento o il rimedio miracoloso, potrà continuare a fare gli stessi errori senza doverne più sentire gli allarmi (sintomi, dolori, malattie o malesseri) che erano stati mandati dal corpo proprio per indicargli che stava sbagliando. Il costo di questa attitudine a non ascoltare il nostro GPS interno? Non stiamo a tediarvi con statistiche alle quali ognuno ha accesso facilmente su Internet; qui basti sapere che la maggioranza delle malattie che provocano sofferenza, ha, tra le sue cause, dei fattori di cui siamo noi, direttamente o indirettamente, responsabili. Le conseguenze sono davanti agli occhi di tutti e forse anche davanti ai tuoi, quando ti guardi allo specchio...

Allargando il discorso al Pianeta...

«Ogni volta che non vogliamo o non riusciamo a vivere come siamo stati creati per essere, ogni volta che non c'è allineamento tra chi siamo e chi vorremmo o dovremmo essere, il corpo… deve fare male»[2].

In questi casi il GPS interno ci chiama e richiede la nostra consapevolezza e presenza, la sveglia è suonata, ci vengono chieste consapevolezza e presenza; ci chiede di ascoltare e di prestare attenzione, a volte in modo delicato e quasi impercettibile, a volte invece in modo deciso e intenso. Dominique ci parla dell'importanza di fidarci di quello che il nostro corpo mette in scena per salvarci!! Non è sempre facile percepire il corpo; in termini scientifici questa capacità si chiama "consapevolezza somatica", e ora è più che mai essenziale che tu te ne renda conto e agisca. Quando il corpo fa male, e soffre emotivamente o mentalmente, è come se il GPS della macchina ti indicasse che sei sulla strada sbagliata o che stai andando troppo veloce e più avanti c'è un radar di controllo. Il paradosso è che, quando è il "navigatore" a indicarci l'errore, non abbiamo problemi a seguire le sue istruzioni; invece, se è il nostro corpo a renderci questo servizio, ci ribelliamo e facciamo finta di non sentire o di non capire… Così, ad esempio, l'ernia del disco arrivata dopo anni di tensioni alla colonna, che abbiamo coperto con antiinfiammatori (se non eravamo così sconnessi da non sentire neppure che si stava formando), o il cancro ai polmoni arrivato dopo anni di bronchiti croniche causate delle sigarette, che abbiamo "riparato" con sciroppi e antibiotici, sono paragonabili a quei fallimenti – di ditte o di matrimoni – che avvengono dopo anni di segnali e avvertimenti rimasti inascoltati. Ampliando il discorso a tutto il Pianeta, anche la crisi dell'ambiente e quella economica rientrano nello stesso meccanismo, in quanto continuiamo a non fidarci e a non ascoltare i messaggi che riceviamo:

2. Dottor D. Epstein.

riscaldamento, catastrofi, inquinamento, insostenibilità dello sfruttamento delle risorse. Quale meccanismo permette e giustifica che l'inquinare, l'arricchirsi a oltranza della collettività, e l'abusare delle risorse naturali, siano cose più importanti della sopravvivenza di tutta l'umanità?

Il discorso è del tutto identico per il corpo umano, ecosistema che ci sostiene, si autoripara, e si autoregola fino a quando non ce la fa più. Solo allora ci manda dei segnali che, come spiegato in precedenza, prima ci chiedono di fermarci un attimo, di fare una piccola pausa, di seguire la prima norma di successo: ascoltare il nostro più il fidato GPS. Una volta diventati consapevoli che qualche cosa non va come dovrebbe, bisogna riconoscere che potrebbe esserci un problema e accettare che la situazione è la diretta conseguenza di nostre azioni o non-azioni, consapevoli o inconsapevoli. Noi siamo il risultato delle nostre scelte fisiche, emotive, mentali e spirituali e delle scelte della comunità in cui viviamo di cui facciamo parte. Esserne consapevoli, riconoscerne e accettarne i messaggi, fermandoci un attimo ad ascoltare, ci permette di ricevere il secondo dono del GPS.

2. Puoi fare l'inventario.

Il GPS ha attirato la nostra attenzione, abbiamo capito che è il momento di vedere e capire cosa sta succedendo, senza fare come molti che a questo punto lo spengono perché la sua voce ci ricorda che stiamo sbagliando strada, e questo ci dà fastidio. Vi siete mai chiesti cosa direste a un pompiere, che entrasse in casa, in seguito a una vostra chiamata allarmata per un odore di bruciato sempre più forte e si limitasse a spruzzare un deodorante dicendovi che il problema è risolto perché il cattivo odore è sparito? Non gli ordinereste subito di smettere di scherzare e di trovare invece la causa del principio d'incendio? Allo stesso modo, allora, vi sarà facile capire e accettare il fatto che il sintomo è presente per chiedervi di trovare le cause, che spesso sono da ricercare in tre categorie principali:

- le cattive scelte di vita (cosa e quanto mangiamo e beviamo, cosa pensiamo, come e quanto dormiamo, quanta attività fisica facciamo, con chi passiamo il tempo, a quali informazioni ci esponiamo, quali emozioni viviamo o siamo capaci di esprimere);
- la capacità del sistema nervoso e della colonna vertebrale di controllare, motivare, cambiare e gestire queste scelte;
- la capacità del resto dei sistemi dell'organismo di adattarsi alle scelte di vita e a ciò che il sistema nervoso con i suoi impulsi, chiede di fare, agire o reagire.

Dobbiamo fidarci dei polmoni amici che ci dicono quando stiamo facendo le cose giuste, o della colonna vertebrale capace di segnalarci che stiamo vivendo una vita sostenibile; insomma dobbiamo fidarci di chi ci conosce meglio di tutti: il nostro corpo.

Per capire bene come fare l'inventario, ci viene richiesto di:

- essere sinceri con noi stessi;
- avere la conoscenza di base di cosa si intende per vita sana fisicamente, emotivamente e mentalmente;
- essere dei maestri nella consapevolezza somatica, cioè nella capacità di sentire il nostro corpo e di leggere al meglio i suoi segnali fidandoci della loro bontà e della loro validità.

Una volta capito in cosa hai sbagliato, il tuo GPS ti chiede l'ultimo sforzo e ti offre l'ultimo dono.

3. Puoi cambiare ciò che serve cambiare.

Più forti e intensi sono il malessere o la malattia, più radicale deve essere il cambiamento. Non è facile, questo è chiaro; anzi, il cambiamento è spesso ciò da cui l'essere umano maggiormente rifugge, perché è associato quasi sempre a un'involuzione negativa della qualità di vita. Un'abitudine totalmente comprensibile, visto che nella maggior parte dei casi rappresenta la realtà. In un mondo in cui fidarsi del proprio corpo e dei suoi messaggi è diventato un optional; se arriva una crisi, si corre ai ripari quando è oramai tardi e se ne subiscono quindi le conseguenze negative. Ad esempio, non si può più praticare un'attività sportiva come prima perché le articolazioni sono state troppo usate e mal gestite nel passato; non si possono più mangiare i cibi desiderati perché, avendone abusato, non si riesce più a digerirli; ci si è alimentati troppo e male e ora, a causa magari di un diabete totalmente preventivabile, ci si ritrova senza una gamba o con le arterie piene di placche e non si può più vivere come in passato. Tutto questo avviene anche a livello mentale ed emotivo con il divorzio, che diventa quasi inevitabile, se non si è tenuto conto che bisogna investire tempo ed energia, per mantenere viva la fiamma della passione e della crescita della coppia; così ci si ritrova soli, magari senza potere vedere spesso i figli, o a dovere sacrificare parte del proprio benessere finanziario per una situazione, che poteva essere evitata o alla quale si poteva magari porre rimedio. Paradossalmente, la conseguenza più triste è che, nell'intero processo appena descritto, non c'è la crescita che potrebbe derivare dall'affrontare le sfide e i problemi della vita con la consapevolezza di ciò che rappresentano veramente: un'opportunità di cambiamento positivo, il vero progresso. Io, Tiberio, ascolto il mio corpo e sono disposto a cercare di capire ciò che vorrà dirmi... Provaci anche tu! «**Io** (di' il tuo nome) **ascolto il mio corpo e sono disposto a cercare di capire ciò che vorrà dirmi...**». Penso che non ci sia niente di altrettanto importante da fare questa sera. Il dolore di una parte del tuo corpo, ti da un occasione per sentire l'unione tra la tua parte fisica, emozionale e mentale, ci sarebbe da celebrare se non fosse così triste che contattiamo solo quelle occasioni per farlo. Che cosa direbbe il nostro corpo, se potesse parlarci? Magari: «Non darmi più quelle schifezze». **Non avremo un altro corpo in questa vita**; forse in un'altra, ma non ci sono certezze a tale proposito. Non puoi fare un investimento migliore di questo, anche perché tutti diverremo vecchi (sì, lo so, purtroppo non proprio tutti, ma stiamo parlando proprio di questo; quindi, se non ci piace l'alternativa al non invecchiamento…) e inevitabilmente dovremo confrontarci con quello che abbiamo o non abbiamo fatto per noi, quindi evitiamo di pagare e di fare pagare conti salati per quello di cui la nostra ottusità non ci ha permesso di tenere conto e di applicare in termini di buon senso. Ammalarsi per ricevere un po' di compassione… La malattia è sempre una scelta, inconscia o meno, solo che a volte da quel luogo non si può più tornare indietro, ci si può anche rimanere incastrati. Non credevi nemmeno alla malattia come messaggio del tuo corpo, ma ti eri almeno accorto di avere perso l'abitudine di ascoltarlo? La logica e la sensibilità del corpo non tengono conto di quelle che sono le scelte della mente. Non è una cosa scontata ascoltare noi stessi, ciò che il nostro corpo ha da dirci. Prova a fare questo esercizio: entra in relazione con i vari periodi della tua vita, con le tue varie età attraverso la visualizzazione della tua fisicità e sentire cosa ha da dirti il tuo corpo in merito. Lui ti parlava già allora, ma tu non lo ascoltavi; ora dovrai impegnarti a farlo. È una cosa che ti interesserà incredibilmente, perché, lo scoprirai subito, molto di ciò che udiremo è ancora attuale. Forse devi perdonarti l'uso che hai fatto del tuo corpo, la troppa generosità o ingenuità nel donarti, il poco rispetto che hai avuto di te in certe circostanze. Premiati con una giornata di relax e di divertimento, incontra te stesso/a; fallo subito oppure appena puoi, ma promettimi che lo farai. Che cosa conta più di questo? La ricchezza, gli averi? Da quello che si legge sui giornali, presto la qualità di vita, intesa come il tempo per fare le cose che ci piacciono, potrebbe essere l'unico lusso con cui molti avranno a che fare. Non che sia poco, ma provate a pensarci, l'economia mondiale è fondata sull'oro, ma chi ci dice che non sia già capitato che ne abbiano scoperto tantissimo, magari in fondo al mare e che ce lo abbiano tenuto nascosto, affinché il suo valore fittizio possa mantenersi elevato e garantire degli equilibri commerciali non negoziabili?

Capitolo 18

Del perché a volte è faticoso affidarsi... Tu ti affidi a Dio?

«Ogni bene che ti giunge, viene da Dio;
ogni male che ti colpisce viene da te stesso»[1].

Merlin Carothers ci racconta una storia accaduta nella famiglia di un suo amico. Il padre di Jim si ubriacava da trent'anni. In tutti quegli anni, la madre di Jim e, più tardi, lui stesso e sua moglie avevano pregato perché Dio lo guarisse, ma senza ottenere il risultato desiderato. Il padre di Jim si rifiutava di ammettere la sua dipendenza dall'alcol e si arrabbiava ogni volta che toccavano temi religiosi. Un giorno, a una riunione, Jim sentì parlare della forza che si libera quando si comincia a lodare Dio per ogni difficoltà della nostra vita, invece di supplicarlo di trasformare le circostanze che ci sono sgradite; fu colpito da questa idea: non aveva mai pensato di lodare Dio per la situazione in cui si trovava suo padre. Tutto eccitato, ne parlò a sua moglie: «Dobbiamo ringraziare Dio e lodarlo per il fatto che mio padre è alcolizzato, perché fa parte del piano meraviglioso che ha per la sua vita». Nel corso della giornata ringraziarono e lodarono Dio per ogni aspetto della situazione così com'era. La sera si sentirono colmi di una gioia e di una speranza completamente nuove, mai provate prima. Il giorno dopo i genitori arrivarono per la consueta visita della domenica; il padre di Jim aveva l'abitudine di renderla breve e di lasciare suo figlio ap-

1. *Corano* IV, 70.

pena finito il pranzo, ma questa volta, mentre sorbiva il caffè, cominciò a fare delle domande su Gesù. Seguì una lunga, aperta, discussione e i genitori restarono alcune ore. Passata qualche settimana, il padre di Jim riconobbe di essere un alcolizzato. Si rivolse a Gesù Cristo e fu totalmente liberato dal vizio dell'alcol. Ora, insieme con la sua famiglia, spiega a tutti coloro che lo conoscono che Dio agisce per mezzo della lode e della gratitudine. «E pensare che per trent'anni abbiamo pregato Dio perché cambiasse papà; abbiamo trascorso una giornata a lodarlo per il suo stato e guardate cos'è successo!», dice Jim.

In riunione con... Lui...

Tempo fa ho avuto l'occasione di aiutare un cliente ateo a fare pace con il concetto di Dio. Per riuscire a capirci e portare l'idea di un livello per lui familiare, gli avevo descritto e presentato una forza per lui concreta e comprensibile: siccome era un manager di una grande azienda, abituato a riunioni di vertice e a consigli di amministrazione, lo avevo condotto a pensare a Dio come a un CEO, una specie di amministratore delegato supremo, quindi un capo assoluto, un *executive*. Lo avevo motivato a rispettare una serie di "riunioni" a due, in cui ci si doveva capire inizialmente senza parlare:una sorta di meditazione, in cui uno era di fronte all'altro. Se anche tu ti sei avventurato/a un po' troppo lontano e non sei più riuscito/a a trovare la strada per tornare a casa, perché non provi a fare qualcosa del genere? Scegli una figura professionale concreta che frequenti o che ammiri, un esperto in qualcosa che ti appassiona, e decidi degli appuntamenti, magari alla sera quando torni a casa dal lavoro. Ti prendi un quarto d'ora e stai in silenzio in una stanza con gli occhi chiusi e... con Lui. Non ti preoccupare, se durante i primi incontri non sembri essere concentrato/a, non senti di essere "in riunione" con Lui. Se la mente si allontana, appena te ne accorgi, semplicemente esaurisci i pensieri in corso e torna lì con Lui. Ascolta e ascoltati, non chiedere soltanto. Anche i silenzi, o soprattutto loro, hanno il potere di elevare la tua situazione ad altezze infinite; magari mentre ti senti distratto/a stai disintossicandoti e rigenerandoti come a un livello che non puoi neppure immaginare. Pensa di avere a che fare con uno che ha fatto delle cose incredibili, un vero precursore riconosciuto in tutto il Pianeta e il cui parere e le cui indicazioni possono essere decisive! Sei fortunato/a ad essere accolto al suo cospetto, puoi pensare che Lui si sia ritirato da una vita attiva, ma essendo molto interessato a quello che stai facendo, accetti di passare del tempo con te, per ascoltare a che punto sei, per farti da specchio e, quando meno te lo aspetti per guidarti! Oggi hai il primo appuntamento con qualcuno che può cambiare il tuo destino per sempre! Prima di ogni momento importante, sarebbe utile fare una *conference-call* con questa Forza. Sarebbe anche utile prendere l'abitudine di fare partecipare, metaforicamente, a queste riunioni tuo padre e tua madre; non importa, se non ci sono più, funziona lo stesso! Fai sì che la tua parte migliore si possa connettere con le loro parti migliori! Parla con tuo padre e tua madre di quello che stai per fare, sentiti sostenuto/a da loro, dai tuoi nonni e dai tuoi avi! È un ottimo modo per riconnettersi e riconciliarsi con loro e con alcuni tuoi aspetti importantissimi. Ricorda che ogni cosa irrisolta con i tuoi genitori si "appiccicherà" alle tue relazioni e le influenzerà negativamente. È mille volte meglio risolvere e guarire, anche se in extremis, tutto ciò che avevi "salvato" che non ha dato buoni risultati; solo così sarai veramente libero di realizzarti al massimo. Prova a pensare: "Io (di' il tuo nome), sono l'evoluzione della specie della mia famiglia; provo gratitudine per tutti coloro che mi hanno preceduto nel mio nucleo familiare: mio padre e mia madre, i miei nonni, tutti i miei avi. Senza di loro, non potrei vincere, non saprei vincere nel modo stesso in cui posso farlo ora!". Come ti senti? Percepisci questa energia nuova, che tali parole hanno immesso nel tuo cuore? Ora sei veramente libero di realizzarti al massimo delle tue possibilità! Ricorda che, ogni volta che non ci mettiamo tutto l'impegno possibile, per raggiungere la magnificenza del risultato, siamo indotti ad accettare dei compromessi con le nostre miserie. Se ti impegnerai del tutto, ti sentirai completo, forte e pronto! Scambia gesti d'amore e pensieri di appartenenza, ricorda che le parole di lode liberano la potenza di Dio! Continuamente, nell'attesa che si verifichino le condizioni per delle realizzazioni importanti, abbiamo l'occasione e il tempo per entrare in contatto con noi stessi e provare cosa significa affidarsi all'Intelligenza infinita! Se agiamo in armonia con il suo insegnamento, ci allontaniamo dalle cose che non scorrono senza bisogno di impegni supplementari, sperimentiamo "l'affidarsi" e capiamo che cosa è meglio fare in ogni momento! E anche negli incredibili momenti futuri che ti autorizzerai a vivere. Provaci, ti prego: "Io (di' il tuo nome) mi riconosco nella mia sacra realtà e ringrazio me stesso per le occasioni meravigliose che creo e che mi autorizzerò a vivere...". Sarà impossibile fallire se vivremo in questa grande positiva energia creatrice: io sono destinato a vincere, tu sei destinato a vincere! Affermalo e comunicalo, dillo chiaramente! E ogni volta che cercheranno di convincerti che non ce la farai, secondo loro... rispondi con un sorriso. **Noi sappiamo che vinceremo**! La via che porta in alto è irta di ostacoli che possono essere superati solo mediante un energico, paziente e costante impegno. Il successo, chiaramente, appartiene a coloro che perseverano con fiducia ed entusiasmo. Procurati un animo d'acciaio: assicurati una fiducia in te stesso assolutamente inossidabile: sicuramente sperimenterai una vita alla massima espressione, cioè vivrai una vita degna d'essere vissuta! Ma ci vuole anche la fiducia in Dio.

Io, Tiberio, credo anche alle meraviglie non visibili...

«Ed ecco in quello stesso giorno, il primo della settimana, due dei discepoli erano in cammino per un villaggio di nome Emmaus, distante circa undici chilometri da Gerusalemme, e conversavano tra loro di tutto quello che era accaduto. Mentre parlavano e discutevano insieme, Gesù in persona si avvicinò e cominciò a camminare con loro. Ma i loro occhi erano impediti a riconoscerlo. Ed Egli disse loro: "Che discorsi state facendo tra voi, lungo il cammino?". Si fermarono col volto triste. Uno di loro, di nome Cleopa, gli rispose: "Solo tu sei forestiero a Gerusalemme; non sai ciò che è accaduto in questi giorni?". Ed egli domandò loro: "Che cosa?". Gli risposero: "Riguarda Gesù il Nazareno, che fu profeta potente in opere e in parole davanti a Dio e a tutto il popolo; i capi dei sacerdoti, le nostre autorità, lo hanno consegnato per farlo condannare a morte e lo hanno crocifisso. Noi speravamo che Egli fosse colui che avrebbe liberato Israele; con tutto ciò sono passati tre giorni da quando queste cose sono accadute. Ma alcune delle nostre donne ci hanno sconvolto: si sono recate al mattino alla tomba e, sono venute a dirci di non avere trovato il suo corpo e di avere avuto anche una visione in cui degli angeli affermano che egli è vivo. Alcuni dei nostri sono andati alla tomba e l'hanno trovata come avevano detto le donne, ma Lui non l'hanno visto". Ed Egli disse loro: "Stolti, lenti di cuore a credere in tutto ciò che hanno

detto i profeti! Non occorreva che il Cristo patisse queste sofferenze, per entrare nella sua gloria?" e cominciando da Mosè e da tutti i profeti, spiegò loro ciò che si riferiva a lui in tutte le Scritture. Quando furono vicini al villaggio cui erano diretti, Egli fece mostra di dover andare più lontano, ma essi insistettero: "Resta con noi, perché si fa sera e il giorno è ormai al tramonto". Poi Egli entrò per rimanere con loro e quando fu a tavola con loro prese il pane, recitò la benedizione, lo spezzò e lo diede loro. Allora si aprirono loro gli occhi e lo riconobbero. Ma Egli sparì dalla loro vista ed essi si dissero l'un l'altro: "Non ardeva forse il nostro cuore, mentre Egli conversava con noi lungo la via e ci spiegava le Scritture?". Quindi partirono senza indugio e fecero ritorno a Gerusalemme, dove trovarono riuniti gli apostoli e gli altri che erano con loro, che dicevano: "Davvero il Signore è risorto ed è apparso a Simone". Ed essi narravano ciò che era accaduto lungo la via e come l'avevano riconosciuto nello spezzare il pane»[2].

Io, Tiberio, credo anche a meraviglie improbabili! Credo che tra cielo e terra ci siano vette inimmaginabili e abissi incomprensibili e incantevoli, capaci di stordire, profondi ed elevati allo stesso tempo! Credo anche che il motivo più importante per cui queste cose non ci vengono rivelate sia dovuto al fatto che altrimenti, nessuno di noi avrebbe più voglia di misurarsi con delle prove talvolta così poco interessanti e di tipo così poco elevato come quelle che ci spingono a voler raggiungere dei vantaggi paradossali che non comportano alcune possibilità di evoluzione. Insomma, sarebbe troppo comodo, invece no, probabilmente siamo qua per fare un percorso non facilissimo, che comprende anche, tra le sue prove, la scelta di credere o meno se affidarci o

2. Dal *Vangelo secondo Luca*, 24, 13-35.

no a qualcosa che è più grande di noi. Forse però, anche per te la Via Crucis è soltanto un indirizzo. In ogni caso, dobbiamo decidere e scegliere se preferiamo essere nella luce o dare importanza ed energia all'ombra; io scelgo la luce, sempre: preferisco bruciarmi la pelle e le ciglia che procedere a tentoni nel buio del mio ego. Intraprendi un percorso di fede che faccia del credere in te stesso una nuova verità, la più grande che sia possibile scoprire, quella che toglie il respiro tanto è potente: *Credi in Te*: una nuova Fede.

«Più abbiamo fiducia in Dio, più sperimentiamo la sua potenza. Per l'anima che si affida a Lui, Dio ha delle attenzioni speciali. Il suo sguardo benedicente è sempre fisso su di lei. La sua cura per lei trascende quella di una madre per il suo bimbo, di un marito per sua moglie. Poiché quest'anima confida totalmente in Dio, Egli è pronto a muovere per lei l'universo intero!».

Anche se a volte agli occhi di noi limitati figli, Egli compie scelte che non riusciamo a capire, proprio come a volte agli occhi di un bambino sbagliano i genitori, quando gli proibiscono qualcosa.

Padre Maurizio Patricello racconta un aneddoto triste ma bellissimo. La scena è stupenda e dolorosa: due corpi che si abbracciano, si avvinghiano, per non lasciarsi più. Lei, Chiara, la mamma, è una donna ancora giovane. Lui, Emanuele, ha 16 anni appena: l'età dei primi appuntamenti, del primo amore. È sfinito, stravolto, stanco. Lotta da anni contro la leucemia, ma alla fine questo corpo a corpo lo ha stremato. Sembrava che avesse vinto la battaglia, ma, come un fiume carsico, invece, la malattia è ritornata. Emanuele ha combattuto con la grinta di un leone, insieme ai genitori e ai fratellini; oggi la sua voce è un rantolo e gli occhi già non vedono più. La febbre gli brucia le carni. Si lamenta, mentre stringe tra le mani la corona del rosario; sul comodino, un Gesù bambino gli tiene compagnia. Sotto il guanciale, c'è l'immaginetta del Crocefisso con la preghiera tante volte ripetuta: *«Gesù crocefisso, ti porto sempre con me. A tutto ti preferisco; quando cado, tu mi risollevi. Quando piango, tu mi consoli; quando soffro, tu mi guarisci»*. Ieri l'abbiamo recitata insieme, oggi non riesce nemmeno a sussurrarla. La croce si è fatta più pesante e il sentiero è ripido e tortuoso. Emanuele tenta di salire, arranca, si trascina, ma barcolla e cade. Come Gesù. Come Maria, sua mamma gli sta accanto e se lo stringe al petto: con il suo corpo lo ripara dalla morte, che sente aggirarsi per la casa; sta in agguato come una leonessa. L'aspetta per invocare pietà, per offrirsi al posto del ragazzo. Lo bacia mille volte; come un'ape sulla rosa, vuole succhiarne il nettare. Non piange: lui capirebbe. Domani, forse... Oggi deve rassicurare il figlio: «Stai sereno, non ti preoccupare; non è niente, mamma sta qui vicino a te. Passerà anche questa volta, vero? Come il mese scorso in ospedale... ricordi?». «Il dottore sta per arrivare. Guarda, Emanuele, guarda chi è venuto a farti visita». Non sempre la bugia è peccato. A volte nasconde un amore senza limiti. Le guance si accarezzano, si sfiorano: quelle scavate della mamma e quelle gonfie del suo cucciolo. È divenuta una cosa sola con il figlio, questa donna coraggiosa e fragile. Come quando lo portava in grembo. Vive dei suoi respiri. Prega. Non inveisce mai. E pone la domanda antica: «Dio, dove sei?». E bisogna resistere alla tentazione di dare risposte improvvisate... Quando un uomo e una donna desiderano un bambino e si fondono, per diventare essi stessi Dio, per essere capaci di dare la vita, sicuramente accade qualcosa in cielo! Volere un bambino comporta una resa incondizionata all'amore da parte dell'uno e dell'altra. Non importa che cosa sia accaduto sino a quel momento nella coppia, ma, se decidete di dare la vita a qualcuno o se un bambino sta arrivando perché vi ha scelti è necessario, secondo me che, prepariate il meglio per lui e, se non lo avevate scelto, potrebbe essere che lui ne sappia più di voi sull'amore e che la sua innocenza e il suo amore incondizionato per voi possa riuscire a relazionarvi con più convinzione con il vostro stesso valore con la vostra autostima, con un modo più concreto ed elevato, di essere grandi più che mai, più di quanto siate mai stati capaci di essere! Ok, ieri non avete dato il meglio di voi, e allora? E se invece finora non siete riusciti ad avere il bambino che dite di volere, oggi rideteci sopra e andate verso quel bambino che vi aspetta, ma con un altro spirito: con amorevolezza e leggerezza! Sì! Non siete voi che aspettate lui: è lui che aspetta che smettiate di litigare o di preoccuparvi e che gli creiate invece un ambiente sicuro in cui arrivare! Fate pace, avete bisogno di pace! Arrendetevi all'amore, amatevi!

Ode alla vita[1]

Lentamente muore chi diventa schiavo dell'abitudine, ripetendo ogni giorno gli stessi percorsi, chi non cambia la marca, chi non rischia e non cambia il colore dei vestiti, chi non parla a chi non conosce. Muore lentamente chi evita una passione, chi preferisce il nero su bianco e i puntini sulle "i" a un insieme di emozioni, proprio quelle che fanno brillare gli occhi, quelle che fanno di uno sbadiglio un sorriso, quelle che fanno battere il cuore davanti all'errore e ai sentimenti. Lentamente muore chi non capovolge il tavolo, chi è infelice sul lavoro, chi non rischia la certezza per l'incertezza, per inseguire un sogno, chi non si permette almeno una volta nella vita di fuggire dai consigli sensati. Lentamente muore chi non viaggia, chi non legge, chi non ascolta musica, chi non trova grazia in se stesso.

Muore lentamente chi distrugge l'amor proprio, chi non si lascia aiutare, chi passa i giorni a lamentarsi della propria sfortuna o della pioggia incessante. Lentamente muore chi abbandona un progetto prima di iniziarlo, chi non fa domande sugli argomenti che non conosce, chi non risponde quando gli chiedono qualcosa che conosce. Evitiamo la morte a piccole dosi, ricordando sempre che essere vivo richiede uno sforzo di gran lunga maggiore del semplice fatto di respirare. Soltanto l'ardente pazienza porterà al raggiungimento di una splendida felicità.

1. Questa poesia è spesso attribuita a Pablo Neruda ma pare sia stata scritta da Martha Medeiros.

TERZA PARTE

Come riprendere ad avere fiducia...

Capitolo 19

Che cosa ti farebbe stare bene da subito?

«Sii la più grande versione della più fulgida visione che tu abbia mai avuto su Chi Sei»[1].

"È primavera ora, e tutto comincerà a funzionare, incanalandosi per il verso giusto!": da questo pensiero costituiranno azioni e risultati che saranno le basi solidissime di ciò che cercavi; da qui, potrai accedere a un futuro cui da moltissimo tempo avevi smesso di credere e che proprio per questo motivo non si poteva materializzare per te! Prova a pensare ad alcune cose che, se le facessi, ti farebbero subito stare **meglio**. Prenditi del tempo per metterle in atto! Ora metti a fuoco le cose che, se accadessero, ti farebbero stare subito **bene**; per esempio: andare in palestra, riprendere a viaggiare, stare con gli amici, pranzare nei migliori ristoranti e andare in luoghi bellissimi, avere ottimi collaboratori, attirare gente stupenda ecc. Poi pensa a quello che accadrebbe in seguito; per esempio: sarei sempre più felice, sarei sempre più entusiasta, creerei situazioni più interessanti, raggiungerei risultati sempre più concreti in minore tempo, avrei idee migliori e aiuterei più persone. Poi rifletti su ciò che hai intenzione di fare; per esempio: cercherò di ascoltarmi di più, terrò conto di quello che è emerso dall'esercizio, mi darò delle priorità e farò tutte le cose, di cui ho preso atto, che mi farebbero sentire realizzato/a... Ora va'

1. Neal Donald Walsch.

oltre e questa volta pensa a qualcosa che, potrebbe, istantaneamente farti stare **splendidamente** e proiettare la tua vita in una dimensione decisamente tranquilla e appagata. Pensi che non dipenda da te? Potresti sbagliarti. Riappropriati del tuo potere, rispetto a tutto questo; tu puoi concederti anche di più, se migliori la qualità dei tuoi pensieri, se cambi le energie che mettevi in campo al riguardo. **Prova a scrivere che cosa potresti fare per arrivare a queste realizzazioni**: ti accorgerai che ci sono alcune azioni, che potrebbero sicuramente avvicinarti a loro. Infine scrivi cinque cose che ti farebbero immediatamente sentire… (scrivi come, per esempio: "protetto/a", "coccolato/a", "capito/a" ecc.)

Un incubo in cui il risveglio non è neppure previsto…

Si potrebbe pensare che molti attirino intenzionalmente non il meglio per loro, ma il loro inferno personale; un inferno, si direbbe, scelto con assoluta cura. Invece, a volersene accorgere, si può fare riferimento a un collegamento superiore, che ci può fornire automaticamente il codice d'accesso a una dimensione in cui non sarebbe più possibile essere inseguiti dagli incubi che ci autoprocuriamo continuamente. Eppure si possono cambiare anche gli incubi; in Olanda, il dottor Jaaplangee della Utrecht University ci parla di un trattamento cognitivo, per chi soffre di incubi ricorrenti, quelli reali e notturni. In questa terapia, prima vengono date informazioni sul sonno e sugli incubi; poi viene insegnato a giungere, da svegli, a dei finali alternativi, dettagliati e positivi. Quello che faremo ora è scrivere una lettera: descrivi un periodo difficile che hai passato, contestualizza i luoghi in cui hai vissuto quella situazione le condizioni che l'hanno resa possibile, gli odori che avvertivi. Può essere che, in seguito a determinate esperienze, tu abbia sviluppato dei complessi di inferiorità, se sei stato/a mortificato/a da qualcosa. Sforzati di ricordare chi avevi intorno, durante lo svolgimento dei fatti, che stagione era, metti a fuoco gli spettatori casuali, le compagnie che frequentavi, chi ti piaceva, chi ti capiva, chi ti proteggeva, su chi potevi contare, chi era palesemente contro di te in quei momenti, che cosa sei riuscito/a a trasformare da allora. Con il senno di poi, quando le cose non sono andate bene è spesso la voce dell'ego che parla, il microfono della nostra parte peggiore: cerca di essere obiettivo: che cosa ti ha insegnato, quella situazione? Cosa non potrebbe mai più accaderti, e perché? Scrivi le decisioni nuove che scaturiscono da quegli episodi e per una settimana, ogni sera prima di addormentarti, rileggi queste preziose indicazioni!

Non confondiamo l'Universo...

«Sei grande! Celebra», ho risposto così, oggi, a una ragazza che si trova a Madrid e con cui stavo lavorando – tramite Skype – per aiutarla nel progetto di trovare un lavoro che le avrebbe permesso di vivere in quella meravigliosa città! L'altro giorno mi aveva mandato una e-mail, per rendermi partecipe del fatto che finalmente si potevano raccogliere i frutti della sua autostima e del nostro lavoro: le era stata comunicata l'assunzione in una delle realtà madrilene più importanti del settore in cui aspirava di operare! E così mi ha risposto lei:

«Me lo ripeto anch'io, ma non riesco a celebrare, ho il cuore in pezzi. Ho realizzato che ogni volta che ho vissuto una novità come questa, non ho potuto mai goderla pienamente e condividerla come desideravo con una persona amata, per-

ché nello stesso momento vivevo pene sentimentali. È successo sempre così. Voglio spezzare questa catena! La gioia di questo nuovo lavoro è dolce-amara anche perché è grazie a Francesco[2] *che ho trovato questo lavoro! Ti rendi conto? Da quando ti ho scritto non riesco a riprendermi e non faccio che piangere, ho una sensazione negativa nei suoi confronti, non so se dettata dalla paura di perderlo definitivamente o da altro. Sì, effettivamente ho paura di perderlo; ho paura che questo nuovo lavoro, questa esperienza mi allontani ancora di più da lui e l'idea mi fa stare male. Da ieri mi chiedo come reagirà alla notizia; mi scaricherà definitivamente, se non lo ha già fatto da tempo, come forse ha sempre cercato di farmi capire e io invece mi sono illusa di pensare il contrario. Insomma, dovrei vivere, e soprattutto assaporare, questa nuova gioia; invece mi sta assalendo e sopraffacendo la negatività. Non è giusto! Non va bene! Non va assolutamente bene! Io mi struggo per lui, e lui magari se ne frega di me!*».

Che cosa è accaduto? Intanto che la sua parte ombra era stizzita per il successo che avevamo ottenuto e quindi spostava le sue energie sul vuoto, sulla mancanza di qualcosa d'altro, che oltre tutto, con quel risultato non era minimamente in relazione; in questo modo, la sua parte peggiore azzerava il processo di integrazione del successo raggiunto e lei, invece di essere felice e di salvare quanto prodotto nella chimica del suo corpo, si ritrovava invece a piangere sconsolata. Ma chi davvero stava piangendo? Il suo ego! Ora però provate a mettervi nei panni dell'Universo, che le aveva appena dato la possibilità di ricevere quello che lei tanto insistentemente aveva chiesto; che cosa ha potuto pensare? Non disorientiamo l'Universo! Vi è mai capitato di fare un regalo meravi-

2. Nome di fantasia.

glioso e costoso, che peraltro vi era anche stato chiesto, e vedere la persona a cui è destinato mettersi a piangere per ore disperatamente? Dopo aver rievocato un momento difficile vissuto, ecco che è il momento di eseguire un esercizio con la stessa dinamica, ma proiettandolo su un periodo fantastico, in cui tutto sembrava andare per il verso giusto! Prepara quindi una lettera, in cui descrivi un momento bellissimo della tua esistenza: qual era lo scenario? Quali i personaggi? Com'è stato il tuo comportamento? Quando è stato? Che cosa è rimasto di quel momento? Cerca di ricordare tutto quello che puoi, la situazione più esaltante e gratificante che hai mai vissuto, come ti sentivi? Chi c'era con te? Che cosa avveniva? Quale è stata l'alchimia che ha reso possibile che le cose si svolgessero proprio come solo la più ottimistica e rosea previsione poteva immaginare? Quali erano i tuoi pensieri nel periodo precedente a quegli avvenimenti meravigliosi? In questo esercizio contiamo di ricordare tutto quello che possiamo e salviamolo; facciamone un forziere, a cui fare riferimento e andare ad attingere ogni qualvolta abbiamo delle cose importantissime da realizzare! Lì c'è la formula, il DNA dei nostri successi! Sarà sufficiente allinearci con quel patrimonio di volontà di realizzazione e di qualità di pensieri per ricreare dei successi anche più grandi! Tanto più grandi a seconda di quanto saremo disposti a credere di meritarli e di essere in grado di raggiungerli!

Imparare a godere di quello che otteniamo...

Quali azioni potresti aggiungere ai tuoi intenti, al fine di sentirti realizzato e in cammino verso la realizzazione? All'inizio del capitolo, abbiamo cercato le cose che avrebbero potuto farti "stare meglio" da subito. Ora andremo oltre e cercheremo di definire e stabilizzare il percorso iniziato. Noi di solito non ci rendiamo conto delle cose che abbiamo, notiamo sempre solo quello che ci manca, e invece basterebbe accorgersi di quanto siamo privilegiati. In ogni momento. Lo pensavo ieri sera, mentre passeggiavo in riva al mare prima di andare a cena: un risotto di mare o una grigliata di pesce alla Conchiglia di Vado Ligure… e varrebbe già la pena di vivere per questo; invece cancelliamo subito tutto. Hai mai notato che non riesci a mantenere a lungo il vantaggio che ti deriva dai riconoscimenti che ricevi e dalle cose che ti fanno stare bene? Logan Pearsall Smith diceva che ci sono solo due scopi nella vita: il primo è ottenere ciò che vogliamo; il secondo, godercelo. Solo gli uomini più saggi riescono a raggiungere il secondo. Noi dobbiamo essere così saggi da dedicarci il prima possibile alla tutela della qualità della vita dei nostri cari e di coloro con i quali interagiamo; la nostra famiglia, principalmente gli amici, i colleghi di lavoro! Ogni volta che vengono espressi dei giudizi positivi su di te o che ricevi dei complimenti, dove li collochi? In quale parte di te? Ti schermisci e li dimentichi sul tavolo, come fanno certe signore con le rose che sono state acquistate per loro durante la cena? Li affidi al tuo ego, che ti dice di non preoccuparti e che ci penserà lui? Per poi vederlo mentre trasforma il tutto in qualcosa di tossico e di esplosivo a contatto con l'aria? È chiaro che alla tua parte ombra disturbano tantissimo i tuoi risultati, se sono positivi; non sopportando ciò, in passato, azzerava continuamente il conto. Sarebbe come se tu usassi il sacco dell'immondizia per salvaguardare i tuoi soldi da ipotetici ladri, come fanno certi anziani, che mettono l'oro nella spazzatura per poi dimenticarsene, e gettarlo insieme ai rifiuti per poi disperarsene una settimana più tardi. Quella parte farà di tutto per impedire che tu possa nutrirti con questo inatteso aumento di consapevolezza. Cercare, ma non trovare è il suo obiettivo. Io riscontro questo nelle persone all'inizio del percorso, quando magari spostano una seduta dicendo che stanno male e che non possono venire perché sono giù di morale: questo è un po' come chiamare il dentista per chiedergli di rimandare l'appuntamento perché si ha mal di denti. Al fine di preservare i risultati che ottieni, immaginati mentre "riponi" queste approvazioni in una di quelle casseforti a prelevamento continuo, che vengono usate come deterrente contro eventuali rapinatori; tutto ciò che verrà destinato alla tua energia, al tuo amore, ai tuoi riconoscimenti, ai segnali di amicizia e di ammirazione, visualizzalo mentre entra in questa "cassaforte" metaforica e sicura. Tutto arriverà direttamente sul tuo conto, neanche un sorriso verrà disperso; potrai contare da subito e per sempre su tutto quello che ti viene riconosciuto. Questa cassa manterrà al sicuro ogni complimento che ti verrà fatto, ogni traguardo raggiunto, ogni gesto d'amore. E anche tu porta agli altri il tuo riconoscimento e il tuo amore, mettiti a loro disposizione per aiutarli a realizzare ciò che ritengono importante e, quando avrai bisogno, loro ci saranno per te. Questo vale ancora di più per quanto riguarda il rispondere ai propri bisogni primari. Se qualcuno – anche apparentemente non in grado – fosse capace invece di aiutarti a rispondere anche solo una volta a quelli che in quel momento consideri tuoi bisogni primari, automaticamente ti fideresti di lui anche nel futuro ed egli, sentendosi riconosciuto, si fiderebbe di te. Molti trovano nella rabbia la loro missione e il loro sostentamento; non se ne rendono conto, ma sacrificano sull'altare di questo mostro vorace la loro pace, le loro relazioni, i loro progetti. Non sempre la loro dipendenza è palese; spesso questi individui si manifestano agli altri come persone estremamente accomodanti e permissive poi all'interno delle relazioni in cui si sentono al sicuro, si ritengono autorizzati a vomitare il peggio di loro: il loro carattere impossibile, le loro fisse, le loro regole; molto spesso restano soli, poiché è questo che vogliono (anche se non lo sanno) e vedono così sfumare intorno a loro possibili soci, partner, amici. Si tratta di un problema importante, che può condurre a connotazioni patologiche e trasformarsi nel cosiddetto "disturbo esplosivo intermittente", in 1 persona su 20. Per risolvere detto problema, sono molte le tecniche consigliate: si inizia da quelle più tranquille, come la meditazione e le varie forme di rilassamento che contribuiscono a scaricare le tensioni accumulate, ma sono ottime anche tutte le discipline sportive, incluse le arti marziali e gli sport da combattimento. Una buona forma fisica riduce il senso di impotenza tipico di chi si arrabbia (e che, fondamentalmente, si ritiene un debole), perché rafforza la fiducia in sé. Robert Puff da anni è specializzato nella gestione della collera[3]. Ci sono degli esercizi isometrici che servono a fare sviluppare tensione ai muscoli senza generare movimento. Altre tecniche anticollera ci dicono come comportarci, quando ci troviamo davanti a qualcuno che ci fa arrabbiare: ad esempio possiamo provare a premere il piede contro il pavimento o a contrarre la muscolatura della coscia; oppure tenere le mani dietro la schiena e poi lentamente aprire e chiudere i pugni. Sono efficaci anche gli esercizi respiratori come il "4-8-4": lo si esegue stando comodamente seduti; si inspira, contando fino a 4, e si espelle tutta l'aria che c'è nei polmoni; poi si inspira lentamente attraverso le narici, riempiendo i polmoni al massimo e contando fino a 8; si fa una pausa di 4 secondi e si espira. Sono adatte anche tutte le tecniche della ginnastica dolce, che sviluppano la presa di coscienza del corpo con movimenti molto precisi, lenti e dolci, e favoriscono la concentrazione e il rilassamento fisico e mentale.

3. Per queste informazioni ringrazio Mabel Bocchi del «Corriere della Sera».

Tenete lontano la rabbia e la fiducia aumenterà in modo esponenziale. Coltivate la pazienza come se fosse una pianta sofferente e fragile, fortificatela. Non desiderate il frutto subito dopo avere piantato l'alberello! Non staccate e masticate le foglie e i rametti, sperando di indovinare da questi il sapore del frutto; se fate così, non potrete godere della dolcezza del frutto e inoltre la pianta non sopravviverà. Similmente, il vostro compito è semplicemente quello di coltivare l'alberello chiamato "Nome di Dio". Mentre lo fate, non dubitate, non indagate se ha o meno la gloria che gli si attribuisce; senza dubbio, quella pianticella crescerà, diverrà un albero e vi darà il frutto che sperate di mangiare. Potete ottenerlo: siate certi che il Nome sia capace di darvi quel frutto[4]! Un modo molto interessante per prevenire l'ira e la possibile abitudine ad essa consiste nel pensare che nella vita esistono fattori che servono non a farci arrabbiare, ma a rinforzare la nostra forza. Uno di questi è l'ingiustizia. Potrebbe capitare di esserne vittime e ricevere accuse prive di presupposti o giudizi errati da parte di persone che vogliono nuocere o addirittura distruggere. Occorre saperlo e non temere le situazioni che ne potrebbero conseguire. Avere paura dell'ingiustizia vorrebbe dire rafforzare la probabilità che possa avvenire. Non farlo! Lascia spazio alla possibilità di riuscire a scivolare via facilmente, nel caso qualcuno cerchi di frenarti in questo modo. Sapere che questa possibilità esiste e prepararsi all'eventualità di dovere affrontare queste situazioni potrebbe essere importante, per evitare che in te prendano il sopravvento il disordine, la sofferenza, il dispiacere o il desiderio di vendetta. L'unico atteggiamento positivo, in questi casi, è quello di restare centrati e di continuare a camminare lungo la strada che stavamo percorrendo prima dell'attacco, continuando a costruire e a lavorare su noi stessi.

---

4. Ringrazio il Gruppo ufficiale dell'Organizzazione Sai Italiana.

Capitolo 20

Uomini e donne (fidarsi di)

«State molto attenti a non far piangere una donna:
Dio poi conta le sue lacrime!»[1].

Hai fiducia nelle persone del tuo stesso sesso? E in quelle dell'altro? Queste risposte, che solo tu puoi dare, possono non solo essere interessanti, ma addirittura determinante per intervenire sulla qualità dei tuoi pensieri in merito questo momento. Se ti aspetti il peggio, dagli uomini o dalle donne, è esattamente il peggio che riceverai; come potrebbe non essere così? Il tema della fiducia è determinante, per attirare qualcosa o il suo contrario. Perché molte donne evitano accuratamente il corteggiamento di uomini affidabili e accettano volentieri le proposte di altri, che magari hanno dato il loro numero di telefono ad altre ragazze, nel corso della stessa occasione? E perché anche noi uomini siamo intrigati da donne non facilissime e talvolta siamo attratti da sguardi intristiti o infastiditi e facciamo di tutto per avere quelle persone ma, poi magari ci pentiamo dopo avere provato a far funzionare un rapporto con grande impegno? Alla fine, la storia si chiude, non resta che cercare nei ricordi, e ci rendiamo conto in un barlume di chiarezza, che la prima volta che avevamo incontrato quella persona, avevamo avuto un'impressione, che poi abbiamo cercato disperatamente di cambiare nel tempo, ma che forse aveva un senso. Ciascuno di noi ogni volta che inizia una storia d'amore si trova ad affrontare la sfida più emozionante e importante che si possa sperare di dovere af-

1. *Talmud.*

frontare. Nell'arco della nostra vita tutti noi abbiamo avuto occasioni di questo tipo, opportunità meravigliose, nel corso delle quali abbiamo provato a dare il meglio; non sempre ci siamo riusciti, ma in ognuna di queste occasioni, abbiamo quantomeno cercato di imparare a gestire la tecnica dei sentimenti. Ogni volta che una delle nostre storie terminava, all'inizio ci sentivamo persi e pensavamo che mai più avremmo trovato qualcuno/a con cui rivivere la stessa intensità di sentimenti. Naturalmente, e per fortuna, poi venivamo smentiti con forza da noi stessi, quando ci trovavamo di nuovo interessati in maniera totale a un'altra persona che nel frattempo era entrata nella nostra vita; una nuova occasione per amare e per essere amati: grandioso! Quello che in dette fasi non avevamo ancora messo a fuoco è che, in ognuna di quelle occasioni, ci stavamo avvicinando alla comprensione di un mistero meraviglioso, che prendeva consistenza dentro di noi a ogni tentativo di entrare in relazione con chi sceglievamo. Ognuna di queste occasioni aveva l'unico scopo di prepararci a vivere la storia d'amore più importante della nostra esistenza, quella con l'essere amato per eccellenza: la persona della nostra vita, quella che aspettavamo da sempre. È un mistero incredibile per la sua magia, **qualcosa a cui ci prepariamo da sempre** e che spesso temiamo, proprio perché porterà con sé la più grande energia trasformatrice che si possa immaginare. Ogni parte di noi, infatti, dovrà fare i conti con **un "mondo altro"**, meravigliosamente dissimile e quindi nuovo e sconosciuto, da conquistare e da conoscere! Qual è la persona della tua vita? L'uomo, la donna, che aspettavi da sempre? Quel-la/o con cui stai! Oppure, se sei single, è la prossima persona con cui intreccerai una relazione affettiva importante e costruttiva! Nel mio libro *Non Ti Scordar di Te* c'è un capitolo, che si intitola: "Ti ama a modo suo? E in quale altro modo dovrebbe amarti?". Qual è il senso di questa affermazione? Il senso è che dovremmo analizzare una storia d'amore che non funziona e che ci porta difficoltà, considerandola dal punto di vista di chi sta facendo molto per non arrendersi all'amore, di chi non vuole concedersi totalmente, o di chi potrebbe fare qualcosa e subito per migliorare il rapporto e invece, per un motivo o per l'altro, non ha trovato ancora la motivazione giusta per cominciare a farlo. Se questo avverrà, se comincerai a dare il massimo, nella tua relazione, ti garantisco che la tua storia d'amore decollerà, portando tutti e due a una condizione di totale condivisione e grande complicità, cioè proprio quello che volevi! Anzi, scusami, proprio ciò che DICEVI di volere! Al contrario, se, dopo avere a lungo sospirato quando si parlava d'amore, poi, una volta che hai un rapporto stabile cominci a rovinare tutto (pur rendendotene conto), si può affermare, che la tua paura dell'amore, va a scontrarsi con l'amore stesso che provi. Questa è una vera battaglia, in cui si perde entrambi. Dopo molte battaglie perse, è evidente che sarà la guerra vera e propria che perderemo, arrendendoci, al non amore. Una delle armi più usate per sabotare l'amore è la gelosia. Si vessa il/la partner caricando come una molla, con un meccanismo deleterio la rabbia dell'altro che prima o poi arriverà a tradire, cioè a fare proprio quello che dicevamo di non volere. Ma non è vero: è proprio quello, invece, a cui volevamo arrivare, perché nei nostri pensieri era registrato ben chiaramente che gli uomini/le donne tradiscono. Freud diceva che dietro ogni tabu c'è un desiderio. Si tradisce per rabbia e per sfinimento. Se qualcuno ti tratta da fedifrago, prima o poi ti sentirai autorizzato a diventarlo. Facciamo una prova del nove: prova a pensare a quello che non funziona nella tua relazione, in cosa essa assomiglia alla relazione tra i tuoi genitori e, se vi è un'attinenza con il modo in cui tu costruisci il tuo rapporto di "amore", perdonali!

Scrivi loro una lettera; ecco un esempio:

«Cara mamma, ho tanta voglia di parlare con te, di raccontarmi, di dirti ciò che non ti ho mai detto. Lo faccio con una lettera perché, a casa nostra, parlare di sentimenti è sempre stata una cosa molto, troppo difficile. Mi rendo conto solo ora, nonostante anni di lavoro su me stessa, di quanto il tuo modo di essere, contro il quale ho sempre lottato, mi abbia profondamente segnata, oserei quasi dire forgiata. È adesso, in questo periodo della mia vita, che mi rendo conto di quanto i miei modi di essere siano stati simili ai tuoi, ma ora, riesco a non lamentarmi più, perché sono consapevole di avere voluto io che la mia vita andasse così! Ti ho criticata, detestata, sono stata a lungo arrabbiata con te (senza dirlo perché la "brava bambina" certe cose se le tiene dentro), ma ora so che tu hai sempre dato il meglio di te e che sei la mamma di cui avevo bisogno per raggiungere questo grado di consapevolezza. So anche che quella è la tua vita, quelle sono state le tue scelte, quella sei tu! Io sono un'altra, la mia vita è un'altra, le mie scelte sono altre. Non posso e non voglio più rimanere attaccata "ai torti", che mi sembra di avere subito da parte tua. Ero piccola, vedevo solo me stessa (come del resto fanno tutti i bambini) e non ero in grado di capirti; così ho iniziato a credere di non contare, per te, o comunque di venire sempre dopo mio fratello, e a pensare che mai nulla di ciò che facevo ti andasse bene. Ho iniziato a credere che tu non fossi felice a causa mia e che il mio compito fosse quello di "salvarti"; quindi ***ti criticavo ogni volta che eri accondiscendente****, soprattutto se lo eri con chi, a mio vedere, non se lo meritava. Ora sono in grado di dirti che ti voglio bene: sei la MIA mamma e mi piaci così come sei. Ti ho scelta perché dovevi insegnarmi molte cose e lo hai fatto splendidamente. Sei la mamma di cui avevo bisogno per arrivare a essere la donna che sono. Ti voglio tanto bene».*

Considera che anche per i tuoi genitori non è stato facile trovare un equilibrio, andare d'accordo, difendere una famiglia. Come ho detto, per risolvere dei conflitti tra partner, a volte dico loro di scriversi, vicendevolmente, *La lettera che aspettavo da Te* (cioè la lettera che, se venisse ricevuta veramente, da sola riuscirebbe a far credere ancora nel rapporto). Sono incredibili le cose che emergono, impensabile il materiale che ne esce su cui in seguito si può lavorare! Si scoprono comportamenti e abitudini che almeno uno dei due aveva frainteso, considerandoli apprezzati dall'altro/a e che quindi continuava a ripetere, mentre in realtà erano a malapena sopportati! Un esempio di questo meccanismo può essere il tipo di approccio sessuale adottato nelle prime occasioni di scambio affettivo: magari uno dei due poteva agire in un modo e fraintendendo qualcosa, pensare che all'altro/a faccia piacere; e finisce per fare gli stessi gesti nei preliminari a ogni contatto, mentre magari l'altra persona fin dalla prima volta, li ha solo accettati perché convinta che all'altro/a facessero molto piacere; così si finisce per fare qualcosa che non dà piacere a nessuno! Ma perché accade questo? **Perché non si comunica**! Ogni volta che, all'interno della coppia, si agisce in direzione del *noi* e non più nella direzione dell'*io* ecco che scatta un meccanismo che porta alla moltiplicazione delle possibilità della coppia e all'esaltazione dell'amore, che prima si moltiplica e poi si estende all'infinito!

«Ama! Ama! Ama! Ti tradiranno ma tu ama! Ti mentiranno ma tu ama! Ama e soffrirai, ma tu ama! Non ti ameranno ma tu ama! Ama ancora di più! Alla fine vincerà solo chi… Ama!»[2].

2. Davide Capelli.

Credere nell'amore e ritrovarsi lontano...

In un vecchio film strappalacrime si diceva:

«*Amare significa non dire mai mi dispiace*». Questa frase esprime il concetto che non dovremmo mai metterci nella situazione di fare o dire qualcosa che possa provocare tristezza o dolore a noi o alle persone che amiamo, in modo da non dover poi dire «mi dispiace». Nelle sedute mi capita spesso di sostenere qualcuno che sta soffrendo per la fine di un rapporto di amore. Quello che leggerete in seguito è il racconto di due persone con le quali ho lavorato. Si erano perse perché erano entrambe legate alla gabbia dorata che si erano costruita, e non erano disponibili a darsi totalmente, perché avevano paura di perdere il proprio equilibrio. Poi la vita le ha fatte incontrare di nuovo, e ora sono dall'altra parte del mondo, libere di amarsi, e stanno ben attente a non lasciarsi mai più abbagliare da riflessi più o meno dorati di certe sbarre. Lei mi ha scritto: «*Come promesso eccoti un breve resoconto... Da dove iniziare? C'era una volta una ragazza, che si licenziò dal suo lavoro sicuro e decise pure di lasciare casa e certezze varie... per prendersi una pausa di qualche mese viaggiando alla volta del suo adorato Messico... Senza essere stato programmato e con totale "casualità", il suo cammino si ritrovò inaspettatamente dopo mesi di lontananza e silenzio a reincontrare quello di un ragazzo di Lugano baciato dal sole... e là... nella più totale spontaneità i due decisero di congiungere le proprie strade per viaggiare ancora INSIEME per il Centro America... Lui e lei, lei e lui, insomma: LORO. Beh... ti spiego: il 21 marzo del 2010 (giorno, tra l'altro, del mio compleanno) decisi di separarmi da Luca, troppe cose non fluivano per il verso giusto e non c'era sufficiente "collante" per tenerci uniti l'uno all'altro; non che l'amore mancasse; c'era, ma non bastava... Ognuno per la sua strada, insomma. Io ho vissuto i classici stadi, passando dallo smarrimento, alla sofferenza, per poi arrivare alla rabbia e al totale rifiuto di qualsiasi tipo di contatto con lui. Questo, fino a che, in novembre, durante un mio viaggio durato tre settimane, ritrovai l'equilibrio e soprattutto deposi l'ascia di guerra. Complice di tutto ciò, il ritrovato amor proprio, il contatto con me stessa e l'universo circostante, e il contatto con il mio adorato Oceano Pacifico (ero a Puerto Escondido, in Messico). Lì, in totale armonia, scrissi a Luca una lunga e-mail, con la quale* ***gli comunicavo la mia resa nei suoi confronti e il desiderio di non serbare più rancore e soprattutto di augurargli ogni felicità possibile su questa terra.*** *Al ritorno dal mio viaggio messicano, semplicemente ascoltai me stessa e decisi, con totale coraggio, di licenziarmi dal mio posto sicuro in banca e di avventurarmi verso l'ignoto, per focalizzarmi sul mio sogno di lavorare in un'altro ambiente, più creativo e artistico, e decisi anche che, prima di trovare un altro lavoro, mi sarei regalata alcuni mesi di viaggio (sempre in Messico e dintorni). Era Natale, il primo che non trascorrevo con Luca; è ovvio che durante il periodo natalizio la memoria si riattiva e si è tutti più dolci, rilassati e desiderosi di vivere belle emozioni; insomma, non potevo non sentire Luca, per augurargli buon Natale... Beh ci sentimmo telefonicamente (dopo mesi che non ci parlavamo dal vivo) e fu sicuramente una cura emozionante: lo sentivo, percepivo che era felice di sentirmi; io altrettanto, e durante la chiacchierata gli confidai che mi ero licenziata... senza avere alcun progetto concreto per il futuro. Quella sera lui non mi disse nulla al telefono, malgrado in cuor suo avesse già meditato ampiamente, negli ultimi mesi, di licenziarsi mollando tutto; credo che rimase piuttosto basito nel sentire che io avevo preso la stessa sua decisione... Insom-*

ma… come vedi, l'Universo ci ha fatti incontrare… Tutto il resto accadde nel modo più spontaneo possibile. Lui timido e riservato, io un vulcano in eruzione (ma sotto sotto pure io insicura e timida) senza casa, senza lavoro, senza automobile ma con qualcosa che ha un valore inestimabile: la libertà… che invece di separarci ci unisce ancor di più! Sai che ogni tanto ci penso e non ci credo ancora? Io e Luca in Messico: gli amori della mia vita in un colpo solo… Sono proprio fortunata. VIVA LA VIDA! Beh… sono stata un po' prolissa, ma almeno ti sei fatto un'idea. Grazie… il tuo entusiasmo e la tua contentezza nel sapere di noi mi colma di gioia. Ricominceremo da noi! :-)».

Lui mi aveva scritto:

«Carissimo Tiberio, mentre ti sto scrivendo mi trovo tra Celestun e Merida, in Messico… Basterebbe questo, per capire il cambiamento di una persona che per sette anni ha fatto ogni giorno un tragitto di sette chilometri tra andata e ritorno. Mi trovo in un mondo completamente nuovo; tu come stai? Qui tutto benissimo; prima, quando mi è venuta voglia di scriverti, mi è tornato alla mente uno degli ultimi esercizi che abbiamo fatto insieme.. non so se te lo ricordi… quello di scrivere tre cose riguardo ai possibili cambiamenti che avrei voluto/potuto fare nell'arco di una settimana/un mese e, se ricordo bene, un anno! Ho difficoltà a ricordare bene il mio cambiamento di un anno… forse cambiare casa… Alla faccia, qui ho stravolto la mia vita! Potrei sintetizzare il tutto con una battuta del tipo "le cose, o si fanno bene o non si fanno!". Nell'ordine, quindi, mi sono licenziato, ho traslocato e sono tornato a vivere temporaneamente dai miei; ho venduto le mie due auto, ho fatto una serie di vaccinazioni tanto per essere coperto, ho prenotato

un biglietto per il Messico e ora mi trovo qui, in un albergo sperduto di questa città (bellissima, tra l'altro) che si chiama appunto Merida, a scriverti... Con uno zaino in spalla, sembro in viaggio da una vita; in questo momento non sono solo io... e il mondo... sono con Cristiana, :) sorrido! Se a novembre dell'anno scorso me l'avessero prospettata, questa cosa non sarebbe stata alla portata dei miei pensieri; ecco volevo condividere con te questo momento... Potrei scriverti tantissime cose... ma questa, forse, è la cosa davvero più incredibile! Bene, ora non mi resta che darti un forte abbraccio e andare a farmi una doccia: qui fa un caldo che neanche ti immagini!!!».

Questa, riassunta da Luca e da Cristiana, è una storia di speranza; avevano due posti di lavoro importantissimi e sicuri, due posizioni invidiabili e irrinunciabili per molti, eppure tutti e due non erano più felici senza l'amato/a che avevano perso. Entrambi meditavano nel loro cuore di lasciare tutto per ritrovare se stessi e invece sulle strade di un Paese amato da entrambi, si sono ritrovati nell'amore e nella libertà. Chi è stato il più coraggioso, tra i due? Tutti e due, ma per motivi diversi. L'energia maschile si nutre di sfide, quella femminile no; quindi lui, smettendo di inseguire risultati sempre più grandi, ha rinunciato a un nutrimento sicuro; lei ha invece rinunciato al nutrimento prezioso, per una donna, rappresentato da ciò che è sicuro e costante. Ora, come dei Maya, ogni giorno si inventano un itinerario e la vita di quel giorno, insieme e felici! E io sono fiero di loro!

***«Molti uomini desiderano porsi al di sopra delle donne perché non riescono a stare alla pari con gli uomini»*[3].**

3. Erica Jong.

Questa frase fa molto riflettere. Capita spesso, purtroppo, di venire a conoscenza di situazioni, che ci fanno capire chiaramente come molti uomini considerino ancora la donna, e tutto ciò che di meraviglioso da lei può venire, solo come un insieme di servizi, che lei è obligata a dare. Così, quando capita che una donna cambi idea oppure non ne possa più di continuare a fare cose che le vengono estorte senza un briciolo di considerazione e di riconoscenza, questo venga considerato inaccettabile dagli uomini deboli e narcisisti, che talvolta arrivano anche a uccidere, piuttosto che seguire un percorso che li potrebbe condurre a vedere i loro errori e a cercare di porvi rimedi.

Capitolo 21

Confidare che tuttto vada come si sperava

«Noi siamo il nostro "indovino", che ci farà ricchi... se saremo in grado di ascoltarci!»[1].

Quando ero bambino, volevo convincermi che, a dispetto di quello che vedevo accadere nella mia famiglia, il mio futuro sarebbe stato bello; quindi, non potendo vivere bene al momento, me lo raffiguravo e mi nutrivo della sua percezione, in quanto in quel momento si trattava di una realtà virtuale, proprio come quella dei videogame dei ragazzini di oggi. Come strumenti e complici, avevo i personaggi che mettevo in scena: erano molteplici, inesauribili e cambiavano sempre. Riuscivo, per pomeriggi interi, a creare delle vere e complesse rappresentazioni teatrali con tanto di dialoghi scritti e di costumi ideati e realizzati al momento; poi facevo giochi immaginari anche con pochissimi elementi a disposizione, mi bastava una palla di carta ed ecco che, seduto in fondo alle scale, giocavo a flipper (ogni gradino sul quale riuscivo a fare fermare la "palla" aveva un punteggio; la mano destra e quella sinistra erano le "pinne" per allontanare la "biglia" dalla "buca"; la palla era "persa", se non riuscivo a fermarla e se, scendendo, superava la mia postazione); con i "tappini" di metallo delle bibite formavo delle squadre di calcio, con le quali davo vita a campionati entusiasmanti. Il mio mondo dirigenziale era il mio diario, in

1. Dominique Hort.

cui le regole del gioco venivano costituite; il gruppo di appartenenza era costituito dai miei compagni di scuola, con i quali interagivo il più possibile, ma loro si frequentavano anche fuori scuola, per giocare, e a me non era permesso raggiungerli; quindi non ero mai aggiornato sui nuovi avvenimenti e sulle loro nuove intese e ne soffrivo; anche per questo, vedevo nei miei genitori dei modelli negativi. Fino ai quattordici anni a me era permesso di stare fuori solo per andare a scuola; al di là di questo, dovevo uscire con i miei genitori o stare in casa, anche alla domenica pomeriggio.

Il lupo in casa...

Per generazioni, la storia di Cappuccetto Rosso, della nonna e del lupo cattivo è stata l'approccio alla paura e al concetto di non fidarsi mai delle persone sconosciute. Non che siano molte, le favole rassicuranti... Ma se la morale più attuale, oggi, fosse quella di non fidarsi invece delle persone conosciute? Talvolta dei parenti? Al "Telefono amico", prima, e nelle mie sedute poi, ho sentito infinite storie su questi tristi temi. L'argomento degli abusi è molto ampio e colmo di sfaccettature, perché sono molte le forme in cui la prevaricazione dell'adulto può lasciare delle cicatrici apparentemente indelebili nella percezione del bambino. Mi capita spesso di lavorare con persone che sono terrorizzate dal giudizio altrui e che diffidano di qualunque persona appena conosciuta e di qualunque situazione che non sia, almeno apparentemente, sotto il loro controllo assoluto. Spesso queste paure nascondono delle situazioni familiari poco chiare, anche se registrate spesso solo a livello inconscio. Magari all'origine ci sono stati anche solo degli sguardi poco puliti, da parte di un parente stretto o addirittura di un genitore, o un comportamento poco amichevole da parte di qualcuno nel quale credevamo ciecamente e per il quale avremmo messo le mani nel fuoco. Il meccanismo inconscio che si installa è: “Se non posso fidarmi nemmeno di mio padre o (di volta in volta) dello zio, del fratello o della mia migliore amica, come posso fidarmi degli altri?”. Al di là degli abusi, oggi assistiamo a numerosi episodi tragici, che scaturiscono da dinamiche malate che si sviluppano all’interno di famiglie apparentemente normali, rievolvono e terminano purtroppo nel dramma. Così, il lupo, il nemico, si nasconde spesso in casa, e talvolta tra gli amici. Per questa ragione, forse, le trasmissioni televisive che parlano di queste tragedie hanno degli *share* d’ascolto così alti. Molti di noi sono attratti e assurdamente “presi” quasi morbosamente da questi avvenimenti, di cui vorremmo stupidamente apprendere anche i minimi particolari. Probabilmente lo facciamo per esorcizzare, per sentirci al sicuro mettendo in atto un meccanismo difensivo, al fine di convincerci che noi siamo diversi e che a noi non potrebbe mai accadere qualcosa di simile. Purtroppo, questo non è automatico, anche noi siamo esseri umani e quindi anche noi siamo in pericolo e al sicuro allo stesso tempo: **la qualità dei nostri pensieri farà la differenza di quello che accadrà, nel bene e nel male**.

Non ci sono persone malvagie...

Un giorno Krishna pensò di saggiare la natura di Yudhishthira e di Duryodhana; chiamò per primo Yudhishthira e gli disse: «Devo eseguire un compito e per questo ho bisogno di una persona dalla mente molto meschina, che segua la via della menzogna e della malvagità; puoi trovarne una?». Poi chiamò Duryodhana e gli disse: «Duryodhana, un grande compito deve essere portato a termine; per questo, è necessaria una persona pura, virtuosa e dal cuore gentile». Ambedue accettarono l'incarico assegnato loro da Krishna e partirono in direzioni opposte, per cercare le persone richieste. Dopo un certo tempo, Yudhishthira tornò e disse molto umilmente a Krishna: «Signore, **non ci sono persone malvagie, nel nostro regno**; io sono la sola persona che abbia qualche malvagità, quindi Ti prego di usare me»; poi tornò anche Duryodhana e disse: «Krishna, **una persona davvero nobile non si trova in alcun luogo di questo regno**; io penso di essere la sola persona di questo tipo. Se vuoi dirmi qual è il compito, lo sbrigherò sicuramente». Sai Baba, attraverso questo racconto, ci ha voluto dare un'indicazione preziosissima. Alla visione egoistica di Duryodhana ogni cosa sembrava malvagia mentre alla natura umile di Yudhishthira ogni cosa sembrava buona; ciò significa che tutto appare del colore degli occhiali che indossiamo: se la nostra visione è malvagia, tutto ci apparirà malvagio. Duryodhana era estremamente malvagio e mentalmente corrotto, mentre Yudhishthira era l'esempio ottimale delle virtù e l'incarnazione della Verità (Satya) e della Rettitudine del Dovere (Dharma), ragione per cui tutti gli apparivano nobili e buoni; in conclusione, possiamo dire che i pensieri di Duryodhana e di Yudhishthira erano responsabili della malvagità dell'uno e della bontà dell'altro. Questa storia ci dice anche che l'uomo, considera certa gente malvagia e altra invece nobile, basandosi sui propri sentimenti; in effetti, non ci sono persone buone o cattive, nel mondo esteriore: ciò che vediamo di buono o cattivo, in questo mondo, è semplicemente la reazione, il riflesso e la risonanza dei nostri stessi pensieri. **Di conseguenza, noi soli, nessun altro, siamo responsabili del buono e del cattivo**; noi stessi, e non altri, siamo responsabili anche dei nostri pensieri buoni o cattivi. La mente è un intrico di pensieri; tutte le azioni sono dirette dalla mente e sono responsabili della felicità o del dolore che sperimentiamo; ne consegue che, se i nostri pensieri sono buoni, anche la mente diventa buona e, quando la mente è buona, la nostra condotta diventa buona[2]. Eppure oggi l'uomo prende spesso vie malvagie. In India già i saggi antichi dicevano: «*Manah eva manushyanam karanam bandhamokshayo*», ovvero, l'uomo è padrone del suo destino!

E lì è avvenuto tutto!

Tra sperare e credere c'è una differenza infinita. Coloro che credono, vinceranno; coloro che sperano, saranno secondi, terzi, ultimi. Negli albi d'oro di ogni disciplina ci sono nomi di quelli che vincono, non gli altri! Io vorrei che tu ti collegassi con la parte di te che vuole vincere! Quella che segue è la storia di tre grandi giovani – Augusto Marietti, Marco Palladino e Michele Zonca, 71 anni in tre – di cui sentiremo parlare. In Italia avevano provato in tutte le maniere possibili e immaginabili a fare rendere in modo economicamente soddisfacente le idee geniali, che sviluppavano nel settore delle nuove tecnologie. Con molte idee, espresse e non, e grandissima volontà, attendevano quella risposta che mai arrivava; la loro giovane età veniva percepita come un problema e spesso proprio per questo motivo si vedevano chiudere delle porte, che apparentemente si stavano per aprire. Nessuno era pronto a investire sulla loro genialità: erano "troppo giovani". Ma cosa significa "essere troppo giovani"? Non dovrebbe essere contento, chi assume qualcuno che dimostra tantissimo

2. Ringrazio Lorenzo Soria de «La Stampa».

talento in ciò che fa e in più è anche molto giovane? Provate a pensare a dove potrà arrivare qualcuno che, pur essendo molto giovane, si dimostra geniale in un settore che ama e in cui sa esprimersi al meglio! In un garage di Milano hanno creato "Mashape", una realtà dedicata agli "sviluppatori", in cui è possibile creare un'applicazione in pochi minuti e decidere subito se metterla gratis o a pagamento sul mercato. «Siamo partiti con tre computer e una lavagna, e nel tempo libero cercavamo investitori o clienti». Dopo essersi stufati di fare interminabili contrattazioni superflue con teorici investitori in Italia, i tre hanno messo una lettera aperta sul sito *Tagliablog*:

«Cara Italia, se vuoi cambiare devi investire sui giovani, ma non come dicono i politici in TV. Devi investire ***veramente*** *sui i giovani. Sono loro i primi a usare i nuovi prodotti e sono i primi ad accorgersi dei nuovi problemi e a trovare, quindi, le soluzioni. Tu sei un Paese pieno di persone che inventano nuove tecnologie; però la tecnologia da sola non serve a niente, diventa innovazione quando viene applicata sulla massa; il mondo è pieno di tecnologie potenti, che non sono andate da nessuna parte. Buongiorno America, grazie di credere in noi. E nella nostra visione».*

Così nel 2010 i tre ragazzi sono andati negli States[3]. «Siamo andati a dormire nei motel, come nei film; mangiavamo riso e fagioli, per risparmiare. A turno, uno di noi andava agli appuntamenti delle principali rassegne tecnologiche americane, fino a che non abbiamo incontrato, alla Entrepreneurship Week (uno degli appuntamenti della settimana dell'imprenditoria della Stanford University in Cali-

3. Per queste informazioni ringrazio la dottoressa Ambra Craighero.

fornia), gli *investor* di You Tube, che hanno subito creduto in noi. Abbiamo illustrato loro il nostro progetto, seduti su una panchina: anni di lavoro riassunti in cinque minuti». Al primo incontro ne sono seguiti altri due, molto meno formali. Da non credere, il secondo appuntamento: «Gli investitori di You Tube sono venuti nella stanza, che condividevamo con altri due ragazzi, e si sono seduti sul letto gonfiabile di Michele». E lì è avvenuto quello che non erano mai riusciti a fare accadere in Italia: **tutto**! È veramente tutto possibile, se ti impegnerai a renderlo tale, come se il massimo per te ti aspettasse dietro ogni angolo di strada (non dirmi che tu sei uno che tira dritto. Non guardi mai ai lati?); forse sei triste e insoddisfatto, ma sarà così per sempre, se ti accontenti di quel poco che hai e continui a tirare sempre dritto, senza guardare a destra e a sinistra, facendo sempre e soltanto le cose di sempre, che sicuramente continueranno a farti sentire al sicuro, ma anche incompleto e insoddisfatto. **Al sicuro, poi, da che cosa? Dall'essere soddisfatto di ciò che puoi creare, dal sentirti indipendente e autosufficiente? Dal poter cambiare il destino economico della tua famiglia?** Diventa anche tu come coloro che, una volta divenuti vecchi, hanno una tranquillità che deriva dalla certezza di non avere bisogno di dimostrare niente a nessuno e di **avere vissuto al massimo delle loro possibilità**! Questo è un punto di arrivo così appagante e distensivo che sarebbe fantastico se riuscissimo ad averlo presente già da giovani, quando invece dobbiamo dimostrare continuamente tutto a tutti. «Ognuno di voi ha bisogno più della fede in se stesso che di gran parte delle altre qualità. L'assenza di fiducia in se stessi segna l'inizio del declino; oggi il mondo affronta il disastro e la rovina, perché la gente l'ha perduta. Soltanto la fiducia in se stessi può garantire la pace e la prosperità a tutti; se voi la coltivate, riceverete gentilezze dovunque, sarete onorati in ogni luogo e qualunque cosa toccherete diverrà oro!»[4]. Ovviamente, ci saranno sempre delle persone che tenteranno di contenerci e limitarci, ma saranno poche, a ragione del fatto che, se noi ci allontaneremo dagli standard di mediocrità tacitamente accettati, le aiuteremo a guardare in direzione di ciò che non sono state ancora capaci di realizzare, nella loro esistenza. I nostri genitori e i membri della nostra famiglia – e questa è a mio parere una cosa ancora più insopportabile – ti parlano in modo limitante perché, volendoti bene, si preoccupano di salvaguardarti in ogni modo, ma noi, finché siamo in gioco, dobbiamo giocare per vincere e non, come abbiamo detto tante volte, come fanno tutti, per non perdere! Io credo che i genitori ottimali siano quelli che riescono a far sì che i loro figli abbiano fiducia in se stessi. Questa dovrebbe essere la condizione primaria che testimonia la validità del loro esempio e del loro insegnamento.

«Quando ti metterai in viaggio per Itaca, dovrai augurarti che la strada sia lunga, fertile in avventure e in esperienze. Non temere i Lestrigoni e i Ciclopi o la furia di Nettuno: non sarà questo il genere d'incontri, se il pensiero resterà alto e un sentimento fermo guiderà il tuo spirito e il tuo corpo. Né in Ciclopi e Lestrigoni, certo, né nell'irato Nettuno incapperai, se non te li porti già dentro, se l'anima non te li mette contro. Devi augurarti che la strada sia lunga e che i mattini d'estate siano tanti, quando nei porti, finalmente e con gioia, toccherai terra per la prima volta: negli empori fenici indugia e acquista madreperle, coralli, ebano e ambre, tutta merce fina, e anche profumi penetranti d'ogni sorta, e più profumi inebrianti che puoi; va in molte città egizie, impara una quantità di cose dai dotti. Sempre devi però avere in

4. Sai Baba.

mente Itaca, raggiungerla deve essere il pensiero costante. Soprattutto, non affrettare il viaggio; fa che duri a lungo, per anni, in modo che, da vecchio, tu metta piede sull'isola ricco dei tesori accumulati per strada, senza aspettarti ricchezze da Itaca. Itaca ti ha dato il bel viaggio, senza di lei mai ti saresti messo in viaggio: che cos'altro ti aspetti? E se la trovi povera, non per questo Itaca ti avrà deluso. Divenuto ormai savio, con tutta la tua esperienza addosso, già tu avrai capito ciò che Itaca vuole significare»[5].

Quando la mia nipotina Mia mi abbraccia un ginocchio e quando il mio nipotino Ian mi dice: «Nonno, ora che sei qui...» mi sento l'uomo più completo del mondo. Nulla potrebbe essere paragonato, per me, a quello che provo per loro, al loro amore, a quello che sento che loro provano per me; questa al di là del fatto che sono la parte di me che arriverà più lontana, perché nella precisione biologica che prosegue incessantemente c'è una specie di logica universale, che mi acquieta, rimedia a tutti i miei errori, passati e futuri, e mi consegna un anticipo di paradiso possibile già qui e ora! Anche il fatto di avere avuto una figlia solamente ha reso questo prodigio eccezionale, ai miei occhi. Chi ha più figli, è abituato a sentire amore per più persone nate da loro, ma quando hai un'unica figlia e vedi moltiplicare questo amore attraverso i suoi bambini, il miracolo diventa evidente! Oggi è più facile divenire vecchi e vecchie, che uomini e donne, e in giro si vedono tanti uomini e tante donne che rischiano di diventare nonni senza essere ancora diventati adulti. Cominciamo quindi a considerare bene cosa possiamo intendere per "qualità della nostra vita"! Mettiamo per iscritto tutto ciò che intendiamo migliorare e come intendiamo procedere per riuscirci! Fallo anche tu con chiarezza assoluta, un giorno mi ringrazierai, te lo metto per scritto qui e ora!

5. Kavafi, Costantinos, *Itaca*.

Capitolo 22

Fidarsi è bene, non fidarsi è peggio

«Puoi picchiare un cammello tutta la vita; ma non stupirti, se un giorno ti morderà»[1].

Molti pensano che la felicità sia un momento casuale che passa subito; invece questo dovrebbe, o potrebbe, essere detto, eventualmente, della sofferenza. Perché no? Noi faremo così! Sarebbe fantastico, se fossimo così bravi e veloci da riuscire a pensare, in presenza di un disagio, "passerà presto, non è che un attimo". La prossima volta che vivrai un momento di eccellenza della tua storia, prova a dirti: "Perché dovrebbe finire? **Perché dovrebbe finire subito questo momento**? Perché non potrebbe durare a lungo? Per quale motivo non per sempre?". Non è normale abituarsi al pensiero che la felicità sia questione solo di un attimo e poi passi, come se fosse un'allucinazione. **Non accettare questo limite**. Lo stare bene non deve rappresentare una pausa tra due periodi in cui stai male. Non devi stare bene quando finisci, casualmente e temporaneamente, di stare male; anzi potresti capire che stavi male proprio perché ti eri perso di vista, nella tua vita quotidiana. Ma allora dobbiamo cambiarla, quella vita, dobbiamo dilatare i momenti positivi e sereni, fermarli, offrire loro accoglienza e ospitalità; se poi tornerà un momento difficile, facciamo assolutamente in modo che non diventi un periodo difficile e, se lo diventerà, facciamo in modo che non duri molto; ricorda che il tuo potere sarà

1. *Corano* III, 103.

determinante in questo! **Tutto dipenderà dalla possibilità che riconoscerai a te stesso di sapere rendere fluido ciò che non scorre** e da quanta consapevolezza avrai di non essere solo, ma di fare parte di una realtà di appartenenza: se riuscirai a tenerne conto, le tue frustrazioni faranno parte dei disagi che riguardano tutti, e allora le affronterete insieme: **tu sei un ramo e sei un albero**. Nel senso che il tuo ramo fa parte di un albero con tanti rami, che si chiamano "altri", si chiamano "noi"! Le radici si possono anche costruire e fare affondare nel terreno e, come vedrete più avanti nel sogno di Genni, possono anche (ma non sempre) attecchire e riprodursi in altri Paesi. Io amo la Svizzera, il Paese che mi ha accolto 33 anni fa. Quando sono arrivato, mia moglie e io aspettavamo Maude-Eloise, che era stata appena concepita in Costa Azzurra, e avevamo solo uno zaino dell'Aereonautica con una lampada alogena smontata: era tutto quello che la nostra famiglia possedeva! Sono riconoscente per la pace e la serenità, che ho trovato e che ho prodotto in questo Paese. Qualche mese fa, mentre stavo rientrando a casa dall'Italia, sono arrivato in frontiera, il doganiere svizzero mi ha accolto con un sorriso convinto: «Prego», mi ha detto, in un modo così tranquillo e gioioso che ho sentito davvero di entrare a casa mia e mi sono commosso!

Mangiamo e facciamo festa...

«"Padre, dammi la parte di patrimonio che mi spetta", ed egli divise tra loro le sue sostanze. Pochi giorni dopo, il figlio più giovane, raccolte le sue cose, partì per un Paese lontano e là sperperò il suo patrimonio vivendo in modo dissoluto. Quando ormai aveva speso tutto, sopraggiunse in quel Paese una grande carestia ed egli cominciò a trovarsi nel bisogno; allora andò a mettersi al servizio di uno degli abitanti di quella regione, che lo mandò nei campi a pascolare i porci; doveva saziarsi con le carrube di cui si nutrivano i porci, nessuno gli dava nulla. Allora ritornò in sé e si disse: "Quanti salariati di mio padre hanno pane in abbondanza, mentre io qui muoio di fame! Andrò da mio padre e gli dirò: – Padre, ho peccato verso il Cielo e davanti a te; non sono più degno di essere chiamato tuo figlio. Trattami come uno dei tuoi salariati –". Si alzò e tornò da suo padre. Era ancora lontano, quando suo padre lo vide; ebbe compassione e gli corse incontro, se lo strinse al petto e lo baciò. Il figlio gli disse: "Padre, ho peccato verso il Cielo e davanti a te; non sono più degno di essere chiamato tuo figlio". Ma il padre disse ai servi: "Prendete il vitello più grasso e ammazzatelo; mangiamo e facciamo festa, perché questo mio figlio era morto ed è tornato in vita, era perduto ed è stato ritrovato", e cominciarono a far festa. Il figlio maggiore si trovava nei campi. Al ritorno, quando fu vicino a casa, udì la musica e le danze; chiamò uno dei servi e gli domandò che cosa stesse succedendo, e il servo rispose: "Tuo fratello è tornato e tuo padre ha fatto ammazzare il vitello grasso, perché lo ha riavuto sano e salvo". Il ragazzo non era contento della gioia provata dal padre, che però gli disse: "Figlio, tu sei sempre con me e tutto ciò che è mio è tuo, ma bisognava far festa e rallegrarsi, perché questo tuo fratello era morto ed è tornato in vita, era perduto ed è stato ritrovato"»[2].

Non sentirti immediatamente defraudato dei tuoi diritti, se qualcuno non ti cede il primo posto automaticamente; se vuoi che ti offrano il primo posto, se per te è così importante, non aspettartelo come un diritto ottenuto per nascita, ma **lavora incessantemente affinché tu possa essere riconosciuto per quello che dai**.

2. "La parabola del figliol prodigo" (*Lc* 15, 11-32).

Vita ai propri anni e non anni alla propria vita...

Dominique dice che se abbracciamo il nostro corpo, la nostra mente e le nostre emozioni, possiamo tornare da subito a essere i direttori d'orchestra della nostra vita, "il capitano della nostra nave". Esistono soluzioni efficaci per ognuno dei tre insegnamenti, che il dolore, il malessere e le malattie ci regalano. Per cogliere al meglio queste opportunità di crescere e diventare migliori, apprendendo dalle difficoltà nostre o degli altri, dobbiamo essere in grado di fermarci , osservarci e migliorare ciò che deve essere migliorato. Come si arriva a ciò? Sicuramente non continuando lungo la strada che ci ha portato ad avere i problemi. Dobbiamo riorganizzarci a un livello più alto, funzionare meglio perché credere di ottenere risultati diversi e migliori senza cambiare nulla nel nostro modo di essere e di agire è pura illusione o, come detto da alcuni, pura follia. Mangiare nello stesso modo, avere gli stessi pensieri, le stesse emozioni e le stesse convinzioni, usare lo stesso linguaggio, associarsi con le stesse persone e guardare le stesse riviste o gli stessi programmi televisivi, crea la realtà nella quale viviamo e, con essa, i problemi o le malattie. Se i programmi che vogliamo fare girare nel nostro computer interno lo fanno "bloccare", abbiamo tre scelte:

1. diminuire la qualità o la quantità dei programmi (è quello che si fa generalmente, smettendo di giocare a tennis, diminuendo le ore di lavoro ecc.);
2. prendere delle sostanze per non sentire il problema (medicamenti o rimedi naturali) o "farci sbloccare" il sistema dove non funziona da qualcuno di esterno, senza scoprire la causa del disagio, senza cambiare internamente e senza apprendere la lezione;

3. fare un "UPGRADE" del sistema operativo, cioè dare al nostro corpo delle strategie vincenti, riorganizzandoci quindi a un livello superiore.

Farci sostituire le parti del corpo che non funzionano è o dovrebbe essere, l'ultima risorsa; inoltre non dimentichiamo che, da buon amico e da fidato "navigatore", il nostro corpo ci chiede comunque sempre di evolvere e di crescere migliorandoci. Acquisire una maggiore consapevolezza, che ci permetta di fare scelte migliori, è la chiave della soluzione. Tutto questo processo evolutivo è modulato dal sistema nervoso che connette ogni cellula del corpo, ed è grazie ad esso che gestiamo tutto l'organismo. Quella in cui Dominique crede è sicuramente una delle tecnologie più efficaci per offrirsi delle strategie superiori: si tratta del Metodo Network, inventato dal dottor Epstein, il quale ha dimostrato scientificamente che chi lo applica sul corpo e sulla colonna vertebrale aumenta la sua capacità di:

- fidarsi maggiormente del proprio corpo;
- ascoltare i messaggi del proprio corpo e capire cosa sta succedendo e cosa deve essere cambiato;
- acquisire la forza e la saggezza per agire e cambiare

Nella sua ventennale esperienza, con pazienti affetti da ogni tipo di malattia, la chiave per una soluzione sostenibile e positiva, è sempre stata la combinazione tra la colonna vertebrale e il sistema nervoso sempre in evoluzione con migliori scelte di vita e un costante lavoro su se stessi. Il cambiamento, allora, diventa progresso sostenibile. Né Dominique, né io abbiamo mai trovato qualcuno che rifiutasse il cambiamento, se il risultato da raggiungere era vivere meglio. Soprattutto quando la persona riesce ad aggiungere vita ai propri anni, e non solo anni alla propria vita. Fidatevi del vostro corpo, acquisite le strategie giuste, la vostra vita diventerà un'opera d'arte; non senza difficoltà o sfide, ma mantenendo sempre un senso di crescita e forza interiore e questi sono i più bei regali che potrete mai farvi. Si può vivere in un mondo in cui il nostro corpo agisce da migliore amico, padre fratello e amato, e fa solo il nostro interesse; ovvero si comporta come il migliore "navigatore satellitare" del mondo, pronto a darci le direzioni, a informarci, a chiederci di fermarci se sbagliamo strada, a segnalarci gli ostacoli e le difficoltà. Immagina di essere talmente connesso al tuo corpo fisico, emotivo e mentale che, in modo automatico, ogni azione diventa una poesia, ogni emozione la giusta espressione di quel momento e ogni pensiero cristallino e chiaro. E tutto questo è al servizio della tua anima e del viaggio che hai deciso di intraprendere. Visualizza il tuo corpo, in grado di sussurrarti in modo dolce e propositivo quando e quanto mangiare, in grado di farti capire cosa ti serve per rigenerare le cellule; considerarlo come un "satellitare" capace di farti provare le emozioni giuste al momento giusto: la paura prima di fare un errore, la fiducia quando l'amato/a si apre al tuo amore, la gioia in ogni lezione e la serenità nei pensieri. Prova quindi a sentire già ora di avere un corpo in grado di trovare una soluzione giusta al momento giusto, e di non cadere vittima delle trappole delle illusioni o dei condizionamenti mentali, creati ad arte da coloro i quali hanno interesse che tu rimanga passivo nel buio a subire la tua vita, invece di dirigerti con forza e coraggio verso la tua felicità; un corpo forte e capace di rifiutare i vizi distruttivi e allo stresso tempo di accogliere l'amore Divino o quella del compagno/della compagna di vita. Che prezioso "satellitare" avrai e che prezioso dono ti offrirai, creando connessione con te stesso/a e regalandoti un corpo con tali capacità e strategie vincenti.

Per essere associato/a ai tuoi dolori e alle tue gioie...

Racconta Plutarco che Marco Giunio Bruto, avvicinandosi il momento dell'attentato a Giulio Cesare, si preoccupava principalmente di riuscire a mantenere il segreto, nascondendo attentamente le proprie emozioni e le proprie intenzioni. Ma non ci riuscì e tutto ciò non sfuggì alla moglie Porcia. Lei avvertiva chiaramente che Bruto era posseduto da una confusione inusuale. Porcia aveva avuto un figlio di nome Bibulo, che scrisse in seguito un breve resoconto di quei momenti, intitolato *Memorie su Marco Giunio Bruto*. Da queste reminiscenze avrebbe poi attinto Plutarco, vissuto almeno cento anni dopo questi avvenimenti. La donna non volle esercitare pressioni su Bruto facendo domande su quanto di inconfessato stesse avvenendo; allora, per capire, fece una messa in scena drammatica: si inflisse un taglio profondo nella coscia, che le provocò un'enorme sofferenza, con spasmi e febbre dovuti alla lesione. Al colmo della pena provocatasi, gli disse: «Bruto, io sono la figlia di Catone; non sono entrata nella tua casa per dividere il letto o la tavola come una concubina, ma per partecipare ai tuoi dolori e alle tue gioie. La tua condotta verso di me è stata quella di un marito irreprensibile, ma, per quel che riguarda i miei sentimenti, quale prova posso darti io, se mi viene tolta l'opportunità di sopportare insieme con te una sofferenza nascosta o una preoccupazione che invece esige confidenza? So bene che la natura femminile appare troppo debole per condividere con essa un segreto; fino a questo momento potevo dubitare di me, ma ormai ho la prova di essere superiore persino al dolore fisico». Nel dire questo, mostrò l'enorme taglio rivelandogli ciò che aveva fatto.

Confido in loro come loro in me...

Forse per riscattarmi dal destino della mia famiglia, quando ero piccolo volevo fare l'artista. La certezza di essere differente dagli altri, a causa del mio nucleo familiare, mi portava a credere che non fosse un caso – ne ero certo – se a me era capitato un bagaglio di sofferenza che agli altri (ai miei occhi) era stato risparmiato. Pensavo che il motivo per cui dovevo fare questo tipo di apprendimento, potesse risiedere in un destino non comune; quindi ritenevo (e, ripensandoci poi, ne ho visto i presupposti!) di essere già comunque un artista chiunque fossi: probabilmente da grande sarei stato un cantautore, o un pittore, o uno scrittore.

A quattordici anni, ero un giovanissimo pittore che partecipava ai concorsi di pittura della sua provincia (Livorno); in un concorso, indetto da un quotidiano locale, in cui i lettori tramite un tagliando esprimevano le loro preferenze sugli artisti locali, arrivai quattordicesimo su centinaia di partecipanti. Quello fu il segnale che le strade erano aperte e che tutto da quel momento in poi sarebbe dipeso da me. Ma anche la credibilità concessa agli artisti quando esce un prodotto nuovo, parla di fiducia. A quanti capita di acquistare il nuovo CD di un cantante amato senza averne ascoltata neanche una traccia? Quando ci piace un autore e veniamo a sapere che è uscito un suo nuovo libro lo compriamo. Io acquisto tutti i libri di Richard Bach e di Bob Mandel, indipendentemente dall'argomento che trattano; so che anche se mi piacesse una sola frase di quello che leggerò, sarà giustificato il prezzo di copertina, e spesso di quei libri mi piace tutto o quasi! E, a proposito di libri, anche il mio editore, quando accetta di pubblicarne uno mio, dal momento in cui mi dice sì, poi non mi chiede nulla: non vuole leggere quello che scrivo, non ne ha bisogno; mi conosce, sa che ce la metterò tutta per dargli un prodotto che rispetterà quanto meno lo standard cui l'eccellenza del nostro rapporto ci ha condotti; promuoverà il mio lavoro presso i librai mentre io lo sto ancora scrivendo, perché sa che rispetterò la data di consegna (che precede la distribuzione di almeno tre mesi). Confida in me e in quello che ci siamo detti, così come io mi fido di lui quando mi vengono comunicate le cifre relative ai libri venduti in un anno. Come potrei controllare? Quando vado a Milano, a Roma, a Palermo, a Cagliari o in qualsiasi altra città vedo i miei libri in tutte le grandi librerie, ma come potrei sapere quante copie sono state acquistate in un anno?

Me lo dicono gli addetti all'ufficio vendite della mia casa editrice ogni anno e io dico: ok! Confido in loro, come loro in me. Un editore dà a chi scrive per lui l'8% del prezzo di copertina, per ogni libro. Ogni anno viene comunicato agli autori il numero delle copie acquistate; nessuno ha la possibilità di controllare: come ho detto vedi i tuoi libri distribuiti nelle librerie di ogni città che visiti, ma chi può dirti quanti ne hai venduti? Te lo dice il tuo editore e la fiducia che tu hai in lui. Il vero successo non è che i miei libri siano presenti in tutte le rivendite italiane più importanti (Mondadori, Feltrinelli ecc.), ma che alcuni di essi ci siano a distanza di sei anni dalla prima uscita – e questo è già di per sé un grande risultato – venendo considerati dei long-seller. Questo è il risultato più grande se si considera che In Italia escono 100.000 titoli all'anno e che normalmente un libro resta in libreria tre-sei mesi, dopo di che gli esercenti fanno le rese all'editore, perché naturalmente devono fare spazio ai titoli nuovi (e perché altrimenti dovrebbero pagare le copie che hanno in giacenza). Poi ci sono le edizioni straniere, e qui sapere quello che hai venduto è praticamente impossibile.

Il fatto che i miei libri siano distribuiti in tutta Italia e anche in altri Paesi mi fa stare bene, ma naturalmente sono cosciente che, ci resteranno fino a quando si guadagneranno il loro spazio e anche che il mio editore mi permetterà di scrivere fino a che i miei libri saranno richiesti. E dopo? Dopo penso che invecchierò scrivendo dei romanzi. In questo, come in tutto quello che facciamo, c'è il confidare (o meno) in me (quello che farò), negli altri (l'editore) e nelle circostanze (presenti e future). Impara ad analizzare il momento che vivi, per verificare se hai con esso un rapporto di fiducia: quanta ne trovi in te stessa? Quanta ne dai agli altri? Quanta ne investi nelle circostanze del momento?

Capitolo 23

Tutto è pura esperienza...

«Non si ha fiducia negli altri perché se la meritano, ma perché merita di averla colui che la prova»[1].

Ancora a proposito del nostro corpo, un venerdì di poco più di due anni fa, il 15 maggio 2009, avevo programmato quattro sedute. Con quattro persone straordinarie, belle e pulite, ma ferite in modi diversi dalla loro vita, dal loro passato. In quel periodo avevo preso l'abitudine di lavorare facendo delle sedute telefoniche. Spesso ricevevo le chiamate dal cellulare, mentre camminavo sul lungolago di Porlezza, in Italia, a dieci chilometri da Lugano. Mi piaceva, questa cosa; ci scherzavo con me stesso, mi sentivo un po' zingaro, capace di lavorare ovunque: lo chiamavo il mio studio più bello. Capitava talvolta che, al termine della seduta, mandassi ai clienti un "mms" con una foto che testimoniava lo scenario meraviglioso in cui avevamo lavorato.

Una "normale" giornata di lavoro...

Quel mattino, alle 9, era la prima seduta con una signora dolce, sensibile, riservata e quasi eterea, che cercava di risolvere una difficile situazione – la presenza di un tumore – che si era attirata energeticamente, mettendosi a lavorare con il marito – a lei quel lavoro non piaceva – per non deluderlo; con la malattia, avrebbe apparentemente risolto il suo problema: classico vantaggio paradossale.

1. Aldo Busi.

Seconda seduta del mattino altrettanto triste, con una donna che sapeva amare in un modo così totale che, innamoratasi perdutamente del suo sacerdote, si era ritrovata a sceglierlo abbandonando il marito e i figli; lui era altrettanto innamorato, ma dopo l'entusiasmo iniziale, nel corso del quale avevano anche trovato una casa in cui incontrarsi, era stato talmente assalito dalla confusione e dai dubbi che si era tirato indietro, per poi riapparire e infine scomparire ancora. Lei era attonita, smarrita, annientata. Io l'ascoltavo e la sostenevo, in una specie di rappresentazione, in cui come nella Pietà di Michelangelo – lei, addolorata e stordita dalla sofferenza, nel rogo di questo amore corrisposto a tratti e dissacrante, a cui sembrava essere così difficile sopravvivere, perché le era costato tutto, era metaforicamente tra le mie braccia. Questo era successo il mattino. Poi ero andato a pranzo, portando con me una lettera da aprire arrivata il giorno prima: era la risposta di una casa editrice tedesca, interessata a *Innamorati di te*; la lettera non si era rivelata importante: non si trattava di una vera casa editrice, proponeva una pubblicazione a pagamento. Finito l'intervallo, ripresi a fare le sedute.

Era la terza. Questa volta si trattava di un imprenditore con infinite capacità professionali, truffato da un "terapeuta" che, nel passato, non solo era riuscito a estorcergli centinaia di milioni di lire, ma gli aveva anche inculcato l'assurda convinzione di essere stato oggetto di attenzioni sessuali da parte del nonno; la sua specialità per catturare le prede. Durante le sedute precedenti avevamo lavorato sul fatto che non vi era alcun ricordo a riprova che questi episodi fossero realmente accaduti e che quindi, vista anche l'assoluta mancanza di etica di quel "terapeuta", era molto probabile che anche questo facesse parte di un ulteriore tentativo di manipolazione: quasi certamente, detto individuo gli aveva messo in testa queste cose al solo scopo di estorcergli altro denaro.

Un'altra storia molto triste. Alla fine della seduta, improvvisamente questo signore ricominciò a dire delle cose, come se fosse di nuovo possibile l'avere realmente subito le molestie. Non stavo benissimo. Chi ha lavorato con me, sa che dopo i due terzi della seduta la persona è invitata a respirare in modo molto tranquillo, ma continuato, pensando ai temi toccati, e che in seguito ci risentiamo per concludere la sessione e ragionare su quello che eventualmente è emerso durante l'esercizio respiratorio; in quell'occasione, comunico quali sono i punti su cui lavorare e gli esercizi da eseguire. Mentre l'imprenditore respirava, io entrai in un bar perché mi sentivo affaticato; la barista mi disse che c'era una signora inglese che aveva letto i miei libri e che mi stava aspettando da un'ora per conoscermi. Io mi sentii come circondato, assediato, invaso. Chiesi un decaffeinato, quindi salutai velocemente la signora inglese, firmai una copia del mio ultimo libro, che intanto ero andato a prendere in auto, e gliela regalai dicendole che ero in seduta e non avevo tempo per parlare con lei. Insieme al sapore del caffè mi arrivò un mal di testa fortissimo. Tornai in auto e terminai a fatica la seduta. Ancora non mi ero reso conto della gravità di quello che mi stava accadendo e pensavo che sarei riuscito a fare anche la seduta successiva, in cui avrei dovuto lavorare con una ragazza stupenda e ferita dagli uomini, che nel corso della sua crescita era stata violentata più volte dal padre e dai fratelli, come se quella fosse la cosa più normale del mondo, e che in quel periodo affrontava un disagio fortissimo, perché era stata costretta a tornare in famiglia per limitare le spese, in quanto aveva deciso di riprendere gli studi: era stata una scelta dolorosa, ma apparentemente obbligata! In più, viveva una relazione insoddisfacente con un uomo, che la cercava solo quando voleva e che in un certo modo abusava ancora una volta del bisogno d'amore che lei chiaramente manifestava.

Mi aspettava quindi un'altra seduta intrisa di tristezza e di impotenza, che decisi di non tenere, rispettando il mio malessere, e quello che il mio corpo mi stava chiedendo per mezzo di quella notevole emicrania. Cercai di tornare a casa, ma ciò mi costò un grande sforzo, visto che la strada che dovevo percorrere era molto tortuosa e trafficata; riuscii ad arrivarci con parecchia fatica. Quello che so è che, come alla fine di un sogno, quando le cose intorno, piano piano hanno ripreso consistenza, mi sono ritrovato in ospedale a Losanna, tre giorni dopo, con una ragazza, un infermiera, che veniva a svegliarmi ogni cinque minuti, – o questa era la mia percezione –, e che io trattavo malissimo perché mi impediva di lasciarmi andare all'unico bisogno che sentivo, cioè dormire. Quello che invece è accaduto me l'hanno raccontato Laura e mia figlia, che mi avevano portato in ospedale. Avevano detto loro che avevo un emorragia cerebrale in corso e che purtroppo non si poteva sapere come e se mi sarei risvegliato. Fortuna volle che in quell'occasione venni ritenuto sufficientemente giovane da giustificare un viaggio in elicottero a Losanna per essere ricoverato in una clinica universitaria specializzata in questo tipo di urgenze. Quello che accadde fu che, miracolosamente, le cose si ricomposero e l'emorragia si riassorbì, tanto che non fu nemmeno necessario un intervento! Dopo tre giorni, mi risvegliai in condizioni perfette così come sono adesso! Grazie a Dio, non c'è stata alcuna conseguenza: la mia fiducia nella vita e tutto quello che avevo fatto su di me in precedenza, avevano probabilmente prodotto uno straordinario e irripetibile risultato! In quel periodo, venivano da me due medici a fare delle sedute; entrambi lavoravano nell'ospedale in cui al ritorno da Losanna, rimasi in osservazione due settimane; spesso venivano a fare due chiacchiere nella mia stanza e a testimoniarmi quanto fosse miracoloso quello che era accaduto! **Il mio corpo aveva de-**

ciso di darmi una lezione! Lavoravo moltissimo, in quel periodo, e facevo anche tantissime sedute con persone che non avevano denaro, quindi l'impegno lavorativo era al massimo; inoltre, in quel periodo avevo cominciato a lavorare con un cliente che aveva un progetto molto particolare, quindi mi ritrovavo a sentirlo più volte al giorno e quasi tutte le sere in lunghissime telefonate. Era troppo! E il mio corpo, accorgendosi della mia ottusità, aveva voluto chiedermi quali fossero le mie intenzioni, grazie a Dio, la mia risposta era risultata chiara e ben udibile da parte dell'Universo! Sono trascorsi più di due anni, da allora, e quello che è restato in me è un'evidente e grande sensazione di gratitudine. Si dice che, più saremo grati, più avremo occasioni per esserlo. Io sono molto grato di essere qui, di essere ancora qui! E di essere assolutamente come prima ai livelli più alti del servizio. Sono consapevole di avere ricevuto un trattamento di favore, forse mi ero guadagnato una specie di bonus. In certi sport sono previsti i tempi supplementari, e spesso è li che si decidono le sorti nell'incontro. Io sto giocando al meglio, nei miei tempi supplementari e cerco di cambiare il risultato in meglio: è una bella sensazione, sono più sereno e tranquillo, da allora, più spettatore; faccio comunque moltissime cose (è nel mio temperamento, morirei di noia a non agire) ma non così tante e nel modo compulsivo di un tempo. Bisogna avere cura del nostro corpo, bisogna ascoltarlo! Non possiamo sempre contare sui tempi di recupero, e la partita talvolta viene addirittura sospesa. Come è accaduto al mio unico fratello; tra pochi giorni, infatti, accompagnerò all'altare sua figlia: lui non c'è più, perché purtroppo è mancato anni fa all'età di soli 52 anni. Aveva nove anni più di me e, quando ero piccolo, credeva in me più di tutti; diceva che si sarebbe fatto carico dei miei studi e desiderava che divenissi medico; considerato quello che faccio, anche se non mi occupo di corpi ma di motivazioni, non penso di averlo deluso. Non ci vedevamo spesso; a soli quattordici anni, lui aveva trovato il modo di sottrarsi alle dinamiche della nostra famiglia (lo ammiravo molto, per questo) ed era stato assunto in una struttura, in cui di giorno lavorava e di notte rimaneva a dormire facendo le veci del guardiano. Sono moltissimi, i ricordi che mi legano a lui. Quando ero piccolo, mio fratello suonava il clarino nella banda del paese. Io lo vedevo spesso suonare ai funerali, perciò, quando lui provava lo strumento in casa, se i miei genitori non erano presenti associavano quei suoni tristissimi, alla loro assenza, che vedevo come definitiva; così, ascoltando quelle nenie dilanianti piangevo sconsolato e davo per scontato che fossero morti. Non avrei mai potuto immaginare che invece loro lo avrebbero seguito dopo una decina d'anni dalla sua scomparsa, forse troppo tardi per trovarlo. Sarò fiero di condurre sua figlia all'altare in sua vece, anche se quel giorno, come sempre egli mancherà molto a tutti. Credo che le persone "volate in cielo", i nostri cari che se ne vanno, entrino immediatamente in una condizione di grande consapevolezza e illuminazione, che permette loro di vedere il percorso terreno fatto e quello che insieme a noi hanno vissuto in modo molto elevato; tanto elevato da essere in grado da subito di perdonarci eventuali mancanze. In seguito restano vicini a noi, per un po' in base al nostro bisogno di sentirli vicini: poco, se vogliamo lasciarli liberi di seguire le loro nuove missioni; tanto, se il nostro bisogno di riferirci a quello che già nel cammino comune avevano fatto per noi è ancora grande!

«Mio fratello senza peccato è la mia guida verso la pace. Mio fratello colpevole è la mia guida verso il dolore. E io vedrò quello che scelgo di vedere»[2].

2. *Un Corso in Miracoli*, Edizioni Armenia.

Canto, ballo o faccio qualcosa con grande gioia...

Chi ha lavorato con me sa (ma anche voi ve ne sarete già resi conto) che parlando dell'ego e delle sue deleterie operazioni, io uso definirlo «la parte peggiore di noi». Questo certamente non piace all'ego, ma non piace neanche a una cliente intelligente e spiritosa, che un giorno ha tentato di organizzarne una vibrante e divertente difesa:

«Osservazione su un concetto che hai ribadito più volte, nel corso della nostra seduta. La parte peggiore di me NON si sente apprezzata. Non si sente peggiore o migliore di altre parti, chiede di non essere giudicata, data la sua permalos... ehm... sensibilità. È una parte che ha bisogno d'amore più di tutte le altre e l'unico modo che conosce per attirare le attenzioni, per ora, è quello di sabotare, boicottare, smontare. È fatta così, ma non per volontà sua; diciamo che è stata addestrata a comportarsi in questo modo. Nella fase di deprogrammazione e riprogrammazione in cui questa parte si impegna a collaborare, chiede di essere chiamata in un altro modo. Non so, il poliziotto, il soldato, il militare interiore. È un'etichetta un po' meno offensiva perché non comporta necessariamente un giudizio. "Non esiste una via per la pace, la pace è la via". Probabilmente (anzi, direi sicuramente) il messaggio che mi è arrivato su "la parte peggiore di me" è distorto da convinzioni e pregiudizi miei, ma ti invito, Tiberio, a rivedere quell'espressione, "la parte peggiore", in quanto la parola "peggiore" ha in sé giudizio e competitività, elementi importanti a volte, ma che "stra-abbondano" nella nostra società e che credo non abbiano bisogno di essere ulteriormente alimentati. Quando mi innamoro di me, lo faccio nella mia interezza; non distinguo tra parti migliori e peggiori: mi amo, punto e basta; infatti, quando sono consapevole di amarmi, non sto a fare tut-

ti questi giri di parole; piuttosto faccio una passeggiata, canto, ballo o faccio qualcosa con grande gioia. Spero di avere espresso il concetto abbastanza chiaramente. Ti ringrazio, Tiberio, per l'amore e la passione che metti nei tuoi libri e nelle tue sedute, così facilmente fruibili, dal sapore così delicato e soave. Grazie! Un abbraccio morbido Marzia[3]».

Marzia ha veramente ragione su un punto: quello in cui "usciamo" dal giudizio, è sempre il momento scelto dalla parte migliore di noi per metterci un dono nelle mani e suggerirci la direzione giusta; non è che precedentemente non lo facesse, ma prima eravamo assordati dalla confusione messa in scena dall'ego e non riuscivamo a distinguere la sua voce pacata e amorevole.

Il futuro in una valigia...

Ho conosciuto Giambenedetto Colombo dell'Associazione Onlus EFrem, che ha come scopo la diffusione delle energie rinnovabili nel Terzo Mondo. Questa associazione, senza scopo di lucro, è formata da un gruppo di tecnici, imprenditori, specialisti in intercultura, professori universitari, giovani studenti e altre figure che incarnano le competenze più varie. EFrem, fino ad ora, ha realizzato quattro impianti fotovoltaici e fatto otto sessioni di formazione per tecnici solari in quattro paesi africani (Burundi, Kenya, Costa D'Avorio e Congo) con studenti provenienti da Burundi, Congo, Rwanda, Kenya, Uganda, Costa D'Avorio e Burkina Faso. È in fase di conclusione un intenso programma di formazione che prevede, entro la fine dell'anno, 16 sessioni di training in 12 Paesi africani. I tecnici (circa 200) proverranno da oltre 20 Paesi. EFrem ha inoltre realizzato

3. Nome di fantasia.

due ambiziosi progetti per la **creazione di posti di lavoro** nei villaggi remoti del sud del mondo: **Grid** (General Recharging to Implement Development) e **Hoasis** (Holistic Approach Serving to Implement Self-Reliance). Poche volte ho sentito parlare in modo altrettanto competente, intelligente e pratico di ciò che si potrebbe fare per aiutare concretamente qualcuno; solo che Giambenedetto non si limita a parlare: agisce! Una delle loro meraviglie, Grid, è una valigia contenente un minipannello fotovoltaico in grado di ricaricare, contemporaneamente, una decina di batterie di cellulari e alcune batterie di laptops, MP3, Ipod, Digital cameras ecc. Il numero dei cellulari presenti in zone non provviste di energia elettrica nel Continente africano, è stimabile nell'ordine di parecchie decine di milioni, con un tasso di crescita annuo almeno a due cifre. Se si ipotizza, solo per i cellulari, una media di 10 ricariche all'anno, abbiamo un valore di alcune centinaia di milioni di ricariche al costo di 0,10 € a ricarica (prezzo medio attualmente pagato nelle zone provviste di energia), il che può generare, a regime, un volume d'affari di qualche decina di milioni di euro all'anno e una conseguente occupazione, sempre a regime, di alcune decine di migliaia di addetti. L'altro piano prevede un'unità di produzione di energia alternativa (generalmente fotovoltaica, che è la più semplice da ottenere, la più modulare e la più facile da gestire) per produrre acqua bollente e bollita, in modo da evitare principalmente la deforestazione e le malattie legate alla non potabilità dell'acqua. Quante cose potremmo fare[4]! Giambenedetto è uno che le cose le fa! Dobbiamo prendere esempio da persone come lui e non fermarci nascondendoci dietro alibi senza senso! Non lontano da noi, la gente muore senza avere alcuna possibilità di riscatto; non possiamo più permetterci di fingere che non sia così!

4. EFrem-Economia di riconciliazione - Onlus Credito Bergamasco - Brescia. C/C bancario: 4858. Swift: CREBIT22307. IBAN: IT49Z0333611213000000004858.

Capitolo 24

Che cosa comporterebbe, credere ancora di più in te e negli altri?

«Ciò che è pensabile è anche possibile»[1].

Ti fidi del/la partner quando guida? Se fate un viaggio molto lungo, vi alternate al volante, giusto? No, guidi sempre tu? Perché? Non ti stanchi a guidare così a lungo? Rispondi che non ti stanchi che conosci benissimo le tue risorse; non è che ti sopravvaluti? E anche se ce la fai, non sarebbe meglio guidare entrambi, a turno, e arrivare riposati, dopo un viaggio lungo?... E se anche il percorso di coppia fosse un lungo viaggio? O almeno, non è quello che si auspica quando si inizia un rapporto con una persona che ci piace molto e che scegliamo? Ma allora, non sarebbe bello sperimentare che cosa succede a lasciare guidare anche l'altro/a? Prova a stabilire che per tutto questo fine settimana il suo punto di vista sia il migliore, il più lungimirante e il più valido; allineati a ciò che dice come se fosse anche il tuo pensiero, condividilo (come fai su Facebook), sostieni i suoi punti di vista considerandoli i più importanti e potrai sperimentare quanto il tuo rapporto diverrà sereno. È così? Hai trascorso un buon fine settimana? Il migliore della vostra vita comune? Che cosa ti avevo detto? Puoi ripetere l'esperienza anche oggi, domani, sempre; oppure puoi parlarne con la persona che accompa-

1. Ludwig Wittgenstein, da *Tractatus logico-philosophicus*.

gna la tua vita, spiegandole in seguito le ragioni che ti hanno reso/a così accondiscendente e, dopo aver visto il teatrino dei burattini dalla parte dei fili, anche l'altra persona avrà capito che, come si diceva in *Innamorati di te*, molti preferiscono avere ragione piuttosto che essere felici. E tu, che cosa vuoi? Avere ragione o veramente diventare amore? Così anche il/la partner potrà "guidare", pure a sua volta, si adeguerà ai tuoi pensieri, ed ecco che lo stare insieme diverrà un continuo scambio. Avrete ottenuto tutto questo, semplicemente alternandovi alla guida del vostro rapporto, come quando siete in viaggio. Diventerete magicamente una coppia che funziona e che non litiga più; sarete pronti a compiere insieme il viaggio più importante! Oggi guida lei, domani guidi tu. Nessuno si stanca più, sfinendosi con le recriminazioni per ciò che è stato o non è stato fatto/detto/pensato/chiesto/ricordato... Wow! Un'alternativa sarebbe quella di scegliere sempre e comunque soltanto il pensiero più elevato tra i vostri e quelli delle persone con cui interagite, per le azioni che ne conseguono. **Essere amore, affidarsi totalmente e donarsi incondizionatamente: che splendida vita diventerebbe la nostra**

Trasmettere emozioni...

A proposito di doni, eccone uno per voi amici! Ho conosciuto Massimo Perrella a Roma, durante un seminario di Johnn Gray, e in seguito ho lavorato con lui più volte. Massimo è una persona grandissima con straordinarie idee; è molto creativo e più volte ho avuto la fortuna di essere al suo fianco a sostenerlo a raggiungere qualcuno dei suoi grandi obiettivi! L'ultimo in ordine di tempo, anche se presto lavoreremo fianco a fianco a un progetto internazionale di grande impatto, si chiama *La pillola magica*. *La pillola magica* è un portale web che somministra gratuitamente e quotidianamente agli iscritti il proprio principio attivo sotto forma di filmati ad alto contenuto emotivo, che possono rivelarsi utili strumenti per chi desidera approcciarsi alla realtà senza filtri, solo attraverso le proprie emozioni. I filmati de *La pillola magica* sono altamente coinvolgenti e non ci lasciano mai come ci avevano trovati. Tutti sanno che le emozioni che ci circondano sono le "cause" scatenanti dei nostri stati d'animo più profondi; ma spesso, però, le viviamo solo in maniera inconscia trascurando la "magia" in esse insita; con la consapevolezza, si impara a gestirle, ad assaporarle, a renderle uniche, a viverle intensamente nel presente. Gandhi, Madre Teresa di Calcutta, Nelson Mandela, Karol Wojtyla hanno vissuto di emozioni e hanno saputo emozionare noi con le loro meravigliose vite, con la passione che hanno messo non solo nelle loro più grandi imprese, ma anche e soprattutto nella loro straordinaria quotidianità. Le emozioni che proviamo determinano il nostro futuro, condizionano le nostre scelte, segnano le nostre strade. Scegliamo quindi di viverle. La via più efficace per migliorarsi è quella di prendersi cura dei propri pensieri, e *La pillola magica* sposa il concetto di Einstein, secondo il quale «noi siamo il frutto di ciò che pensiamo; pertanto, perché non cercare di curare i nostri pensieri con stimolazioni adeguate?». *La pillola magica*[2] è quindi, senza dubbio, il primo principio attivo somministrato via Internet; è consigliato a tutte le persone che hanno voglia di provare sensazioni positive, è indicato per la stimolazione delle aree emotive e dei circuiti emozionali, ed è un incredibile sostegno per affrontare le giornate con una carica emotiva differente. Una delle cose più particolari di questo sito web è che i filmati visionabili "somministrati", durano solo 24 ore: il giorno seguente ne sarà disponibile un altro! Gli argomenti trattati

2. www.lapillolamagica.com.

sono di varia natura, ma tutti hanno l'obiettivo di trasmettere emozioni: talvolta i contenuti potranno sembrarci banali, altre volte assurdi oppure scontati; spesso potremo condividerli, qualche volta non saremo d'accordo, ma sempre saremo comunque toccati, giorno dopo giorno; alcune cose potremmo averle già viste o sentite, ma forse dopo un'ulteriore visione ne saremo emozionalmente coinvolti. Magari sarà proprio quella cosa, sentita e risentita migliaia di volte, in quel preciso momento, a suscitare in noi la magia del cambiamento. Non dimentichiamo che ogni grande evento è sempre stato scatenato da un piccolo, e a volte infinitesimale, cambiamento. Proviamo a dedicarvi qualche minuto, ogni tanto, magari anche ogni giorno: non ci sono regole e non ci sono misure; ci sono solo quelle emozioni, che possono rendere la tua vita davvero speciale, come meriti. «Ogni cosa ha un valore diverso, a seconda della prospettiva con cui viene osservata». È sulla base di questo ineccepibile principio che "la pillola magica" crea la *freelosophy*. La maggior parte delle persone soffre di analfabetismo emozionale e non sa che prendere coscienza delle proprie emozioni permette di cambiare il modo in cui ci si sente semplicemente attraverso ciò che si pensa. A chi domanda perché mai non mettono tutte le pillole a disposizione sempre, Massimo risponde che la creazione di un archivio avrebbe in pochissimo tempo relativizzato l'importanza che viene data alla singola visione. Chiunque verrebbe attratto dalla grande disponibilità di video ma, proprio come non è consigliabile prendere tutta una scatola di medicine in un solo giorno, un'eccessiva disponibilità di video potrebbe, a nostro parere, presto annoiare. Questa è un epoca in cui siamo tutti sollecitati a dismisura: si passa dall'uso all'abuso e poi al disuso di qualsiasi cosa, anche di quelle che avevamo desiderato tantissimo. La "Pillola" è magica anche perché, come detto, avremo solo 24 insostituibili ore per viverla, o non viverla, proprio come ogni unico e prezioso giorno della nostra esistenza. Alcuni di voi hanno già sentito parlare della *Pillola Magica* e ne sono entusiasti sostenitori; agli altri basterà cliccare sul sito per ricevere ogni giorno un video motivazionale. Non è fantastico? Fate meraviglie della vostra vita!!!

Chi sogna può muovere le montagne…

Chi di voi ha visto il film *Fitzcarraldo*? È incredibile, la vibrazione che mi trasmette l'entrare in contatto con questo film, di cui prima avevo solo sentito parlare vagamente. Di Herzog avevo visto un solo lavoro, molti anni prima, e il ricordo che ne avevo era legato più alla noia che ad altre emozioni… Come si cambia! «**Chi sogna può muovere le montagne**»: questa frase, che viene detta nel film, rappresenta in sintesi la potenza dell'opera più impegnativa e grandiosa del regista tedesco. La storia si svolge in Amazzonia, nell'incanto delle sue foreste. Brian Fitzgerald, che decide di farsi chiamare "Fitzcarraldo" perché i nativi del luogo non riescono a pronunciare il suo cognome, ha un sogno importante: costruire un grande Teatro dell'Opera nel piccolo villaggio amazzonico in cui vive. Sogna di riuscire a farvi esibire i più grandi nomi della lirica, primo tra tutti Enrico Caruso, che aveva ascoltato al Teatro dell'Opera di Manaus; ma aveva però anche altri sogni in stand-by: una ferrovia transandina e una fabbrica di ghiaccio, che poi gestirà con scarsa fortuna. Per finanziare l'idea del teatro, la sua amante, una figura molto positiva e sorridente, lo convince a dedicarsi alla raccolta del caucciù (il suo aiuto sarà determinante: «È il tuo giorno Molly» – «Siamo uniti, tu e io»), ma i terreni a lato dell'Ucayali, il fiume lungo il quale si trovano gli alberi da cui si ricava il caucciù, sono spartiti tra i grandi produttori. Esiste ancora una zona ricchissima di alberi, nel corso superiore, senza proprietario ma, tra questa e la confluenza dell'Ucayali con il Rio delle Amazzoni, vi sono le violentissime rapide del Pongo Das Mortes, a cui nessuna nave può resistere. Fitz, genialmente, nota però che in un certo punto l'Ucayali e il vicino Pachitea quasi si toccano. Gli viene quindi l'idea di raggiungere la zona dall'altro fiume, trascinando la nave oltre il poggio che lo divide dall'Ucayali. La compagna stessa che gli aveva dato l'idea, confermandosi disponibile e altruista, lo aiuta a comperare la nave e, una volta ingaggiato l'equipaggio, il viaggio inizia. È interessante, da questo punto di vista, la reazione degli altri affaristi della città, i quali si erano rifiutati di sovvenzionargli l'impresa; essi, infatti, mostrano tutto il loro disprezzo per i soldi bruciandoli o dandoli in pasto ai pesci (mi viene in mente che mio padre disprezzava sempre i miei regali e riusciva a disfarsene in tempi da record, regalandoli a sua volta immediatamente), per fare capire a Fitzcarraldo che non è per motivi economici che non l'aiutano ma semplicemente perché non credono nella sua idea, così come non credono ai propri sogni (figurarsi a quelli degli altri). Anche al protagonista non interessano i soldi, ma lui li spende invece di buttarli. Appena la nave giunge sul Pachitea, tra i marinai serpeggia il malcontento, perché il fiume è abitato dai feroci Indios Hivaros; così l'equipaggio un giorno abbandona la nave, lasciando Fitz con il capitano, il meccanico e il cuoco alcolizzato. Quando i quattro decidono di interrompere il loro viaggio e tornare indietro, gli Indios inaspettatamente, arrivano e aiutano Fitz nel suo progetto, perché convinti secondo una leggenda – che egli – sia il loro Dio e che sia arrivato per condurli in Paradiso. Per compiere la sua impresa, Fitzcarraldo deve quindi stringere rapporti di amicizia con gli Indios della zona; però anche loro hanno dei sogni, anzi credono che la vita stessa non sia altro che un sogno, e proprio perché hanno dei sogni da realizzare, una volta aiutato il protagonista a raggiungere il suo, si adopereranno per raggiungere i loro. Dopo un primo tentativo, Fitz riesce effettivamente a portare la nave oltre il monte, ma gli Indios gli fanno percorrere le rapide, che peraltro miracolosamente riesce a superare. Fallito il suo progetto, Fitz torna a Iquitos e rivende la nave a un prezzo più elevato, rispetto a quello dell'acquisto, essendo stata la prima imbarcazione a superare le rapide del Pongo das Mortes. Con il ricavato, Fitz ingaggia l'orchestra che aveva sentito suonare a Manaus a un concerto. Questo moderno Sisifo[3] prende così i tratti da grande sognatore, da faccendiere speciale, in quanto considera il denaro non come un fine, ma come un mezzo per realizzare i propri desideri. In un gioco di specchi fantastico, nel film non ci sono solo i sogni di Fitzcarraldo e degli Indios, ma anche quelli del regista. Herzog, infatti, ha stretto i denti, insieme alla sua troupe e agli attori, durante ben quattro anni di lavorazione, e a chi gli chiedeva perché non mollasse tutto, rispondeva che non voleva vivere senza sogni e che quel lavoro ne rappresentava uno suo grande. Questo film mi ha scosso. L'amore incondizionato della compagna di Fitzcarraldo mi ha colpito molto; infatti, malgrado lui non l'avesse nemmeno invitata a bordo per assistere alla realizzazione del suo sogno (anche se era evidente che si trattava di un "piano b", composto addirittura dal *mixage* di più sogni incompleti rimasti irrealizzati), mentre lui fierissimo fuma il sigaro ascoltando l'opera e assaporando la sua impresa, lei arriva sulla sponda, leggera e sorridente, per vederlo da lontano e non per reclamare il posto che di diritto le sarebbe spettato (non dimentichiamo che senza il suo denaro non ci sarebbe stato proprio niente), ma per bearsi della soddisfazione del suo uomo, che non apparteneva di fatto né a lei, né a se stesso. «Senza occaso, questa aurora...», cantava il tenore e l'autore con questa frase intendeva affermare che quella

3. Personaggio della mitologia greca, costretto a trascinare una grossa pietra solo per lasciarsela sfuggire e ricominciare tutto da capo.

metaforica luce non avrebbe mai più avuto fine. Così, pensavo, dovremmo essere ogni volta che realizziamo un sogno, mentre la nave che aveva saputo governare e domare le impreviste "onde della montagna" scorreva trionfante nel fiume[4].

È sempre incredibilmente adrenalinico, per me, guardare coloro che compiono imprese; il privilegio più grande che incontro tutti i giorni nel mio lavoro è rappresentato proprio da questo: affiancando i miei clienti mentre cercano di raggiungere i loro sogni, mettendomi in viaggio con loro, come una specie di *sherpa*, portatore di acqua ed esperto del luogo, che insieme a loro raggiunge la vetta dei loro desideri, quando si autorizzano a farlo.

Se noi ci ascoltassimo di più e se confidassimo sulle capacità sconosciute che potremmo attivare, ci meraviglieremmo costantemente di ciò che saremmo in grado di creare. Tempo fa lavoravo con una cliente speciale, Simona una donna che ha cresciuto i suoi figli da sola con grandi sacrifici, ma preoccupandosi sempre in modo molto amorevole che a loro non mancasse mai nulla! Un giorno, era la Domenica di Pasqua, Simona aveva regalato a suo figlio Davide, una bicicletta rossa, nuova, proprio quella da lui molto desiderata. La sorella Sara di tredici anni, era rimasta abbagliata da quel regalo e aveva espresso il desiderio di averne anche lei una uguale. Ovviamente, la mamma le aveva detto che non era quello il momento per comprarne un'altra, promettendole però che, appena possibile, anche lei ne avrebbe avuta una. La bambina, molto giudiziosa, si fece bastare quelle rassicurazioni e si mostrò contenta e fiduciosa di ricevere anche lei prima o poi la sua bicicletta! Dopo un po' di tempo la mamma chiese a Sara di portare il cane a fare una passeggiata; la bambina uscì, ma non si diresse verso la strada che percorreva di solito quando usciva con il cane; prese

4. Si ringrazia Wikipedia per queste informazioni.

invece una strada che conduceva a una discarica di rifiuti ingombranti, che si trovava alla periferia del paese. Quando arrivò in prossimità della discarica, Sara si accorse che al cancello chiuso era appoggiata una bicicletta rossa, uguale a quella del fratello, con un cartello attaccato sopra; c'era scritto: «Regalo!». Probabilmente la fiducia che aveva riposto in sua madre e la certezza che essa avrebbe fatto il possibile per accontentarla, aveva convinto l'Universo a utilizzare chissà quali energie per far sì che il sogno si avverasse subito! Simona mi ha raccontato che la bici era identica a quella del fratello e nuova fiammante, con ancora quei piccoli filamenti di gomma nuova, tipici delle ruote che non hanno mai percorso alcun tratto di strada! Chi ha fiducia, assisterà a dei miracoli e in ogni caso starà meglio di chi non lo fa, avrà una vita migliore e troverà più accoglienza rispetto a chi ha un atteggiamento di diffidenza! Se ci proveremo, saremo in connessione con tutti e ci accadrà il meglio, anche se apparentemente, nel passato, l'averlo fatto ci ha provocato un'apparente perdita. Ciò che conta sono le conclusioni che tu trarrai, come catalogherai quello che è accaduto, le considerazioni che farai e le valenze che darai al tutto. Proviamo a riconnetterci con quelle capacità, che solo raramente percepiamo di avere posseduto in certe circostanze.

Prova a immaginare di essere in una stazione ferroviaria senza tempo e di stare per risalire su un treno, sul quale avevi viaggiato tanti, tanti anni fa. Hai ritrovato lo stesso treno sul quale tanti anni prima avevi perso una parte di te, sembra proprio quel treno e tu sembri proprio il ragazzo la ragazza di allora, e quello sembra proprio lo stesso vagone e quello lo stesso scompartimento e quello lo stesso sedile e **quelle sembrano proprio le cose che avevi perso**. Ed ecco che ora puoi scendere alla prima fermata sapendo che non ti manca proprio più nulla per andare a realizzare ciò che ti preme, ti interessa e ti appassiona! Hai tutto!

Capitolo 25

Non aspettare di avere dei risultati per essere felice

«Ogni via è soltanto una via. Non è un affronto a voi stessi o ad altri abbandonarla, se è questo che vi suggerisce il cuore. Ma la decisione di continuare quella strada, o di lasciarla, non deve essere provocata dalla paura o dall'ambizione. Osservate ogni strada attentamente e con calma. Provate a percorrerla tutte le volte che lo ritenete necessario. Poi rivolgete una domanda a voi stessi, e soltanto a voi stessi: questa strada ha un cuore?»[1].

Ho lavorato con persone che si sono macerate pensando di avere fatto qualcosa di imperdonabile, in passato: è capitato anche a te? E in tal caso hai mai chiesto scusa per quello che pensi di avere commesso? Hai mai detto che ti dispiace? Hai mai domandato perdono? No, no, la parte peggiore ti dice che non ci puoi nemmeno provare… che questo ti distruggerà se lo farai; la sua rabbia nei tuoi confronti è aumentata… paura. La paura del giudizio terreno e divino porta all'inevitabile condanna. E come potremmo guardare al domani e alla possibilità di essere ancora felici, con questi presupposti? Non misurare il tuo valore in base a ciò che è "capitato", a ciò che ne è conseguito, a quello che hai acquisito; misuralo in base a ciò che "sei". Non pensare di essere "speciale" solo quando ottieni i risultati prefissati, perché in tal caso saresti come un automa che funziona solo con

1. Eraclito.

un'energia che non può autoprodurre e che gli può arrivare inevitabilmente ed esclusivamente dall'esterno! **Non aspettare di avere dei risultati, per essere felice**. Sii soddisfatto della tua creatività in ogni momento e in ogni area della tua vita. Quando parliamo di legge dell'attrazione, di pensiero creatore e di causa/effetto, di che cosa stiamo parlando, se non della fiducia in noi stessi, negli altri e nelle cose che verranno? Se noi avessimo la motivazione per gestire e vedere la qualità dei nostri pensieri occupandoci di loro, trasformeremmo i nostri "raccolti", che sarebbero copiosi, abbondanti, consapevoli e consequenziali; perciò la fiducia nei confronti dell'Universo farà la differenza, nel tentativo di assicurarci i risultati sperati! Non aspettare di avere qualche motivo di gioire per essere sereno! Comincia a esserlo ancora prima, così lo sarai presto. Non ti sto prendendo in giro, ti sto parlando di predisposizione, di percezione, di atteggiamento. Vedere il meglio di ciò che accade è avere fiducia che quello che vedremo sarà sempre il meglio per noi: questo ci connette con la possibilità di ricevere costantemente il meglio per noi. Ma saremo noi a far sì che quello che vediamo sia il meglio: **noi, il meglio, lo costruiamo**!

Lo sforzo di sentirsi come tutti...

«Ci sganciamo e andiamo a bere ancora qualcosa?». Spesso la domanda finalizzata alla conclusione di una serata è questa. Chi è libero, dà all'avventura occasionale una valenza in più, rispetto a chi è impegnato, perché essa rappresenta anche la speranza di trovare, in quella situazione, una persona che poi entri nella sua vita e rimanga a condividerla. Questa probabilmente è anche una ragione di fondo per cui talvolta c'è chi avventatamente, senza prendere le dovute cautele, ha dei contatti che potrebbero comportare anche l'incontro con qualcosa che il partner porta consapevolmente o meno in sé; è un'imprudenza che può rivelarsi decisiva, visto che in Italia, sei persone su dieci scoprono di avere contratto l'aids, compromettendo così talvolta la loro stessa sopravvivenza. È vero che la speranza di vita delle persone malate di aids è più che raddoppiata, in seguito all'introduzione, nel 1996, della terapia antiretrovirale, passando così dal 31% negli anni 1990-1995 al 75% del 2006[2], ma nel frattempo l'età media per contrarre la malattia è aumentata e ora sfiora i 40 anni. Anche lo schema della causa dell'infezione è mutato, infatti nel primo decennio oltre il 70% dei casi era relazionabile alla tossicodipendenza. Oggi la principale via di trasmissione (75% dei casi) è rappresentata semplicemente dai contatti sessuali non protetti, che purtroppo non vengono ancora da tutti considerati a rischio. Ma a che punto siamo, con questo argomento? Che fine ha fatto, la paura del virus HIV? Ritengo ci siano fondamentalmente due modi di considerare la questione: ci sono persone che negano l'esistenza del problema e che, quindi, si pongono realmente in situazioni pericolose creando le circostanze per contrarre il virus, e altre che, essendo completamente terrorizzate, esagerano i loro timori dando corpo a pregiudizi assolutamente ingiustificati nei confronti delle persone sieropositive. Tutto quello che fa il Ministero della Salute, almeno in Italia, è produrre uno spot informativo ogni anno. La soglia dell'attenzione sembra precipitata, ma anche quella dell'informazione corretta. Ho lavorato più volte con persone che dovevano affrontare questa difficoltà relazionale, perché proprio di questo si tratta: è una condizione che porta una persona a relazionarsi con diffi-

2. Per queste informazioni, ringrazio la dottoressa Antonella Baccaro.

coltà con se stessa e con gli altri, e non solo nel presente, ma anche e specialmente riguardo al futuro. Ho chiesto a una cara amica, con cui ho lavorato poco tempo fa proprio su questo, di riflettere su questo argomento; anche suo marito è sieropositivo e la loro scelta è stata, una volta superate le prime difficoltà sorte al momento della rivelazione, quella di conservare il segreto. Luisa[3] mi ha detto di avere incontrato poche volte, nella sua vita, delle persone che le abbiano ispirato, immediatamente, un tale senso di fiducia da farle intuire che avrebbe potuto aprire loro il suo cuore e parlare del grande segreto che la accompagna da più di vent'anni. Così la sua grande difficoltà è rimasta inconfessata, è stata rivelata a pochi, a causa della paura di non essere capita, di essere giudicata, di perdere l'amicizia. Il più delle volte, la sua è stata una doppia vita: da un lato, lo sforzo incredibile di sentirsi come tutti; dall'altro, la consapevolezza di essere invece diversa e "sbagliata", e il sentirsi in colpa per una cosa della quale non riusciva a capacitarsi. Questa sensazione l'ha accompagnata per tanti anni; mi ha detto che per molto tempo si è sentita anche una traditrice, di fronte alla fiducia che altri riponevano in lei, per questa condizione che spaventa ancora così tanto malgrado siano passati molti anni dalla scoperta del virus e la medicina abbia fatto passi da gigante. Luisa ha lottato per nascondere questa verità, e ancora oggi, anche se la salute va bene e la sieropositività è sotto controllo da molto, avverte che le persone che non ne sono coinvolte hanno ancora tantissimi pregiudizi in merito. Spesso quando è con i suoi amici – che ritiene comunque persone squisite e che ovviamente ignorano il suo coinvolgimento – li sente fare delle battute sull'argomento e lei ci rimane male perché loro, senza vo-

3. Nome di fantasia.

lerlo, la feriscono. Chi, come lei, deve convivere con questo problema, sa molto bene che il senso di solitudine comporta, il non potere esprimersi e spiegare che le cose non stanno come la parte maggiore della gente crede. Per lei, questo non è più un enorme problema – merito della medicina, che le ha dato la possibilità di riappropriarsi di una qualità di vita accettabile – ma è rimasta una questione di coscienza. Anche se all'inizio è stato difficilissimo combattere contro questa malattia, ora i sieropositivi possono avere una vita più o meno normale, come chiunque; ci vorrebbe però un salto di qualità, per dare più ragguagli e per fare maggiore chiarezza al riguardo, affinché le persone che non hanno questo problema possano capire meglio. L'informazione c'è ed è alla portata di tutti, manca solo la voglia di capire, da parte di troppa gente. Le persone dovrebbero sapere, intanto, che un sieropositivo non fa sempre parte di quelle categorie, che la nostra società non vede come buoni esempi: a volte il destino riserva delle sorprese terribili, per le quali non si è preparati. Per Luisa, quando venne a sapere della sieropositività, fu come ricevere «un mattone grande come il mondo» in testa. Lei non faceva parte di alcuna di quelle categorie un tempo considerate a rischio e le riuscì molto difficile accettare questo tremendo verdetto e trovare la forza di andare avanti; le sono occorsi molti sforzi mentali, per non lasciarsi andare e continuare a lottare, facendo finta di niente davanti alle persone care a lei vicine. I sieropositivi oggi possono vivere senza la paura di contagiare chi sta loro intorno, specie se sono trattati adeguatamente. Ora però, dopo avere fatto tanti sforzi per sopravvivere in mezzo ai pensieri negativi degli altri, Luisa vorrebbe tanto che la gente imparasse ad accettare anche quello che lei definisce «un disastro umanitario», così come sono state accettate il cancro e le altre malattie.

Costruire la fortuna...

Io non so che cosa vuoi cambiare tu, ma so che cosa voglio cambiare io. Tu devi essere ben consapevole dei cambiamenti che vuoi fare; un tempo eri abile nelle vie d'uscita: le scoprivi e le nascondevi a te stesso/a; invece ora è arrivato per te il momento di "spezzare" questa abitudine, per fare breccia in quel plumbeo cielo, che prima costituiva una specie di cappa per la tua creatività e la tua vitalità e di essere l'esempio per tutti coloro che non vedono una via d'uscita. Ecco, ora sei l'esperto/a in vie d'uscita poiché, non vedendone intorno, le hai create tu! E potresti anche fare pagare un biglietto, per passare da lì, perché prima quella porta non c'era e tutti ora ti ringrazieranno e ti riconosceranno. Così diventi l'alfa e l'omega, come tutte quelle persone che, invece di limitarsi a percorrere le strade che qualcuno aveva già costruito, si sono prese il compito di crearne di nuove: persone a cui la fortuna non è semplicemente arrivata, come una lettera: l'hanno costruita, proprio come gli antichi romani costruivano i ponti. In passato, cercavi sempre di far sì che gli altri avessero un'opinione favorevole su di te, ma a che prezzo? Al prezzo di non ritrovare più te stesso/a! Volevi piacere a tutti e avevi un compulsivo bisogno d'amore. Così non ti domandavi più che cosa fosse il meglio per te e dicevi sempre sì, ti sembrava maleducato dire di no. Forse non sei mai riuscito/a finora a mettere a fuoco qual è il nome della malattia che ha sabotato tutte le tue storie d'amore, compresa quella che stai forse vivendo; il nome di questa grave e contagiosa malattia è "avere delle aspettative infinite"e la si contrae quando ci si abbandona a continue ansie, previsioni, desideri, perenni attese di qualcosa e speranze troppo alte, dando così energia a una sensazione di mancanza e di vuoto, causata da ciò che vorresti ricavare e che viene continuamente disatteso. È come stipulare un'assicurazione con una forza tenace che te l'allontanerà in continuazione, perché quello che troverai, non sarà la possibilità di ottenere ciò che cerchi, ma un sentimento di carenza che si protrarrà. Al contrario, se vivrai dando energia alle emozioni che proverai, ti avvicinerai a ciò che vuoi e starai già bene da subito. Se ci abbandoniamo alla sensazione di carenza, come se tutto quello che vogliamo fosse lontano e irraggiungibile, continuiamo a fare una deleteria contabilità delle cose che non riceviamo, che minerà la nostra autostima, perché, di fatto, dovremo arenarci come dei naufraghi nell'isola inospitale del "forse non merito di ricevere tutto quello che vorrei!". Così sarà, quindi, e per la parte peggiore di noi in quel momento cesserà l'allarme rosso! Essa penserà: "Per fortuna ha rinunciato, ed è stata una vera fortuna, perché ci stava proprio per riuscire questa volta!". Se non neutralizzeremo tale meccanismo, attireremo sempre e comunque persone che al nostro bene non ci penseranno neppure lontanamente. Se riuscissimo ad ammettere che i parametri con cui "misuravamo", con giudizi da Santa Inquisizione, i partner con cui condividevamo la nostra situazione affettiva, erano astratti e riferiti più a figure inesistenti che concrete, affidabili e raggiungibili, saremmo pronti a capire dove, quando e con chi abbiamo sbagliato e, soprattutto, quanto tempo e quante energie e possibilità di essere felici abbiamo sprecato. Se hai creduto che la tua donna ideale dovesse essere simile alle donne bellissime e ubbidienti proposte nel film *Un mondo perfetto* oppure, se sei una donna, che il tuo uomo ideale dovesse essere un affascinante cavaliere senza macchia e senza paura, che nel suo campo visivo avesse te e solo te impressa nella retina in primo piano e poi sullo sfondo, ma lontano lontano, il mondo come coreografico complemento, faresti meglio a vedere quanto spreco hai fatto intorno a te e quanto dolore hai forse arrecato. Infatti se noi paragonassimo costantemente quello che il/la partner ci dà a quello che queste meravigliose ma inesistenti figure avrebbero "certamente" potuto darci, nella nostra fantasia, entreremmo in relazione con delle immagini perfette e illusorie mai esistite, con dei fantasmi, lo faremmo ma da soli. Quanta tristezza e impotenza, con i nostri comportamenti egoistici, abbiamo saputo causare, in questo modo, a chi avevamo vicino? Quante volte abbiamo ingannato, proclamando amore incondizionato e perenne a qualcuno/a, di cui oggi non ricordiamo neanche il nome, che in quel momento viveva con noi una storia di amore perché credeva a quello che noi promettevamo? Quante volte abbiamo desiderato qualcuno o qualcosa e poi, appena lo abbiamo ottenuto, ci siamo accorti di non essere così sicuri di volerlo veramente? Sarebbe utile accettare l'idea che la persona dei nostri sogni più romantici (quella con tutte le caratteristiche giuste per corrispondere ai nostri desideri), dobbiamo vederla in chi abbiamo vicino. Forse **non siamo stati noi in grado** di interessare l'altra persona così profondamente da motivarla a instaurare con noi una relazione durevole. Talvolta, anche se l'abbiamo incontrata, semplicemente questa persona **non ci ha riconosciuti** e quindi **non ci ha scelti**, **non ci ha voluti** e ci ha rifiutati; oppure, molto più probabilmente, **non abbiamo avuta tanta autostima** da poterci fidare di noi stessi e di quello che avremmo potuto dare, o di questa persona e di quello che avremmo potuto ricevere. **Io, Tiberio, ho rovinato e sprecato tantissime storie d'amore che sarebbe valsa la pena di vivere in un altro modo**; me ne dispiaccio e chiedo perdono a ognuna di quelle splendide persone che ho avuto accanto!

Ripeti questa frase: «Io (di il tuo nome) ho rovinato tantissime storie d'amore, che sarebbe assolutamente valsa la pena di vivere in un altro modo; me ne dispiaccio e chiedo perdono a ognuna di quelle splendide persone che ho avuto accanto!». Se faremo questo con il cuore, ecco che saremo pronti a guardare con occhi più riconoscenti la persona che abbiamo al nostro fianco, e saremo finalmente disposti a guarire il nostro rapporto d'amore. "Guarire da che cosa?", penserà tuttora qualcuno tra voi; dalla paura, rispondo io, dalla paura di amare e di essere amati. La consapevolezza ci offre l'occasione incredibile di progredire incessantemente in direzione della realizzazione; **altro che aspettare di essere felici, puoi esserlo da subito e hai tutto quello che ti serve a portata di mano**! Così, come accade nelle elezioni forse, la tua parte peggiore andrebbe in minoranza. «Ogni uomo aspira alla felicità e vuole evitare il dolore, ma in questo mondo la verità e la falsità, la rettitudine e la disonestà, la gioia e il dolore passano e cambiano con il tempo. L'uomo dovrebbe avere fede nel principio fondamentale da cui hanno origine sia il bene che il male; **uomo vero è colui che tratta il dolore e il piacere alla pari**.

Voi dovreste avere fiducia nel Divino e sentire il Suo Amore nel cuore. I santi e i saggi del passato, immortalati dalla storia, aspiravano alle avversità e non alla felicità; la gioia che nasce dall'avere superato le difficoltà dura più di quella ottenuta dalla felicità, quindi non dovremmo rifiutare il dolore né cercare solamente la felicità»[4]. Non dovremmo rifiutare ciò che scaturisce, di positivo, dal dolore; ma certamente non dobbiamo neppure creare i presupposti per affrontare altro dolore, allo scopo di sentirci poi sollevati quando il momento brutto passa; sarebbe una cosa troppo stupida, sarebbe come avere l'abitudine di portare scarpe strette per gioire la sera togliendosele.

4. Sai Baba.

Capitolo 26

Quando è cominciato tutto

«Chi non impara nulla dai bambini,
certamente non imparerà nulla dai grandi»[1].

Sono innumerevoli i modi che vengono messi in atto per non concedersi di accedere alla totalità del potenziale che potrebbe essere espresso. Talvolta le origini del disagio sono molto lontane e riguardano i primi momenti della nostra vita e talvolta il periodo in cui eravamo nell'utero di nostra madre. Nel *Rebirthing* si dà molta importanza a queste influenze derivanti dal periodo "pre e perinatale" e dallo scenario di nascita. Il modo in cui siamo stati attesi, tutto quello che è avvenuto intorno a nostra madre nei nove mesi che hanno preceduto la nostra nascita e il modo in cui siamo venuti alla luce – parto cesareo, interventi meccanici o chimici (quali forcipe, ventosa, manipolazioni varie, ossitocina, insomma lo schema di nascita...) – influenzano in un modo incredibile le modalità con cui ci approcciamo alle novità, ai nuovi rapporti di lavoro e d'amore. Quante difficoltà ho avuto per credere a queste cose, all'inizio! Mi sembrava impossibile capire che un minuscolo essere non ancora formato potesse essere influenzato dalle esperienze della madre nei nove mesi della gravidanza e da ciò che avviene nel contesto della nascita. Oggi, invece, per me tutto questo è matematico! Talvolta risolvo delle difficoltà comportamentali semplicemente attingendo a quanto mi viene raccontato al riguardo della nascita.

---

1. Ernst von Wildenbruch.

La vita è ricca: omaggio al Rebirthing...

Tanti anni fa, Raffaella, una mia cara amica, seguiva delle sedute di *Rebirthing*. Frequentandola, mi rendevo conto dell'evoluzione che stava avvenendo in lei. Essendo da sempre assetato di tutto ciò che possa dare la possibilità di fare un cammino di crescita personale, mi attivai per seguire io stesso un percorso analogo. All'inizio rimasi deluso: non mi sembrava di trovarvi nulla di speciale, e inoltre si parlava un po' troppo di Dio, per i miei gusti. Dopo due o tre sessioni parlai con Francesca, la rebirther che mi seguiva e le comunicai che avevo intenzione di smettere; lei fu molto comprensiva e mi disse che, se era veramente quello che volevo e se davvero non avevo trovato nulla nelle sessioni fatte, ero naturalmente libero di interrompere il percorso. Che non avessi trovato nulla non era assolutamente vero: quello che era cambiato in me, era che mi autorizzavo a sentire della rabbia che prima mi era sconosciuta e che mai avevo voluto vedere in me, perché l'accomunavo al modo di essere di mio padre; di conseguenza, non volevo riconoscere che potesse appartenermi. Ma sapevo troppe cose per potere raggirare me stesso sull'importanza di questi elementi e così decisi di terminare il ciclo di 10 sedute così come era stato programmato. Nei restanti incontri, non accadde niente di importante e io li portai a termine quasi "per educazione". Alla decima sessione, la signora mi disse che stava organizzando un piccolo gruppo per andare a Roma, in occasione di un seminario di Bob Mandel, un grande personaggio nel campo della crescita personale, del quale avevo già in passato letto diversi libri e che ammiravo molto. Decisi così di aggregarmi, più per recarmi a Roma – città che adoro e in cui vado appena ho una scusa plausibile – che per seguire il seminario, anche se l'idea di stringere la mano a Bob Mandel mi piaceva molto. Il seminario si chiamava: "La vita è ricca!" e quello che accadde fu che mi ritrovai "folgorato" da quello che Bob diceva; le sue parole mi colpirono così tanto che al ritorno cominciai a interessarmi a tutto ciò che riguardava il *Rebirthing*. In breve tempo, non mi restava altro da sapere se non frequentare un percorso di formazione per diventare io stesso un *rebirther*. E fu quello che feci! Alla prima lezione eravamo circa 80 persone; il relatore chiese chi di noi avesse intenzione di trasformare in una professione quella formazione e io fui l'unico o quasi a non alzare la mano: io ero lì per me! La seconda volta che vidi Bob Mandel per un suo seminario in Europa, ero già un suo assistente; la terza, ero il responsabile degli assistenti e così fu da quel momento per diversi seminari. «Vuoi prendere il mio posto?», mi chiese Bob la terza volta che mi vide, riconoscendo così il mio impegno nello scoprire le possibilità che il *Rebirthing* offriva. Non avevo ancora terminato la formazione e già avevo numerosi clienti che volevano lavorare con me; perciò affittai uno studio e cominciai a ricevere le persone e a tenere loro delle sedute di *Rebirthing*. In seguito, sentii il bisogno di acquisire altre esperienze complementari nel Counseling e nel Coaching. Un giorno del 2004 mi venne in mente di scrivere un libro per raccontare i "miracoli" che avvenivano nel mio studio e permettere, a chi non sarebbe mai venuto a lavorare con me, di accedere ai miei sistemi. Così nacque *Innamorati di Te*! Chiesi a Bob Mandel se fosse disposto a fare una presentazione e lui accettò con entusiasmo: la vita è ricca! Così iniziò il mio percorso al servizio della crescita personale. Le origini del *Rebirthing* sono molto antiche: il tipo di respirazione continuata che si adotta oggi nelle sedute, anticamente veniva chiamato *Pranapanagati*. Questa tecnica, che in passato era praticata dai monaci buddhisti del Siam allo scopo di accedere agli stati profondi della coscienza, presenta dei punti di contatto con lo yoga tradizionale, lo *Yogananda* (*Kriya*), il *Kundalini yoga* e con le scritture sacre Indù[2]. Nel *Rebirthing* si dà quindi tantissima importanza alla respirazione: dal primo respiro del bambino, preso nell'urgenza e nella paura, sino all'ultimo del moribondo, si svolge una lunga storia di respirazioni. Il respiro è fonte di energia e di vitalità, ma quando siamo tesi, nervosi o depressi, senza accorgercene limitiamo la nostra capacità respiratoria. Nelle prime sedute si possono avere sensazioni di leggera alterazione, che possono essere gradevoli oppure spiacevoli, quando ad esempio, si rivivono delle esperienze dolorose o traumatiche[3]. In alcune persone subentra un fenomeno di tetania, cioè una contrazione involontaria dei muscoli, principalmente di quelli delle mani e della bocca, simile a una leggera paralisi, che si risolve rapidamente per lasciare posto a uno stato di benessere e vitalità. Il dottor Filippo Falzoni Gallerani, che è stato il primo a portare il *Rebirthing* in Italia, ha fatto anche parte del gruppo, che, insieme a Baba JI, in India ha sperimentato delle tecniche attraverso le quali, per mezzo della respirazione cosciente, si auspicava, di potere diffondere pace e amore in Europa e nel mondo. I suoi studi postuniversitari presso Respirazione e Terapia degli Attacchi di Panico (DAP) sono tra i più avanzati. Al giorno d'oggi, i disturbi da attacchi incontrollati di ansia e paura colpiscono un'amplissima fascia di popolazione e la scienza ufficiale affronta il problema con gli psicofarmaci, ottenendo risultati incerti. Solo da pochi anni il DAP, è stato inserito nell'importante manuale diagnostico statistico redatto dall'American Psychiatric Association come vera e propria

2. *Bhagavad Gita*, IV, 29, Il Respiro.
3. Maggiori informazioni si trovano nei libri del dottor Filipp Falzoni Gallerani: *Il respiro dell'anima*, Ed. Armenia; *Rebirthing Transpersonale*, Ed. Fusconi.

malattia, che pare colpire il 5% della popolazione. Questo disturbo non risparmia nemmeno le persone sane e realizzate. L'esame di tutti i casi incontrati o di cui si è a conoscenza, dimostra che la sintomatologia che innesca il panico ha moltissimi punti in comune con le sensazioni indotte dall'iperventilazione. Studi approfonditi hanno portato alla constatazione che i sintomi di iperventilazione (capogiro, formicolio alle mani, timore di perdere il controllo emotivo, vertigini e paura) sorgono con estrema facilità e rapidità in coloro che, inconsapevolmente sono in condizione di subventilazione. Il dottor Gallerani ci dice che, nella maggior parte dei casi di DAP, basta una sola crisi per innescare il timore che essa possa ripetersi nelle circostanze in cui si è verificata la prima volta. Chi ha avuto la prima crisi in aereo, inizierà a non potere più viaggiare con quel mezzo e facilmente arriverà a evitare ogni altro mezzo di trasporto, per paura che quella cosa strana e incontrollabile possa accadere di nuovo, magari in pieno traffico. Respirare profondamente, seguiti da una guida esperta, permette di superare rapidamente il momento critico: il soggetto riconosce che il respiro non può essere dannoso e comprende che le sensazioni di formicolio e di intorpidimento che accompagnano l'esperienza sono le naturali risposte dell'organismo trovatosi precedentemente in stato di subventilazione. Scompare così il timore di avere qualche oscuro male o uno squilibrio mentale. Si constata spesso la presenza di idee preconcette per quanto concerne i fenomeni associati all'iperventilazione; si crede comunemente che, respirando "troppo", si induca una serie di sintomi legati ad alcalosi e tetania e che queste sensazioni provochino ansia e panico. Si ricorda che, sino a una decina di anni fa, in alcuni ospedali americani, oltre a somministrare il Valium, si faceva respirare il paziente in un sacchetto di carta per "ridurre l'ossigenazione".

È di estrema importanza vederci chiaro, in questo campo, se si vogliono risolvere i problemi di tanti individui che soffrono di disturbi, che vengono mitigati solo temporaneamente dagli psicofarmaci. Chi sperimenta questa tecnica, respirando molto più profondamente e a lungo dopo poche sessioni, non ha più alcun sintomo di iperventilazione. La persona prova solo sensazioni di lucidità e di euforia, constata la scomparsa dell'ansia – non solo durante la respirazione, ma in ogni situazione – e può riprendere una felice vita attiva piena di benessere e di sicurezza. Il rapporto tra la respirazione e le emozioni represse appare chiarissimo quando vediamo che una persona, tesa e contratta durante la prima fase dell'esercizio, si libera istantaneamente da ogni rigidità e da ogni sintomo legato all'iperventilazione appena si lascia andare ed entra in contatto cosciente con le emozioni represse e i ricordi a esse associati[4]. Considero il dottor Filippo Falzoni Gallerani una figura eminente a livello internazionale, su queste tematiche.

Una realtà che riguarda l'affidarsi totalmente...

Il suo progetto nasce nel 2003 ed è figlio di una storia di amicizia con la dottoressa Fanny Rankin, che in Guinea Bissau lavorava a un progetto riguardante le donne sieropositive: Patrizia Cameroni, è riuscita a creare, partendo da esigenze razionali, una rete di solidarietà concreta, che renda possibile aiutare i bambini con problemi clinici o chirurgici. Lei va di persona a prendere questi bambini, che nel loro Paese sarebbero incurabili, e conquista la fiducia dei genitori, che glieli affidano, e ancora lei, una volta risolto il caso, li

4. Per maggiori informazioni: Associazione Rebirthing ad Approccio Transpersonale: www. rebirthing-italia.com e www.rebirthing-online.com.

riporta indietro, guariti, con il ricordo di qualcuno che vive in un altro modo, in Europa, e che è riuscito a cambiare la loro vita! All'inizio lei e Fanny, semplicemente, si chiesero come avrebbe potuto aiutare i bambini delle pazienti che non andavano a scuola. Così trovarono cinque amici in Svizzera disposti a pagare 30 sfr. al mese per l'istruzione e l'alimentazione di questi bambini. In meno di un anno i bambini raddoppiarono; dopo due anni erano quasi un centinaio.

È proprio nel 2005 che la Cameroni nel corso di una visita in Guinea, vedendo la lista di attesa dei bambini che attendevano un padrino, decide di creare in Ticino l'associazione Samori[5]. Sempre durante quella visita, alla clinica di Ceu e Terras portano un bambino ustionato, Domingos, ed è lì che nasce l'idea di farlo curare in Svizzera, anche se non si sapeva ancora cosa fare per aiutarlo. Rientrata in Svizzera Patrizia scrive a tutti gli ospedali, e contatta Terres des Hommes, l'ambasciata svizzera a Dakar; finalmente da Ginevra risponde la Fondazione "Children Action" e il trasferimento in Svizzera e l'operazione di Domingos diventano presto una realtà. Con lui inizia un progetto riguardante il trasporto di bambini bisognosi di cure! Siamo agli inizi del 2006 e passerà quasi un anno prima che lei ritrovi il coraggio e la forza di ritornare in Guinea. Lo fa nel 2007 e conosce Augusta, una bambina cardiopatica, ma ormai le è nota la prassi burocratica. Prova a chiedere al Cardiocentro di Lugano se sono disposti a darle una mano. Nasce una bellissima amicizia fra il dottor Pedrazzini, il direttore Rezzonico e lei; così. La Fondazione "Bambini Cardiopatici nel Mondo", da quel momento in poi finanzierà ogni operazione dei bambini e ha regalato una jeep per il progetto delle donne sieropositive Guardian Angels (lo scorso anno anche un nuovissimo eco-

5. Partner di Ceu e Terras Bissau.

cardiografo)! Meraviglie su meraviglie continue, da allora. Proprio in questi giorni stanno valutando un nuovo progetto che prevede inizialmente 6 interventi su 5 bambini, per il 2012, e il coinvolgimento del dottor Pretre; inoltre, ogni tre mesi, un gruppo di medici assistenti del Cardiocentro si recheranno in Guinea per aiutare il dottor Augusto e il dottor Fernando nelle ecografie. Patrizia la prossima settimana parlerà anche della realtà che ha trovato in Guinea e della necessità di creare un centro di accoglienza per quei bambini che, dopo gli interventi non possono tornare subito alle loro case, come ad esempio i bambini portatori di valvole meccaniche che devono essere controllati e richiedono la somministrazione di farmaci. Con il previsto aumento del numero dei bambini da ospitare, ci sarà bisogno di famiglie disposte ad accoglierli durante il periodo in cui i piccoli affronteranno le fasi preparatorie agli interventi e anche durante il periodo postoperatorio di convalescenza prima della riconsegna alle famiglie d'origine. L'anno prossimo, Patrizia sarà costantemente in viaggio per rendere stabile questa realtà straordinaria, che ha messo in piedi in neanche 5 anni!

Credo che questa storia possa rappresentare un concreto esempio di ciò che potremmo fare a vari livelli, anche solo come sostenitori attivi[6] di qualcosa in cui crediamo. Quello che ha fatto lei è grande: il progetto cresce continuamente e lei ama questo Paese, che l'ha accolta e riconosciuta come una delle sue migliori figlie! È una realtà che riguarda l'affidarsi, in tutto, l'uno all'altro: lei, i piccoli, i genitori, i medici, le famiglie di accoglienza, i sostenitori. Alcuni anni or sono – quattro, per la precisione – Patrizia è rimasta in Guinea tre settimane, per avere il visto di transito Schengen per Augusta, una bambina operata per una malformazione car-

6. Associazione Samori - CCP 65-210725-7.

diaca. La bambina stava ogni giorno peggio e il visto non si materializzava: è arrivato solo la sera prima della partenza! Dopo una prima parte del volo tranquilla, il tratto Lisbona-Milano le ha viste in difficoltà: Augusta aveva attacchi di vomito e dissenteria e ovviamente, a causa del suo grave problema cardiaco, stava sempre peggio; Patrizia sentiva il cuoricino della bimba battere forte forte; poi l'ha vista accasciarsi fra le sue braccia, priva di conoscenza. Una volta atterrate a Milano, ha comperato della Gatorade ed è riuscita a fargliene scivolare alcune gocce nella bocca semi aperta (non aveva flebo con se, era la prima volta che si occupava di un bambino cardiopatico). Finalmente, arrivarono all'Ospedale Civico, di Lugano, sporche, stanche, sfinite.... Ad accoglierle c'era il dottor Pedrazzini che le abbracciò, con le lacrime agli occhi, esclamando: «Brave, ce l'avete fatta! Allora i miracoli accadono davvero» e lei ricorda di avergli detto: «I miracoli accadono nella misura in cui noi ci impegniamo per farli accadere!». Non c'era arroganza, nella sua frase, che le era salita dal cuore. Durante il tragitto da Milano a Lugano, sussurrava ad Augusta: «Forza, piccola, ce la faremo; non ci siamo incontrate per arrenderci a un metro dal traguardo». Patrizia la sentiva forte, questa fiducia, che per lei era fiducia nel Divino, fiducia che quello che era buono per lei stessa, per la bambina e per tutti sarebbe accaduto. È la stessa fiducia che nutre da sempre nei riguardi dei suoi splendidi ragazzi, che le hanno fatto l'onore di sceglierla come madre sulla Terra! Tutto è possibile, se ci crediamo veramente!

Quindi quando è cominciato tutto per te? Poniti questa domanda e trova la possibilità di volare in quei luoghi e in quei momenti, a cosa stai pensando? Prima di passare al prossimo capitolo fai chiarezza su questo punto...

Capitolo 27

Un modo per riprendere ad avere fiducia: il perdono!

«Se fossimo più disposti a vedere il bene e le cose belle che ci circondano, saremmo in grado di trasformare le nostre famiglie. Partendo da questo, cambieremmo i nostri vicini di casa e poi altre persone che vivono nel nostro quartiere o nella nostra città. Saremmo in grado di portare pace e amore al nostro... mondo»[1].

Talvolta la nostra condotta è stata realmente deplorevole e apparentemente condannabile e, in certi casi, ha trasformato le nostre relazioni in una specie di campo di battaglia. Siamo però ancora in tempo, per poter porre fine a queste guerre spietate e assurde, le più devastanti che abbiamo affrontato e che abbiamo creato su basi inconsistenti, al pari di coloro che hanno commesso le più terribili atrocità, i crimini più devastanti dell'umanità. Ma possiamo fare solo una cosa: inginocchiarci davanti a queste persone, che ci amano a tal punto da riuscire a restarci accanto malgrado i nostri insensati atteggiamenti e giudizi, e chiedere scusa, dicendo loro quanto ci dispiace. Ora si tratta di agire in senso contrario: fin qui, il nostro atteggiamento è stato quello di chi vive essenzialmente immerso nella critica, nell'insoddisfazione e nell'egoismo: in ogni istante delle nostre relazioni, in ogni occasione possibile, davanti a ogni imprevisto, a ogni richiesta, a ogni scelta, abbiamo rinfacciato alle per-

1. Madre Teresa di Calcutta.

sone con cui eravamo in relazione, la loro inconsistenza, la loro inefficacia, la loro inettitudine. Con i nostri giudizi abbiamo obbligato queste persone a muoversi in un angusto spazio, che non permetteva loro di esprimersi liberamente e di esternare né il loro amore né il meglio di sé. Adesso lo sai, che è meglio non giudicare, vero? Riconosci che quando poi sei tu a essere giudicato/a la cosa è diversa? Ti piace molto meno, vero?

Gli altri...

Le sensazioni di venire trattati ingiustamente, di dovere attaccare e di dovere preparare la difesa, sono manifestazioni di paura! La paura è il motore della parte peggiore di noi, quella sabotatrice. Noi dobbiamo puntellare questi lati delle nostre fortificazioni, perché rappresentano l'anello più fragile della nostra catena. Gli altri hanno un idea di noi, che spesso tende a frenare le nostre possibilità. Ronald Reagan non venne scelto come interprete nel film del 1964 *L'amaro sapore del potere* perché ritenuto non credibile in un ruolo di quel tipo! Il presidente degli USA. Questo sta a dimostrare che quello che pensano gli altri di noi non conta proprio un bel niente, se noi lo vogliamo. A fare la differenza è e sarà principalmente la nostra granitica e incrollabile fiducia in noi stessi! Ricordate che in *Innamorati di Te*, vi parlavo delle lezioni che ci facevano in aereonautica per spiegarci i motivi per cui un calabrone **non potrebbe** volare? Noi, purtroppo, abbiamo però bisogno di detrattori e li scritturiamo per produrre i nostri film. Crediamo di avere bisogno di limiti continui per sentirci al sicuro, controllati come un tempo lo eravamo a casa. I tuoi buoni propositi non si sono mai infranti su un sopracciglio che si alzava? Così attiriamo qualcuno nella nostra vita, affinché possa assumere il limitante ruolo, che nella nostra famiglia apparteneva a quello che, dei nostri genitori, era il più pessimista, impaurito, triste, negativo e represso. Era la mamma? Era il papà? Dici che nessuno dei due era così? Prova a ricordare meglio, e subito dopo dimentica, mettendo al posto di questi pensieri tristi fatti affiorare per eliminarli, tutti i ricordi dei momenti in cui sei stato grande. Ti accorgerai con stupore che lo sei stato/a tantissime volte e talvolta anche quando eri davvero molto piccolo/a!

«*Sono grande quando non mi fermo di fronte a una difficoltà ma, nonostante sia duro e spesso doloroso andare avanti, sono lì che ostinatamente e a denti stretti procedo per raggiungere il risultato. Sono grande, perché non è semplice tenere testa al dolore, agli ostacoli, e sarebbe più facile arrendersi e accettare ciò che di più semplice la vita passa in quel momento; ma l'ambizione serve da grande spinta, e poi vuoi mettere la soddisfazione quando, nonostante tutto, si arriva al traguardo? Sono grande quando, di fronte alla staticità, cerco un'alternativa. Perché sono grande? Perché la vita non mi piace subirla; voglio sceglierla e "viverla" al meglio. Nell'impegno e nella volontà di migliorare me stessa; perché è vero che nasciamo in un certo modo e che le vicissitudini della vita possono condizionarci, ma, se restiamo presenti a noi stessi, la possibilità di cambiare in meglio resta fino alla morte! Sono grande quando aiuto gli amici e il prossimo, perché questo mi fa sentire utile anche per gli altri. Sono grande quando trovo la soluzione a un problema, perché vuol dire che non mi sono arresa, che non ho subìto; perché impegnandosi si trova sempre una soluzione, bisogna crederci! Sono grande quando prendo delle decisioni importanti, soprattutto quelle che cambiano la vita, perché non ho paura del cambiamento, anzi lo cerco! Sono grande perché ho coraggio da vendere e tanta forza di volontà!! Cristina*».

«Mia madre mi disse: "Se farai il soldato, diventerai generale; se farai il monaco, diventerai Papa". Invece io ho fatto il pittore... e sono diventato Picasso»[2].

Il corpo di dolore di Eckhart Tolle...

Grandioso ed estremamente comprensibile quello che il grande Tolle ci comunica con questo passo!

«Il maestro spirituale chiede: "Sei stufo di soffrire? Hai sofferto abbastanza? O vuoi continuare a soffrire?". Tutti coloro che sono venuti qui oggi hanno in qualche modo già deciso che non vogliono continuare; così, in un certo senso, soffrire è stato utile e importante perché è stata proprio la sofferenza a portarli fin qui, fino a dove sono arrivati oggi nella vita. La vostra sofferenza vi ha portati fin qui; per cambiare da ora in avanti dovete capire che non è più importante continuare a soffrire; potete scegliere un nuovo stadio di consapevolezza: **scegliete il paradiso**. *Innanzitutto dobbiamo capire come si crea il dolore: scappando via, dal momento, fuggendo dal presente, lottandoci contro, negandolo, non accogliendo dentro di noi quello che c'è. In questo modo creiamo il dolore. Quando accettiamo ciò che c'è, raggiungiamo immediatamente un nuovo stato di consapevolezza. Quando accettiamo ciò che c'è, qualsiasi dolore o sofferenza si scioglie e proviamo profonda pace, gioia, quiete e liberazione. L'essere umano è in questo stato di dolore da milioni di anni; esiste infatti un campo energetico, che ogni essere umano eredita alla nascita, all'entrata in un mondo di inconsapevolezza e di condizione umana non illuminata. Tutti nascono in questo campo energetico, ragione per cui ogni essere umano ne raccoglie una parte. Fin dalla nascita ci trasciniamo un fardello di dolore, dato dal dolore collettivo dell'essere umano, anche dal dolore*

2. Pablo Picasso.

che ereditiamo dai nostri antenati, dai genitori e dai residui della nostra infanzia.

Se, per esempio, una cosa minore va storta, oppure qualcuno dice una frase, il/la partner fa qualcosa, o in noi entra un pensiero, improvvisamente si scatenano un forte dolore e forti emozioni, che non controlliamo più: si tratta del "corpo di dolore". In questo particolare momento, esso si è risvegliato uscendo dal suo stato dormiente ed è pronto a nutrirsi di altro dolore, di cui va alla ricerca. Il corpo di dolore adora il dramma: è per questo motivo che il dramma è una parte essenziale della maggior parte delle relazioni. Il corpo di dolore necessita di nutrimento e, se non ne siamo consapevoli, in maniera silenziosa si infiltra e aspetta soltanto che si tocchi il punto dolente, dentro di noi, e avviene lo scoppio emotivo. La mente cercherà di trovare tanti motivi razionali per spiegare il perché di tale tumulto emotivo, mentre il corpo di dolore si nutre ed è gratificato; nel frattempo, la nostra mente si allinea con la vibrazione della sofferenza e del dolore. Se il/la partner non se ne rende conto, si lascia coinvolgere completamente. In questo modo, fa attivare il suo stesso corpo di dolore. ***Quello che possiamo allenarci a fare è di esserne testimoni****; questo è un grande processo di guarigione perché, se osserviamo il corpo di dolore, esso non potrà impadronirsi totalmente della nostra mente e dei nostri pensieri o, se lo ha già fatto, potremo esserne testimoni e quindi gli faremmo perdere la sua carica energetica. Questo è l'inizio della fine del dolore. È possibile vivere liberi da questo fardello. La via è quella della consapevolezza. È sufficiente rendersi conto che c'è. Questo è già un grande inizio. Poi il prossimo passo è quello di restare molto vigili per rendersi conto se c'è dolore nel corpo e riconoscere che tipo di pensieri abbiamo. Quando siamo consapevoli del corpo di dolore, iniziamo a liberarci dalla sofferenza, e da ciò scaturisce* *una intensa energia di vita e di gioia. Se avete un corpo di dolore che si presenta frequentemente, siete fortunati, perché esso può diventare un grande maestro: è uno dei lavori più potenti, quello con il corpo di dolore».*

Quanti genitori spengono i sogni dei propri figli?

Che cos'è l'adolescenza se non il momento in cui i ragazzi cominciano a vedere ai genitori per quello che sono? Proprio per questo, cominciamo a comportarci da uomini e donne solo nel momento in cui non crediamo più alle cose semplicemente perché le hanno dette la mamma o il papà. Un po' come accade alla fine di un innamoramento, quando si entra nel periodo in cui non si dipende più esclusivamente dalla verità dell'altro. Sono solo due le grandi motivazioni per cui le persone non riescono ad avere grandi risultati in ciò che fanno, ed entrambe hanno a che vedere con i genitori: la prima è che molti di noi non si autorizzano ad avere successo, perché inconsciamente non vogliono premiare i genitori che, non avendo fatto un buon lavoro (secondo loro), non meriterebbero assolutamente di vantarsi per i risultati ottenuti dai figli; la seconda è che molti di noi non si autorizzano a superare i risultati ottenuti dai genitori, perché incoscientemente, per un'irragionevele forma di rispetto, pensano che, se lo facessero, verrebbe sminuito il valore di ciò che loro avevano realizzato, cosa che non ha alcun senso, se non quello di limitarli stupidamente. Ma quanti genitori spengono i sogni dei propri figli? Alcuni di loro sono così spietati e decisi a farlo che, ogni volta che mi capita di vedere una di queste mortificazioni, mi vengono in mente per analogia, le orrende, cruente scene di caccia alle foche dei bracconieri. Noi, che siamo genitori oggi, non dobbiamo ripetere gli stessi errori! Diamo ai nostri figli il massimo supporto, in fiducia e amore! Non possiamo assolutamente venire giustificati o compresi – come avviene oggi in molte aule di tribunali – solo in base al fatto che una persona, se ha subito azioni deleterie durante la sua crescita, talora ne compie a sua volta su altri. Anzi, secondo il mio modo di vedere le cose, meno amore, comprensione e sostegno abbiamo ricevuto nella nostra infanzia, più dovremmo sentire il dovere di darne, al fine di interrompere queste catene di infinito dolore!

Ben deciso a mettere in scena l'incantesimo

La prima volta che, da persona risolta e consapevole, andai a trovare i miei genitori con un animo colmo d'amore e deciso a dire loro: «Ti voglio bene», a cinque minuti dal mio arrivo già mio padre si era messo a gridare con mia madre; così i miei buoni progetti andarono ad arenarsi nella solita energia. Ma al mattino seguente – deciso com'ero a mettere in pratica "l'incantesimo" che avevo in mente con quelle tre parole che volevo portare nel loro cuore – appena vidi mio padre non mi lasciai scoraggiare dalla sua aria scontrosa; gli andai vicino, lo abbracciai e gli dissi: «Ti voglio bene». Fu incredibile l'effetto "destrutturante" di quelle parole su di lui: rimase così imbarazzato da aprire la porta e andare per strada in ciabatte e accappatoio, forse non sopportando quello che sarebbe accaduto da lì in poi. "Volersi bene"? Una parte di lui si era sentita così vicina all'amore, e quindi così in pericolo, da dovere fuggire! Quell'episodio ha avuto il potere di avvicinarci per un po' e qualche volta anche lui mi ha detto che mi voleva bene; poi di nuovo – come un gattino spaventato che scappa arrampicandosi su un albero e andando sempre più in alto – è fuggito così lontano da diventare irraggiungibile per me. Sicuramente le difficoltà che aveva dovuto affrontare nella sua vita e il suo forte senso di inadeguatezza lo avevano portato a pensare di doversi difendere da tutto ciò che non conosceva, e così l'amore era diventata la cosa più astratta tra quelle che conosceva poco. Quando riusciamo a perdonare veramente i nostri genitori, ci autorizziamo a ritrovare la gratitudine che proviamo nei loro confronti, per averci dato la vita. In quel momento, la nostra esistenza stessa assumerà un significato, che non aveva senso prima.

Sei il giudice più inflessibile di te stesso...

Se una persona decidesse di non bere l'acqua del proprio rubinetto e, senza dire a nessuno che ha sete, per testare l'amore che le viene da fuori, dagli altri, aspettasse di ricevere acqua proveniente dall'esterno, portata da chi arriva in visita, quante probabilità avrebbe di dissetarsi? A chi mai verrebbe in mente, andandola a trovare di portare dell'acqua? Sicuramente si disidraterebbe aspettando l'acqua dagli altri. Non farebbe meglio ad aprire i rubinetti che ha in casa e dissetarsi? Questa è una metafora che dovrebbe farci capire quanto sia assurdo nutrirci dei riconoscimenti e dell'amore che arriva da fuori, specialmente quando non manifestiamo i nostri bisogni agli altri. Sei tu che ti farai compagnia per tutta la vita, ti accompagnerai sempre: puoi contare su di te! Dici che non lo sai? Qual è il tuo atteggiamento, quando ti devi rapportare con qualcuno che osserva il tuo operato? Ti senti sotto esame? Non puoi essere così rigido/a con te stesso/a, a volte sei veramente spietato/a nel giudicare il tuo operato e questo da un enorme piacere alla tua parte peggiore, che subito dopo si arroga il diritto di farti assistere in diretta al ribasso delle quotazioni della tua autostima, che vedi precipitare in una preoccupante caduta verticale. Se è vero che siamo sempre noi il motivo per cui le cose funzionano o non funzionano, scorrono o non scorrono, arrivano o non arrivano, e che tutto dipende da noi, allora non ti devi stupire se ti dico che prima, quando le cose non funzionavano, ti piaceva essere disilluso/a dagli altri. Ammettilo dunque: non vedevi l'ora di essere deluso/a. Cambia, allora! Fallo ora! Poco tempo fa volevo acquistare una biciclettina per Mia, la mia nipotina. Ne desiderava una ben precisa, della marca di una "gattina" che lei adora. Le avevo promesso che l'avrebbe ricevuta per il giorno del suo terzo compleanno, ma non riuscivo a trovarne una della sua misura e il compleanno si avvicinava. La settimana scorsa ero in Liguria, a fare sedute con Skype, e nei momenti di pausa avevo visitato tutti i negozi: niente! Mancavano due giorni al compleanno e stavo per entrare nell'ultimo negozio in cui forse potevo trovarla, quando ho deciso di fermarmi. Occorreva che mi connettessi con la... facilità. Assurdamente, era diventato "normale" non trovare questa bicicletta. Ho fatto una piccola cerimonia, tramite la quale mi sono connesso con le forze energetiche del Pianeta, e sono entrato nel negozio non per cercare la bicicletta di Mia, **ma per trovarla**! Appena entrato, ho visto nove biciclette di quella marca schierate come uno xilophono, dalla più piccola alla più grande! Fantastico e... normale mi sono detto. Prova a fare riferimento a tutto quello che è stato previsto per te: modifica le abitudini, mettiti alla prova. Devi uscire perché hai il frigo vuoto? Prova a fare la spesa in modo più intuitivo, senza dovere necessariamente attraversare tutte le corsie dell'ipermercato, oppure fermati magari in diversi piccoli negozietti etnici: entrerai in contatto con molti modi di essere vitali; chiedi una ricetta speciale al negozietto thainlandese, sorridi. Sarebbe fantastico rilassarsi e imparare a considerare i nostri compiti e il nostro futuro con più tranquillità, senza sentire la pressione dell'urgenza. Hai diritto a tutto ciò di cui hai bisogno, è stato previsto per te che tu abbia tutto con facilità; accetta questo dono e smettila di ingarbugliare le cose, cessa di sabotarti; fallo ora! Affidati alla vita, confida in lei. Questo è il momento, se lo vuoi vedere, di accedere a un livello fisico e mentale superiore e di trovarti davanti alle tue immensità, con un batticuore fantastico, e sentire che proprio questo sei tu: una magnificenza innegabile che nessuno potrà mai vedere se tu per primo/a, non sei disposto/a ad accettare la tua realtà e a sopportare tutto quello che ne dovrebbe conseguire, **ovvero pura meraviglia**.

QUARTA PARTE

... e da questa
possibilità liberatoria
salire a un nuovo livello
di trasformazione...

Capitolo 28

Che cosa è vero? E che cosa non lo è?

«La fiducia nella bontà di Dio è inversamente proporzionale alla dimostrazione»[1].

Cosa, più della rappresentazione mentale della fede in Dio può testimoniare come possiamo confidare totalmente in qualcosa che non vediamo, ma che non esitiamo a ritenere capace di azioni, che nessun uomo mai potrebbe compiere? In quale altro nostro pensiero può essere contenuta una forma di fiducia così profonda? Non necessariamente comunque, l'affidarsi totalmente a quanto viene tramandato da generazioni, è una garanzia che la verità abiti ancora (o mai abbia abitato) da quelle parti. Se andassimo a esaudire ciò che ci viene presentato come indiscutibile dalla Chiesa cattolica, troveremmo moltissime incongruenze; così come infinite sono le affermazioni che potrebbero non reggere di fronte a un'analisi storica e oggettiva. Cominciamo a considerare l'origine delle feste religiose più conosciute[2]: il Natale, il nostro Natale proviene da una festa pagana legata al solstizio invernale, che godeva di grande importanza in tutto l'Impero Romano, e che veniva celebrata alla fine del periodo dei Saturnalia, scambiandosi doni. Intorno al 25 dicembre la durata del giorno rispetto alla notte ricomincia-

1. Bertrand Russell.
2. Per maggiori approfondimenti al riguardo, cfr. www.cristianesimo.it e www.wikipedia.org, fonte dell'informazione.

va a crescere in modo evidente (in base alle osservazioni empiriche fatte dagli antichi) come anche l'altezza del sole rispetto all'orizzonte. È ovvio che, per le popolazioni antiche prevalentemente agricole e quindi dipendenti dai cicli solari, tale evento astronomico fosse visto come un rinnovamento della speranza, una festa della luce, una possibilità di sopravvivenza; tale mito prese varie forme religiose: con Horus partorito da Iside pertanto fu mitizzata la **nascita del Dio-Sole**, partorito dalla Dea-Vergine (personificazione della notte): in Egitto, Thammuz, partorito da Mylitta; oppure Ishtar, nelle religioni iranico-caldee eccetera. La tradizione giunse fino a Roma con il culto di Mitra ed entrò nelle abitudini dei Romani per secoli, prima della nascita di Gesù. Quando iniziò a diffondersi, il Cristianesimo dovette negoziare con queste tradizioni molto radicate, così la Chiesa tentò, tutto sommato con successo, di "appropriarsi" della festa del Natale, proponendo Gesù Cristo come "vero sole divino" che nasce di notte da una vergine. Solo nel 308 d.C. il 25 dicembre viene dichiarato ufficialmente "giorno della nascita di Cristo", all'inizio in aggiunta, non in sostituzione, del Natale di Mithra e del Sol Invictus. Volendo cristianizzare il paganesimo, alla fine si giunse al risultato opposto, ovvero paganizzare il Cristianesimo. Parliamo ora della Pasqua: in questo giorno i cristiani festeggiano la "resurrezione" di Gesù. La Pasqua cade la prima domenica dopo il primo plenilunio di primavera; è quindi una festività legata all'equinozio di primavera. Tutti i popoli pagani dell'Impero Romano, e non solo, conoscevano già questa festa, che non era altro che una festa primaverile: gli alberi germogliano, nei prati sbocciano i primi fiorellini quindi la natura, dopo il freddo inverno, "risorge". La r*esurrezione della natura* diventò la *resurrezione di Cristo*, e anche questo mito, in qualche modo, fu "incorporato" nella nuova religione che andava diffondendosi in antitesi al paganesimo. Incredibilmente, non c'è tradizione pagana che non sia stata presa e fatta propria dalla Chiesa cristiana dei primi secoli. Per quanto riguarda la Madonna, addirittura, il Cristianesimo antico non prevedeva alcuna forma di devozione che non fosse rivolta esclusivamente a Dio. La penetrazione della nuova religione nel territorio greco-romano ha fatto sì che fossero importati dei culti pagani. La Chiesa ha sempre tollerato queste contaminazioni, perché hanno favorito l'adesione al Cristianesimo da parte delle popolazioni pagane, che potevano ritrovare degli elementi a loro familiari. Di tutte le contaminazioni pagane, la creazione del culto della "Madonna" rivolto a Maria madre di Gesù è quella che contrasta di più con i testi dei *Vangeli*. Gesù, da buon ebreo monoteista, non ha mai proposto il culto di se stesso, né ha mai avuto pretese divine. Al contrario, nel *Vangelo di Matteo* si legge che quando Gesù iniziò a predicare, sua madre lo andò a cercare per portarlo a casa.

«Quando Gesù seppe che sua madre e i suoi fratelli volevano parlare con lui, disse questa frase: "Chi è mia madre? E chi sono i miei fratelli?". Poi, con la mano, indicò i suoi discepoli e disse: "Guarda: sono questi mia madre e i miei fratelli: perché se uno fa la volontà del Padre mio che è in cielo, egli è mio fratello, mia sorella e mia madre"» (Mt 12, 46-50). Ma non è tutto: nel *Vangelo di Luca* si racconta di una donna, che fu probabilmente la prima persona a rivolgere parole di devozione alla madre di Gesù. In presenza di quest'ultimo, la donna infatti disse: *«"Beato il seno che ti portò e le mammelle che ti allattarono!". Ma Gesù disse: "Beati piuttosto quelli che odono la Parola di Dio e l'osservano"»*[3]. Il culto della Madonna, quindi, deriva principalmente dal culto

3. *Lc* 11, 27-28.

di Iside e di Cibele. Iside era definita "la Vergine", come del resto molte altre madri di eroi divini, secondo i miti mediterranei, poiché Iside rappresentava la notte, nei miti pagani molte sue statue erano nere (come le tenebre, appunto) e questo spiega l'esistenza delle "madonne nere". È stato appurato, da reperti, che moltissime chiese cattoliche sono sorte su antichi templi: è il caso, ad esempio, della Chiesa di Santo Stefano a Bologna (eretta in un tempio dedicato Iside) oppure della chiesa di Notre Dame a Parigi. Nei secoli passati, molte immagini e statue delle originali "madonne nere" sono state distrutte o si trovano in collezioni private. Alcune sono state a volte riprodotte su marmo bianco, forse per cancellarne l'origine "pagana". La Chiesa cattolica, nei secoli, in antitesi agli stessi vangeli, è andata elaborando una "teologia mariana" che ha concentrato sempre di più sulla figura di Maria le mitologie pagane sulle divinità femminili, materne, verginali. Persino le feste dedicate a Maria sono la trasformazione o, meglio, il proseguimento di antiche feste dedicate alle divinità femminili materne pagane sempre raffigurate con i figli in braccio: Iside con Horus, Cibele con Attis. Fu il concilio di Efeso a introdurre ufficialmente nella Chiesa cristiana il mito pagano della Dea madre che, fecondata da un Dio padre, fa nascere un essere divino, schema tipico di tutti gli Dei-Sole: Horus, Attis, Dioniso, Mhytra. Maria fu proclamata "madre di Dio" nel 431, ben quattro secoli dopo la predicazione di Gesù. Negli *Atti degli Apostoli* si racconta che, quando Paolo arrivò a Efeso, con il proposito di fondare in quella città una comunità cristiana, incontrò una forte ostilità. Gli abitanti lo accusavano di minacciare la sopravvivenza del culto della loro "madonna". Le grida «grande è l'Artemide degli Efesini!» (At 19, 28) erano la dimostrazione della potenza di un culto che indusse addirittura Paolo a lasciare la città. Se avesse proposto agli Efesini la venerazione di Maria, certamente non avrebbe risvegliato una simile contrapposizione. Il fatto è che per i primi cristiani era assolutamente impensabile anche solo l'idea di potere avere un culto di tipo "mariano". La Candelora trae origine invece, dall'usanza dei Romani, in occasione delle calende di febbraio, di illuminare la città per tutta la notte con fiaccole e candele, in onore della dea **Februa**, madre di Marte, dio della guerra, implorando dal figlio la vittoria contro i nemici. Arriviamo ai culti di maggio, il "mese della madonna" secondo la chiesa cattolica. In realtà il mese di maggio era dedicato, dalla religione romana, alla dea Maia, sempre a lei erano dedicate anche le rose. Continuiamo con il culto dei Santi: i primi cristiani avevano la più totale repulsione per ogni tipo di onore o devozione sia per le persone che per le statue o le immagini, perché erano rigidamente monoteisti come gli ebrei. Non appena il cristianesimo iniziò a diffondersi in terre pagane, la prima esigenza dei nuovi convertiti fu quella di trovare un corrispettivo alle divinità protettrici del politeismo. Poiché gli dei pagani erano sempre protettori di qualche categoria di persone, si pensò bene di attribuire a ogni santo una particolare predisposizione a proteggere persone, luoghi o eventi. La festa del Dio locale diventò la "festa del patrono". Anche molti templi dedicati agli dei e alle dee pagani furono rinominati con nomi di santi simili a quelli delle antiche divinità. Cosicché, ad esempio, molti templi di Giove divennero "chiese di San Giovenale". Sono molti, oggi, coloro che non si riconoscono nelle religioni a cui potrebbero fare riferimento e che scelgono di dare accoglienza a principi tipici del paganesimo. Il concetto che il paganesimo non accetta in alcun modo è quello di un Dio creatore. Il principio base del paganesimo è che esistono l'**E**nergia (la cosiddetta "materia" nell'universo, sebbene essa sia solo un'illusione sensoriale capace di palesarsi ai nostri illusori sensi, poiché in ultima istanza, a livello subatomico, tutto è uguale e gli elettroni stessi sono solo vibrazioni) e la Coscienza universale, che passa continuamente nella materia come corpo luminoso che sta in tutte le cose. Il fine è la vita stessa con la trasformazione per usare l'energia (**E**) nell'Universo verso l'espansione della coscienza (**C**), in uno schema in cui la **E** è fissa (l'energia-materia né si crea, né si distrugge: si trasforma), ma la **C** può crescere come diminuire. Bisognerebbe chiedersi, in ogni nostra azione, se stiamo usando corpo, strumenti, risorse appartenenti alla **E** per espandere o comprimere la **C**.

Gesù non si occupava di religioni ma dell'uomo...

Chi era Gesù? Tenendo conto di tutte le fonti disponibili, possiamo affermare che Gesù è stato un riformatore del Giudaismo, non un fondatore di nuove religioni, tantomeno del Cristianesimo, che si è andato configurando e sviluppando solo alcuni decenni dopo la sua morte. Forse Gesù era un grande rivoluzionario, più che un semplice riformatore, perché ribaltò completamente la mentalità dell'epoca: il Giudaismo era infatti una religione tipicamente nazionalista, legalista e autoritaria, mentre l'insegnamento di Gesù era assolutamente individuale, interiore, spirituale.«*Gesù il risvegliato, vero uomo e vero Dio, cosciente e consapevole della sua natura divina. Ci ha portato amore e conoscenza, ma* ***non voleva creare una religione***!!»[4]. Lui non ha mai presentato una visione finalizzata a presunti benefici da avere nell'aldilà. Gesù è sempre rimasto concentrato sull'interiorità dell'uomo, sul suo essere e sulla sua mente. Nel *Vangelo di Luca*, a coloro che venivano guariti da malattie autosuggestive, come

4. Fo, Jacopo, *Gesù vero Uomo e vero Dio e la follia delle religioni*.

la paralisi isterica, Gesù diceva: «*La tua fede* ti ha salvato». Nessun intervento magico o miracolistico: semplicemente, Gesù era convinto che la nostra mente può "spostare le montagne". Non la religione, non i riti o i sacrifici, e nemmeno Dio, ma la nostra fede, ovvero la profonda intenzione della nostra mente. «***È venuto per dirci che siamo come Lui** e ha piantato i semi di questa grande conoscenza, occultata da sempre nella nostra anima, affinché potessimo risvegliarci*[5]. Gesù non teorizza un "intervento" divino nella sfera umana, e non parla di una comoda "protezione divina"; afferma invece che **l'uomo deve sempre assumersi le sue responsabilità** e valutare le sue possibilità e soprattutto gli effetti del suo agire. Per Gesù fare del bene "fa bene" innanzitutto a chi lo fa. Il Gesù, dei Vangeli è più uno psicologo che un predicatore religioso: non si preoccupa molto di ciò che avviene dopo la morte, ma parla sempre del "qui e ora" e dell'atteggiamento mentale della persona, indipendentemente dalle sue convinzioni religiose! Non a caso simpatizza per i samaritani, considerati eretici dai giudei osservanti. I cristiani dovrebbero leggere seriamente i Vangeli, così scoprirebbero che **Gesù non ha mai chiesto a nessuno di cambiare religione, nemmeno ai pagani; semmai ha chiesto di mettere in discussione la propria mentalità, la propria vita, i propri obiettivi, e i propri valori**: «*Ne hanno fatto una religione, deformando il cuore del suo messaggio, il vero scopo della sua incarnazione!*»*. I Vangeli sono pieni di modelli anticonformisti. È sempre l'altro, il diverso, l'eroe da imitare. Non è il sacerdote o il fariseo, non è il bravo osservatore della legge, non è lo scrupoloso esecutore dei comandamenti a suscitare la simpatia di Gesù: «*Ci hanno resi schiavi e sottomessi con la storia delle remissioni dei peccati e la minaccia divina, perché ne*

5. *Ibidem*.

siamo parte»[6]. Paradossalmente, la Chiesa cattolica non ha sfruttato bene la forza rivoluzionaria del messaggio di Gesù. Il rivoluzionario Gesù, rappresenta il vero prezioso contributo al suo momento storico e alla sua potenza effettiva. Gesù era aperto anche ai contributi culturali eterogenei, rispetto alla stretta osservanza giudaica. Ciò è documentato dalle corrispondenze fra l'insegnamento di Gesù e quello degli Esseni, una comunità monastica molto particolare, vegetariana e pacifista, studiosa delle filosofie orientali; a questo proposito, è interessante notare che vi è una certa somiglianza fra alcuni insegnamenti di Gesù e il Dharma buddhista. Gesù si definiva un Rabbi, un Maestro, non un essere soprannaturale. Molti videro in lui il "Messia", ma nel contesto ebraico il Messia era forse un liberatore politico, e in quei tempi per gli ebrei era intollerabile dipendere da uno Stato straniero, specie se pagano e idolatra come quello Romano. A ogni "Messia" spettava, tra l'altro, il titolo di "figlio di Dio"; per gli Israeliti era un titolo puramente simbolico, mentre nella cultura greca era percepito in modo metafisico e letterale, perché per loro era consueta l'esistenza di esseri semidivini "figli di un dio" e di una umana (Eracle, Dioniso ecc.). Per i pagani di cultura greca e romana, le divinità erano tendenzialmente ostili e vendicative, pertanto occorreva propiziarsele con sacrifici di animali, in modo da acquistare l'aggressività del dio almeno temporaneamente. Sia gli ebrei che i pagani ritenevano che chi aveva il favore della divinità fosse immune da sventure e protetto da ogni pericolo. Lui, invece, venne addirittura ucciso. Il movimento di Gesù, dopo la sua morte, si trova allo sbando. I Vangeli dicono che gli stessi apostoli erano scoraggiati e demotivati. Un primo tentativo di "rilanciare" l'entusiasmo tra i seguaci di Gesù fu la diffusione del mito della

6. *Ibidem*.

sua resurrezione, sebbene con molte varianti contraddittorie, tutte riportate nei Vangeli. A "salvare" il movimento di Gesù dalla probabile estinzione fu l'abilità di Paolo che, reinterpretando la crocifissione come "sacrificio" non per i soli ebrei, ma per tutta l'umanità, rese internazionale la nuova religione. Anche Mythra, presente più di 1000 anni prima di Cristo nel Mediterraneo, era morto a 33 anni per salvare l'umanità, era nato il 25 dicembre da una vergine, era risorto eccetera. Paolo capì che, se Gerusalemme fosse andata distrutta, il Cristianesimo si sarebbe dovuto espandere nel mondo romano. L'idea di un sacrificio espiatorio era immediatamente comprensibile in quanto archetipo universale già noto a tutte le tradizioni antiche. Ciò avvenne, e non senza aspre polemiche con la Chiesa "ufficiale" dell'epoca, ovvero quella di Gerusalemme, gestita dagli apostoli che, al contrario di Paolo, ritenevano il "Cristianesimo" (anche se non si chiamava ancora così), non fosse nient'altro che un modo nuovo di intendere la religione ebraica. Il professor Sandro Consolato dice: «*Quando si parla di paganesimo, bisogna tenere distinti due fenomeni: la religiosità popolare e le tradizioni elitarie!*»[7]. In ultima analisi, tutto il paganesimo e il concetto di Energia e Coscienza intersecanti deriva dai riti misterici Egizi, un Impero durato cinque volte tanto, rispetto all'Impero Romano e che ha raggiunto livelli ineguagliati nella speculazione filosofica e scientifica, anche se con i mezzi di indagine dell'epoca.

---

7. Per questo capitolo ringrazio i gestori del sito www.cristianesimo.it, il professor Sandro Consolato, il dottor Francesco Mancinelli, il dottor Jacopo Fo, il dottor Giandomenico Casalino. Altre fonti: *Il nome segreto di Roma. Metafisica della Romanità*, Edizioni Mediterranee, Roma 2003.

Capitolo 29

Tu sei innocente...

«Se l'esistenza è una sola, e se l'esistenza si prende cura degli alberi, degli animali, delle montagne, degli oceani; del più minuscolo filo d'erba fino alla stella più grande, allora si prenderà cura anche di te»[1].

Se sei convinto/a di avere dato il peggio di te in un dato settore, in una situazione specifica o in un ambito che non ti interessava (perché se analizzi la cosa sarà così, vedrai), va bene, smettila di intestardirti e di insistere, prima, e chiediti se vuoi davvero impegnare ancora le tue energie in quella direzione sprecandole e andando incontro all'insoddisfazione, o se invece vuoi investire le conoscenze fin qui acquisite in quel campo giocando su un altro tavolo e raccogliendo i frutti di tutto quello che hai imparato. Sai quanti critici d'arte si sono sentiti finalmente sereni dopo avere ammesso che non sarebbero mai stati degli artisti? Hanno smesso di creare, ma sono divenuti degli ottimi professionisti. Sai quanti allenatori hanno portato qualcuno a livelli internazionali, quando hanno smesso di massacrarsi nell'inutile tentativo di ottenere essi stessi dei risultati che andassero almeno al di là dei livelli provinciali?

Ovvio che ci saremmo persi...

Ora occorre analizzare tutte le occasioni di successo che abbiamo mancato in passato e cercare di capire in cosa, se e

1. Osho.

perché abbiamo fallito. Non ci abbiamo creduto abbastanza? Questa può essere la prima indicazione perché, quasi sempre, la risposta a questa domanda è: *«È vero, non ci ho creduto abbastanza!»*. Il grande credito che spesso viene dato alla creazione di piani "B", ma anche "C", "D", "E", "F", "G" e così via, già dimostra in qualche modo che noi ragionevolmente ci accontentiamo di ripiegare su qualcosa d'altro, rispetto a quello per cui ci eravamo mossi con entusiasmo. Altra probabilità: forse non avevamo fatto abbastanza chiarezza? Se così fosse, e spessissimo lo è, come avremmo potuto raggiungere un luogo senza neppure sapere dove si trova, cosa rappresenta, quali emozioni comporta avere a che fare con il percorso per arrivarci? Ovvio che ci saremmo persi. Avevamo dimenticato che, per il nostro ego, il raggiungimento di quegli obiettivi così allettanti, avrebbe rappresentato uno smacco insopportabile da gestire; **così si è organizzato meglio di quanto abbiamo fatto noi**, e noi gli abbiamo lasciato tutto il tempo per farlo. Altre possibilità: non abbiamo realizzato tutto quello che potevamo, però ritenendo sufficiente la parte fatta, ci siamo seduti prima di tagliare il nastro del traguardo? Siamo caduti poco prima della meta e quindi tutti gli altri che sono giunti, in successione, dopo di noi sono comunque arrivati prima alla linea di arrivo? Ci siamo persi?

Che cosa sarebbe cambiato, per noi e per i nostri cari, se quegli obiettivi li avessimo raggiunti? Va bene, abbiamo visto che questo non è accaduto e abbiamo stabilito che è dipeso solo da noi, da quello che non abbiamo fatto o da quello che abbiamo scelto di fare, ma perché destabilizzarci ulteriormente? Come potrebbe, questo, migliorare la situazione? Abbiamo già pagato un prezzo alto nel non avere raggiunto il risultato. Basta così! Einstein diceva che occorre restare sempre fedeli ai propri obiettivi, nonostante gli innumerevoli insuccessi! **E le battaglie non sono la guerra**. Solo così potremo investire le energie giuste per arrivare ai territori che diciamo di volere raggiungere, cioè lo scopo finale. Occorre restare focalizzati sulle proprie certezze, anche quando non sono condivise dagli altri! Anzi, specialmente quando non sono condivise, le devi proteggere, difendere, sostenere e salvaguardare... Quanti di noi lo fanno già? E quanti, invece, sono pronti ad arrendersi e a sventolare bandiera bianca o, meglio, a sventolare la bandiera del primo che arriva che, dopo avere ascoltato il nostro progetto, ci dice : «Bravo, ma non capisci che, se fosse così facile, lo farebbero tutti?». È evidente che, più esprimiamo sicurezza, più sarà facile attirare fiducia e consensi. La scelta di essere corretto, in ogni momento, ci assicura un progressivo aumento di credibilità agli occhi del prossimo. Che cosa ti fa sentire colpevole, riguardo a quello che non ha funzionato? Ti sei sentito/a stupido/a perché non hai saputo trovare le parole giuste per presentare il tuo progetto alla persona che poteva finanziarlo? Ti sei emozionato/a? Non hai saputo risalire la china delle sue pur banali obiezioni iniziali? Questo ti sembra imperdonabile? Pensi che non ci sarà mai più un'occasione del genere perché era quella "l'OCCASIONE"? Quanto può aiutarti vedere le cose in tal modo e quanto invece questa visione ti condanna alla retrocessione delle tue ambizioni e al ridimensionamento di quanto ti sembrava possibile raggiungere? Hai finito di colpevolizzarti? Vuoi smetterla di condannarti? **Tu sei innocente**!!

A volte hai pensato che ti mancasse qualcosa...

Fuggi dunque dal senso di inadeguatezza cui avevi cominciato a fare riferimento, togli la stanchezza dal tuo corpo e dal tuo sorriso: hai tutta l'audacia che serve, per scuoterti dall'apatia. Osa darti nuove possibilità e i limiti spariranno da soli, il fallimento che deriva dal giudicarsi negativamente non è una cosa inevitabile, a cui tutti devono sottostare ma, al contrario, è una scelta, che la tua parte peggiore di ti ha presentata come unica condizione di vita possibile per te. Quando le cose non andavano, e non stavi bene a vari livelli, ripensavi a tutto quello che non aveva funzionato, nel tuo passato, e ti sentivi sconfitto/a, impotente e abbattuto/a, eri nervoso/a e ti sembrava di non avere vie d'uscita. **Tu sei innocente**! "Io sono innocente": questo avresti dovuto pensare, nei momenti in cui ti vedevi sempre molto peggiore di quello che eri, considerato il livello dei risultati. Parlavi di te solo in termini negativi, il tuo corpo somatizzava tanti disturbi, alcuni dei quali così pericolosi da portarti a rischiare la vita, e ancora non hai capito quanto sei andato/a vicino alla fine e quanto sei fortunato/a a trovarti ancora qui. **A volte hai pensato che ti mancasse qualcosa che gli altri, tutti gli altri, invece avevano**.

Ti sentivi incompleto/a e incapace, inutile insomma. Così eri ostaggio delle tue visioni negative, prigioniero/a dei tuoi fantasmi. Ti sentivi debole e arreso/a e quello che facevi era solo avvicinarti all'autodistruzione, come desiderava per te la tua parte ombra. Puoi continuare senza dubbio a piangerti addosso, se questa ti sembra l'unica strada: eppure, se lo volessi, basterebbe che tu elevassi un pochino i tuoi pensieri per accorgerti che la circostanza, osservata dalla collina della speranza, non appare irrimediabilmente compromessa, ed è risolvibile mettendoci un po' più di impegno e di positività; quello che ne conseguirà sarà un risultato ancora più apprezzabile, perché lo avrai conquistato con la tua decisione di riscattare la situazione dall'apparente ineluttabilità. **Tu sei innocente**! Chi ha deciso che la tua vita debba avere sempre a che fare con un'indicibile catena di sforzi e sacrifici? Perché dovresti continuamente mettere in scena questo "schema da addolorata"? E comunque, perché pensi che la tua missione sia soffrire? Che cosa credi di avere commesso di tanto grave e irreparabile? Di così, apparentemente, imperdonabile? Credimi non c'è nulla che il perdono non possa rimettere a posto! **Tu sei innocente**!

Ci sono delle caratteristiche divine che vengono date come doni unici, ma ognuno di noi ha dei talenti sufficienti per **diventare la persona che potrebbe cambiare il Pianeta anche da sola**. Non esiste alcuna differenza tra le possibilità che abbiamo ricevuto come bagaglio iniziale e quelle di coloro che hanno lasciato un segno indelebile nei libri di storia. Se mai noi entreremo in un libro di storia (e io credo che, sì, ci entreremo tutti, almeno in quello del nostro villaggio di origine, del nostro quartiere o della nostra famiglia) sarà per il nostro carisma, per i doni soprannaturali che portiamo, per **le nostre uniche intuizioni**. Se volessimo tenerne conto, potremmo inchinarci con reverenza devozionale non davanti all'illuminato di turno, ma davanti a noi stessi, che abbiamo trattato come mai dovremmo permetterci di trattare nessuno, neanche gli animali!! **Tu sei innocente**!

Da chi vorresti essere ascoltato/a?

Per quale motivo ti ostini a vedere spente tutte le luci che indicano le possibili piste di atterraggio? Perché ti sembrano murate di fresco tutte le possibili vie d'uscita? Per quale assurdo motivo il presente e il futuro dovrebbero seguire l'unica strada che ti concedi, ovvero quella della delusione e della sconfitta? Quale assurdo accordo hai fatto e con chi? Strappa quello stupido contratto che ti condurrebbe al plotone di esecuzione. Licenzia subito tutti i pensieri che, come cani rabbiosi, ringhiano al tuo comparire; i ragionamenti che ti sfiniscono, le conclusioni giudicanti e assurde che inevitabilmente ti porta a sentirti colpevole. Ancora una volta, ho io il compito di avvertirti che **la guerra è finita**, anche se non te ne eri ancora accorto/a, o almeno è finita per te, se accetti il fatto che non meriti di essere l'unico/a a volerla continuare. Sono portato a dirti che l'unico pericolo che fiutavi nell'aria lo producevi tu! **Tu sei innocente**! Impegna la tua energia in qualcosa che potrebbe farti piacere ora, in qualcosa che potrebbe riscaldarti il cuore e falla subito: vai a visitare quel luogo che ami; cucinare quel piatto che adori, anche se ti sei detto mille volte che non vale la pena di farlo solo per te, ti rattristerebbe, perché lo preparava tua mamma e ora lei non c'è più? **Ma anche la bambina che eri tu non c'è più**! Ora sei una donna e quel piatto non l'hai mai cucinato neppure per i tuoi figli, che ormai sono grandi, e forse anche loro sono soli, oggi! Perché non li inviti, così quel piatto lo preparerai per te e per loro? Non hai figli, dici? E allora perché non inviti i tuoi vicini o la tua parrucchiera? Non accetterebbero, dici? Tu, invece, accetteresti il loro invito? E il tuo invito, lo accetteresti oppure anche tu ti troveresti noiosa e petulante, negativa e triste?

Come ti vedono gli altri? Si fidano di te? In cosa potresti migliorare? Prova a pensare alle cose che dicevi di voler fare e che poi non hai fatto! Prova a pensare alle promesse che avevi fatto e che poi non hai mantenuto. Fanne un elenco. **Tu sei comunque innocente**! Quali impressioni ti hanno colpito/a o hai male interpretato? Con quali atteggiamenti hai reagito? Come puoi cambiare tutto questo? Come puoi comunicare tutto questo e l'avvenuto tuo cambiamento? Con quali percezioni nuove? Con quali decisioni nuove? Con quali nuovi atteggiamenti? Come puoi perfezionarti in questo senso?

Vederci come gli altri ci vedono. Che cosa potrebbe farti piacere adesso? Quando ti concederai questa tregua? **Da chi vorresti essere ascoltato/a**? Da chi vorresti essere abbracciato/a? Con chi avresti voglia di parlare? Allora, quando farai questa cosa che potrebbe farti così piacere? Provaci oggi; oppure, se proprio mi dici che non puoi – e so che me lo dirai – ripromettiti di farla nell'arco della settimana. O almeno del mese. Mi dici che in questo periodo proprio non puoi e mi garantisci che la farai entro l'anno? Lo vedi? Il meccanismo dovrebbe apparirti chiaro, ora e stavamo parlando di qualcosa che ti avrebbe fatto piacere. Se ti avessi chiesto di fare la stessa cosa, ma per qualcun'altro, che cosa mi avresti risposto? La faresti subito? Oppure la faresti oggi, se per te stesso/a l'avresti fatta in settimana? O in settimana, se per te stesso/a avresti deciso di farla entro il mese? O entro il mese, se a te stesso/a l'avresti concessa nell'anno in corso? **Perché**? Trova un perché, rispondi a questa domanda: è importante sai; molto! Se quando ti vengono proposte delle cose che potrebbero risvegliare la tua vitalità o ti vengono rivolti degli inviti, vorresti rispondere: «È tutto inutile» e rifiutare la proposta o ti scopri a dire cose del tipo: «No, grazie, andate voi; io sto bene qui tranquilla», può darsi che non sia tu a rispondere con le parole che sarebbero il meglio per te, ovvero: «**Sì, grazie**!», ma la tua parte peggiore, che si arroga il diritto di rispondere e di scegliere per te (come sempre) ciò che potrebbe portarti il peggio, dato che questo è il suo progetto di vita, anzi di morte, per te. Impegnati invece a fare qualcosa che sia in linea con il tuo risveglio dall'anestesia emozionale e riprendi a vivere al più presto possibile; più presto lo farai, e prima starai meglio; troverai quello che cerchi: l'amore e tutto il resto.

Veramente tutto sarebbe risolto...

Fai quello che prima ti sembrava troppo, per te; esci, conosci delle persone, fai esercizio fisico, frequenta luoghi in cui ci siano persone a cui piacciono le stesse cose che piacciono a te, magari quelle che amavi tantissimo e che da tanto tempo non fai nemmeno più. Prova a chiederti in quale modo gli altri potrebbero interpretare te e i tuoi comportamenti, a questo punto della vostra relazione. Ma se tutto avesse funzionato e se tu davvero avessi realizzato quelli che ritenevi essere i tuoi sogni, come ti saresti sentita? Credi veramente che tutto sarebbe stato risolto e che avresti iniziato le tue giornate con lo stesso stato d'animo che si ha dopo avere superato un esame importantissimo? Uno di quelli che ti autorizzava a mettere via i libri per molto, molto tempo? No, lo sai che non sarebbe andata così. Anche subito dopo avere raggiunto quanto auspicato non ti saresti autorizzato/a a essere felice e probabilmente, avresti di nuovo iniziato a ripetere la tua solita trafila di «però...», «ma...» «però, se...». Se prendessimo atto del nostro valore, ci avvicineremmo moltissimo alla considerazione che le risorse che potremmo mettere in scena sono già sufficienti per poterci considerare esseri divini mandati in prestito, per fare fronte alle possibili pazzie esercitabili sul pianeta Terra. Quale significato avrebbe, per te, un'eventualità del genere? Quali possibili scenari avevi previsto per la tua redenzione? Non ne avevi previsto neanche uno? Era così aspra e definitiva, la condanna prevista? Io invece te ne propongo uno: quella finale è una scena nuova che potrebbe vederci prendere confidenza con un tipo d'amore incondizionato quello nei confronti di noi stessi, e sopportare la possibilità di essere già inizialmente in grado di arrivare alla realizzazione delle nostre più alte aspirazioni, all'apoteosi delle ambizioni più grandi, **proprio come veri esseri divini**!

Da contessa a imperatrice in mezz'ora

Quando la sera del 9 gennaio 1856 la contessa di Castiglione fece il suo ingresso alla corte francese indossando un abito rosa pallido profondamente scollato, lo sguardo di tutti è puntato su di lei. L'ovale perfetto del viso, i grandi occhi azzurri e i biondi capelli ondulati strappano ai presenti ammirati mormorii. Napoleone III in persona le dà il benvenuto e, da come egli la guarda, lei capisce che riuscirà a portare a termine la missione affidatale da un lontano cugino, il conte Camillo Benso di Cavour; riuscirà, cioè a convincere l'Imperatore dei francesi a simpatizzare per la nascente Italia e a schierarsi dalla sua parte in caso di guerra con gli Austriaci. Ma perché Cavour aveva pensato proprio a lei[2]? Virginia Elisabetta Teresa Maria Oldoini, sposata Verasis e contessa di Castiglione, era nota per avere avuto ai suoi piedi decine di uomini importanti. Cavour sapeva che Napoleone III aveva un debole per le belle donne e Virginia, di fascino e spregiudicatezza ne aveva da vendere. Cavour aveva bisogno di lei per mandare in porto il suo progetto politico; occorreva però, più che mai, agli occhi di Cavour, l'appoggio di Napoleone III, e da qui a decidere di mettergli sotto il naso l'irresistibile contessa di Castiglione il passo era stato breve. Prudentemente "sondata" da un vecchio zio, il generale Cigala, lei non si mostra turbata, né scandalizzata: sedurrà Napoleone III. Accompagnata dal marito, che si finge ignaro della missione, fa il suo ingresso a corte; Napoleone le va incontro e le dice, galante: «Siete più bella di quanto immaginassi». Per la prima volta, la contessa è imbarazzata e non sa cosa rispondere.

«Vidi la sua ombra avvicinarsi al letto. Si abbassò e io chiusi gli occhi. Il mio destino si compì. La pendola batteva le due. Ero sola. Era appena suonato l'una e mezzo quando la porta si era aperta. Era stata sufficiente una sola mezz'ora, per fare di me un'imperatrice». La contessa dalla leggendaria bellezza, che con le sue grazie ha cambiato la storia d'Europa, muore la notte fra il 28 e il 29 novembre 1899, a soli 62 anni, dimenticata da tutti. Ma anche Virginia era, è e sarà sempre innocente!

---

2. Per queste informazioni, ringrazio il giornalista Giovanni Mosca.

Capitolo 30

Quali auspici affidi al futuro?

«D'ora in poi vivere qui sarà più vario e interessante... Noi avremo una nuova ragione di vita. Ci solleveremo dalle tenebre dell'ignoranza, ci accorgeremo di essere creature di grande intelligenza e abilità. Saremo liberi! Impareremo a volare!»[1].

Molti anni fa, a una trasmissione del Maurizio Costanzo Show furono invitate le massime personalità a livello internazionale, i maggiori esperti in tutte le scienze, tutti gli insigni più insigni e competenti, per discutere su ciò che avrebbe potuto rappresentare la salvezza del Pianeta. Dopo un rapidissimo scambio di battute, tutti, senza eccezioni, si trovarono d'accordo su un fatto: **era troppo tardi per parlarne**! Il quadro della situazione, dipinto dalla paura, era talmente agghiacciante che ancora oggi, a distanza di quindici o vent'anni, spesso mi viene in mente quel momento e mi scopro a riflettere sul fatto che la nostra generazione verrà indicata nei libri di storia (se una storia ancora ci sarà, e io credo fermamente di sì, a dispetto di tutte le previsioni allarmistiche) come quella che ha rovinato il pianeta: con un catastrofismo forse ingiustificato. Sto scrivendo questo libro nel mese di agosto 2011 e alcuni indicano il dicembre 2012 come data in cui dovrebbe finire il mondo. Io credo che, "non ce la caveremo" certamente in questo modo, e che dovremo e potremo fare tutto quello di cui ci sarà bisogno per riportare in rotta questa barca, per certi versi un pochino

1. Da *Il gabbiano Jonathan Livingston* di R. Bach.

alla deriva, certo, ma ancora ben salda e robusta. Ci saranno di sicuro delle cose da cambiare, soprattutto nelle nostre percezioni e nei nostri atteggiamenti; sicuramente occorrerà agire di più, prendersi sempre di più le proprie responsabilità, informarsi; un libro, che vi consiglio, è: *Madri, diamo un futuro ai nostri figli?*[2]. Penso che anche dall'Africa potrebbe arrivare una possibilità di salvezza: quando, invece di temere l'arrivo di tutti questi ragazzi pieni di energia, li metteremo in grado di lavorare dignitosamente, forse qualcosa di migliore accadrà. Perché averne paura? Nazioni come gli Stati Uniti, la Germania e la Svizzera sono diventate grandi e ricche accogliendo gli stranieri e mettendoli in condizione di prosperare e di integrarsi, ricongiungendosi alle mogli e ai figli, come è giusto che sia. Se avremo una pensione, sarà perché i loro figli andranno a lavorare!

Il segnale dall'Antartide...

Guido Visconti ci comunica i risultati di una ricerca, pubblicati dalla rivista «Nature» che rischia di mettere in dubbio la teoria che le glaciazioni periodicamente subite dalla Terra siano dovute alle variazioni dell'energia solare che riscalda il Pianeta. Le glaciazioni rappresentano una vera e propria catastrofe climatica, che mostra la sua fase più acuta ogni 100.000 anni. Il fenomeno, che si presenta contemporaneamente sui due emisferi terrestri (nord e sud), comporta l'estensione dei ghiacci polari fino alle latitudini della Germania o della Svizzera. Il risultato principale dello studio è stato quello di potere stabilire una cronologia delle glaciazioni facendo dei carotaggi nei ghiacciai antartici.

2. Gaia, per Gaia.

Più sono profondi, questi carotaggi, e più si va indietro nel tempo: oggi si dispone di una storia delle glaciazioni che risale a circa 2 milioni di anni fa. Quello che si nota innanzitutto è che il ciclo di 100.000 anni non è simmetrico, ma la discesa verso la temperatura minima (e quindi il massimo della glaciazione) è molto più lenta del riscaldamento, cioè ci vogliono circa 80.000 anni per il raffreddamento e 20.000 anni per il riscaldamento. Si è potuto anche stabilire che, oltre al ciclo principale di 100.000 anni esistono dei cicli secondari di circa 20mila anni e 40.000 anni. In assenza di spiegazioni plausibili, gli studi si sono concentrati su altri versanti, ad esempio nel fatto che, nel corso delle glaciazioni, variano le concentrazioni nell'atmosfera di alcuni gas serra come il metano e l'anidride carbonica. Invece intanto in Antartide, grazie alla collisione tra alcuni iceberg, che ha portato alla luce un mondo nascosto ora documentato, sono state certificate delle specie mai viste prima! La collisione fra due massicci blocchi di ghiaccio nell'Antartide orientale ha portato alla luce una grande varietà di specie marine prima sconosciute e ora documentate da alcuni oceanografi australiani. L'iceberg lungo 78 chilometri, che si era separato dal ghiacciaio Meltz dopo essere stato speronato da un altro gigantesco iceberg, ha esposto una sezione dell'oceano meridionale, prima coperta da centinaia di metri di ghiaccio, offrendo così agli scienziati la possibilità di condurre degli esperimenti, che aiuteranno a comprendere i fenomeni del cambiamento climatico. Quaranta scienziati, provenienti dall'Australia e da varie altre nazioni, coordinati dalla Divisione antartica australiana, sono riusciti a collocare delle telecamere sottomarine dove si trovava la lingua del ghiacciaio e hanno scoperto alcune nuove specie, fra cui delle spugne multicolori e dei pesci, oltre a delle stelle marine grandi quanto le ruote di un'auto. «Improvvisamente, la geometria dell'Antartide è cambiata», ha detto l'oceanografo Steve Rintoul. Fra i risultati biologici non previsti, vi è stato il rilascio di 10.000 metri quadrati di ghiaccio nell'Oceano, quando l'iceberg ha navigato alla deriva in acque più calde. La successiva liquefazione ha ridotto la salinità delle acque, facendo scattare un'intensa fioritura di fitoplancton. Questo dimostra che, a dispetto delle più caratteristiche previsioni, **il Pianeta ha infinite risorse**, attuabili ovviamente a sua discrezione. Sembra anche che un'importante porzione dei ghiacciai himalayani abbia smesso di recedere e in alcuni punti stia addirittura crescendo, grazie a uno strato isolante di detriti che li protegge dal riscaldamento del clima. Uno studio guidato da Dirk Scherler indicava come "molto alto" il rischio di un totale scioglimento dei ghiacciai della regione «entro l'anno 2035 e forse anche prima». Lo strato di ghiaccio che lo studio tedesco ha trovato in buona salute è quello che copre la catena settentrionale del Karakorum. Tutto quindi è in divenire, nulla è destinato a rimanere immobile; anche le montagne più aride sono sottoposte a continue trasformazioni chimiche e termiche. E anche per te è così! **Hai i documenti per passare tutte le dogane che vuoi**, per distruggere tutti i limiti che vorrai, tra quelli che ti eri creato tu! Il tuo biglietto c'è, è stato prenotato per te da tempo; il tuo posto era sempre vuoto, e siamo felici che ora tu cominci a occuparlo, a prendere il tuo spazio nel mondo: l'Universo è per Te! Se per il momento ti sembra troppo il palchetto o la prima fila o la platea, comincia a venire a sederti in galleria; poi si vedrà: da cosa nasce cosa. Spesso non ci mostriamo abbastanza consapevoli delle nostre possibilità; anche Dominique ci esorta a ricordarci che *«il regalo più importante l'abbiamo già ricevuto: è quello di esserci, di esistere. Quello che ci è stato dato (o ridato) alla nascita, è il vascello che la nostra anima ha scelto per que-*

sta vita. Ora sta e noi restare in contatto con esso, ascoltarlo, nutrirlo e farlo evolvere. Lui è convinto che le strategie neurologiche e spinali necessarie per il nuovo millennio siano disponibili, basta decidere che questo è ciò che desideriamo avere o ammettere che è stato ciò che ci serve al momento. La scelta è facile.

- *Vuoi essere tu a scegliere la tua vita (o...)?*
- *Desideri che continuino a essere solo le ditte farmaceutiche, le televisioni, i politici o le religioni a dirti come devi comportati e chi devi ascoltare?*

La società e gli altri esistono per darti una mano e proporti una via, ma devi essere tu a decidere cosa sia meglio per te e per la tua vita, invece di seguire le masse come una pecora senza volontà propria. Abbiamo in noi il Paradiso e grazie a questa saggezza, potrai sapere in tempo reale quando una cosa è giusta per te e quando non lo è più, potrai darti il meglio e lasciar perdere ciò che è di troppo. Vivere il momento significa avere la consapevolezza somatica attivata a livello superiore, e in grado di accompagnarci e di sostenere il nostro sviluppo e le nostre motivazioni. A quel punto, considererai queste parole come una tua verità personale, avendo la consapevolezza di essere un'anima che vive in un corpo in cui le emozioni e la mente sono al suo servizio e non un corpo contenente un'anima che subisce le emozioni e che è schiava della mente e del suo ego. Qual è l'alternativa? Vuoi vivere nell'ombra della non consapevolezza, accorgerti degli errori solo quando è troppo tardi? Rimanere cieco/a ai messaggi di ciò che ti sostiene e ti tiene in vita? No, vero? Allora intraprendi con decisione questo tuo viaggio, dando fiducia all'intelligenza innata che hai in te. Emanerai sempre di più la tua luce a chi ti vive accanto quotidianamente, alla comunità che servi e in-

direttamente a tutto il Pianeta. Coloro che avranno la fortuna di vivere accanto a te, saranno ispirati a fare altrettanto: diventerai l'esempio per la loro autorealizzazione. Il mondo ha bisogno della tua autenticità e dell'espressione migliore del tuo destino, nell'attualizzazione più completa e importante del tuo potenziale. Che il tuo corpo fisico, emotivo e mentale possano veramente essere i tuoi più fidati indicatori di una vita che diventa ogni giorno di più un'opera d'arte: come ci suggeriva Gandhi, diventerai il cambiamento che desideri vedere nel mondo. Buon viaggio!».

Un grazie enorme a Dominique! Io lo considero una luce incredibile nel cammino dell'evoluzione. In molte parti del mondo è riconosciuto e accolto come una delle figure più esperte nel campo umanistico, a livello mondiale. Molti non sono consapevoli della fortuna che abbiamo nell'averlo a due passi da casa nostra... Facciamo tesoro dei suoi insegnamenti preziosi. È insopportabile che nella nostra società venga ormai considerata una cosa quasi normale perdere la salute per fare i soldi, quando poi quei soldi vengono spesi per pagarsi la speranza di poterla recuperare. Non prendendoci cura di noi, non prestando attenzione alle nostre esigenze, non ascoltandoci, ci tradiamo da soli. Come possiamo predicare di avere fiducia negli altri, se neanche di noi stessi ci possiamo fidare, se siamo noi il nemico? Occorre, come prima cosa, rientrare in relazione profonda con noi stessi.

Riga dopo riga...

«Ciao Tiberio, ho appena terminato di scrivere la frase della settimana ed è stato bellissimo! Mentre accompagnavo la penna sul foglio ho avvertito una sensazione allo stomaco, poi ho capito di cosa si trattava: erano le classiche

farfalle nello stomaco di quando si è innamorati! Mentre scrivevo, passando da una frase all'altra, mi sono accorta che "Luigi" capitava sempre alla fine di ciascuna riga, perciò al termine di ogni serie è risultata una colonna di 14 righe di "Luigi". Alla fine della seconda serie, quella col "tu Elena". Mi sono messa a leggere questa sequenza magica e le lacrime sono sgorgate da sole, ma erano lacrime di commozione e di gioia! E, se continuo a guardare quel nome ripetersi riga dopo riga, sento un nodo in gola per l'emozione. TUTTO CIÒ È INCREDIBILE!!!!! DIO CHE BELLO È PROVARE SENSAZIONI DEL GENERE!!!! Tra qualche giorno ti mando la lista dell'esercizio sull'"essere, fare, avere...": richiede un po' più di tempo. Decidere di fare questo corso con te è stato meraviglioso! Tremo al pensiero di quello che stavo perdendo, di me stessa e della vita, GRAZIEEEE!!!!!!!!!!!!!!!!!!!!». Quando ci ricapitano le stesse cose che già non ci erano piaciute in precedenza, la sensazione è la stessa di quando ci fanno vedere, in certe trasmissioni, gli attori che sbagliano il copione e ripetono la scena. La differenza è che a loro qualcuno dice quello che debbono fare e, in seguito, gli dice se l'hanno fatto bene oppure no, mentre noi a volte questo dobbiamo dircelo da soli. Chi lo dice, a te? A me lo dicono i miei clienti, Laura, il mio editore, i miei lettori, mia figlia, i miei nipotini. Nessuno è talmente solo o così indipendente da non essere parte di qualcosa di più grande. Ricordatelo: **non sei solo un ramo sei un albero**! Prova a rivedere le situazioni negative, che si sono ripresentate più volte nell'arco della tua esistenza; immaginati il palcoscenico di un teatro con dei personaggi principali che continuano a ripetere quanto accaduto fino a che non hanno imparato a eseguire bene la scena che devono interpretare. È questo che dobbiamo imparare a fare: ripetere la scena fino a quando non l'avremo imparata a dovere, fino a quando non saremo sicurii che sia divenuta nostra, parte di noi. Le cose si trasformano sempre, anche quelle che vorresti non cambiassero mai! È ovvio quindi che, se impari a cavalcare i cambiamenti accogliendo al meglio le novità, sarai sereno e fiducioso da subito! Il mio atteggiamento rispetto al nuovo è questo: ritengo che venga a portare il meglio per l'evoluzione e per la necessaria crescita. Anche nei confronti di coloro che hanno sbagliato, dovremmo avere un occhio di riguardo, in quanto occorre lasciare spazio anche a loro affinché possano rendersi conto dell'errore e attivarsi per recuperare. Una domenica pomeriggio di due anni fa, due ragazzi, per gioco, avevano messo una grata metallica sui binari per fare deragliare un treno. Ne era conseguito un disastro ferroviario. Ora però il loro reato è considerato estinto. Avevano 16 anni e, a causa del loro gesto sconsiderato e folle, duecento persone avevano rischiato grosso. Dopo essere stati affidati ai servizi sociali e messi alla prova, oggi quegli stessi ragazzi sono davvero cambiati tanto che il giudice del Tribunale dei Minori di Milano ha deciso di dichiarare il reato estinto. Puoi mostrarti per quello che sei e sentirti al sicuro. Puoi domandare qualcosa, anche se sei quasi certo che l'altro non sia d'accordo. Non ti preoccupare dell'impressione che dai agli altri, puoi fare errori senza giudicarti. Specialmente quando sbagli non ti devi giudicare: devi prenderti le tue responsabilità questo sì, farti processare dalla tua parte peggiore; no! Ci sono cose che sembrano mancare, nella tua esistenza; ti sono state prese? Ok, rimettile al loro posto! Non ci sono più? Bene, se sono importanti, hai appena chiarito a te stesso quali siano le cose più urgenti da ricostruire. Per esempio se non hai voluto/potuto cambiare per avere o accontentare una certa persona che ora quindi non è al tuo fianco. Non felice per non felice, è meglio per te essere non felice, ma con un posto vuoto accanto, destinato ad accogliere chi ti sta cercando ed è in procinto di arrivare. *«Immaginate di tracciare un solco e, in questo solco, di fare scorrere dell'acqua. Quel solco è la saggezza, che vi indica la giusta direzione, il cammino da seguire, mentre l'acqua è l'amore, che vi sostiene lungo tutto il cammino. Ogni giornata che vivete nella saggezza e nell'amore prepara la giornata successiva, nella quale avanzerete più facilmente. L'oggi fa seguito all'ieri; a sua volta, verrà il domani; poi verranno i mesi, gli anni... tutta la vita. E una vita traccia la via... Questa è la promessa di Dio, e sarà mantenuta, con Amore»*[3]. Prova nuove esperienze, anche se potresti non avere un successo immediato. Sii fiducioso e propositivo. Inevitabilmente, la gente che avvicinerai comincerà anch'essa a reagire alla stessa maniera, nei tuoi riguardi, e presto ti accorgerai di vivere in un mondo d'amore, che tu stesso hai costruito. **Se ognuno cercasse sempre di agire al meglio delle sue possibilità, quello che accadrebbe sarebbe incredibile. E sarebbe addirittura rivoluzionario, se poi riuscissimo tutti a comportarci così! Ma anche se solo lo facessero in molti, avverrebbero delle cose stupefacenti, di cui parlerebbero continuamente i telegiornali: cesserebbero i conflitti di ogni tipo, nelle famiglie, nelle aziende; cesserebbero le guerre; le carceri si riempirebbero, perché tutti sentirebbero il bisogno di confessare quello che hanno fatto; i prezzi nelle vetrine cambierebbero; tutto sarebbe diverso.**

È importante che non diveniate vittime dei sei nemici interiori, che sono il desiderio, la rabbia, l'avidità, l'attaccamento, l'orgoglio e la gelosia; così potrete sperimentare la pace e l'amore. Ognuno dovrebbe eseguire i propri doveri

3. Neale Donald Walsche.

meticolosamente e aderire al Dharma; anche la formica lo segue: dovunque trovi del cibo, lo porta al formicaio e lo consuma, senza fare danno o rubare niente a nessuno. Tutti gli uccelli e gli animali seguono il loro Dharma naturale e si comportano di conseguenza. Il sentiero del Dharma è fondamentale per tutti, dalla formica al Creatore; lo stesso Principio di Verità è presente in ambedue»[4].

Tutti dovremmo chiedere scusa a qualcuno; tu, a chi?

4. Ringrazio l'Organizzazione Sai Italiana.

Capitolo 31

Possiamo contare sulla tua mente colorata?

«L'unico bene, la condizione fondamentale per una vita felice, è la fiducia in se stessi... né può renderti felice la bellezza o la forza del corpo: nessuno di quei beni resiste al passare del tempo»[1].

Vanessa Reggiani, è una meravigliosa ragazza non vedente. È grazie alla sua energia, se di *Innamorati di Te* e di *Ricomincia da Te* esiste anche l'edizione in braille. A lei interessava, lei l'ha chiesta, lei è riuscita a far sì che nascesse; anche l'essere arrivati al concepimento dell'audiolibro di *Innamorati* è dovuto a lei! Da parecchi anni, gestisce la sua vita in assenza della luce, ma illuminata da un suo deciso bagliore interiore, così che, molto spesso, le accade di pensare che nella sua esistenza ci sia molta più luce che in quella di tante altre persone che riescono a vedere con gli occhi. A ogni modo, la sua vita è così serena anche grazie alle tante persone speciali che ha conosciuto e che fanno parte della sua esistenza. Una delle domande più frequenti che le fanno è: «Ti fidi?», riferita a una quantità vastissima di cose, ma soprattutto alle persone. Infatti, a volte, le capita di doversi "semplicemente" fidare: ad esempio, se cammina e per caso sbaglia strada; oppure se qualcuno le deve dare un'informazione sul binario di un treno. Un giorno le capitò di andare in banca a fare un prelievo. La ragazza allo sportello le

1. Seneca.

chiese come poteva fidarsi a prendere i soldi senza avere un «valido metodo di riconoscimento». Tra sé e sé, Vanessa si era detta che si trattava semplicemente di una questione di fiducia ma era evidente che una risposta del genere non era sufficiente; allora spiegò che dalla grandezza e da altre caratteristiche poteva capire di che tipo di banconote si trattasse. La cassiera, per metterla alla prova, prese un'altra banconota e le chiese se riusciva a identificarla. Com'era ovvio, Vanessa sbagliò e la ragazza, premurosamente, le disse che doveva assolutamente trovare un metodo che fosse sicuro al 100%. Allora Vanessa le spiegò che c'erano degli "aiuti" anche per questi casi e la donna ne fu contenta, ma sentì il bisogno di ribadire che era "assolutamente" necessario che ne facesse uso. Questo episodio ha portato Vanessa a pensare una volta di più al suo rapporto con le persone estranee, a domandarsi se era il caso di diventare più diffidente, semplicemente più accorta. Eppure, anche se è naturalmente consapevole che possa essere rischioso, ci sono situazioni – per esempio, se sbaglia strada – in cui deve semplicemente fidarsi. Comprende la preoccupazione della ragazza della banca, che sarebbe sicuramente condivisa da molta altra gente a cui chiedessimo un parere, perché tante altre persone si meravigliano del fatto che Vanessa si fidi incondizionatamente di loro. Anche Alex, il suo ragazzo, a volte rimane stupito della fiducia che lei ha nelle varie situazioni, e spesso ne hanno discusso. Lui è ipovedente, ma il suo "punto di vista" è diverso dal suo. Alex infatti, tende a essere più diffidente, nei confronti delle altre persone e si preoccupa spesso per lei, perché, come la ragazza della banca, teme che qualcuno la possa raggirare. Ora bisogna precisare che Vanessa non è così ingenua da pensare che tutti siano buoni e gentili; eppure, dovendo scegliere tra fidarsi e non fidarsi, sceglie di confidare negli altri! Lei è cosciente che, se non ci si fida, si evita il rischio di essere imbrogliati; tuttavia è consapevole che **anche questo modo di pensare non è privo di rischi**. Il pericolo che si corre infatti, è quello di perdersi tante occasioni e discussioni interessanti. Sia Alex che Vanessa hanno un problema agli occhi, eppure hanno fatto, a questo proposito, delle considerazioni piuttosto differenti. Perché? Per rispondere a questa domanda, lei dice che dovrebbe raccontare la sua storia e quella del suo ragazzo. Hanno vissuto in ambienti diversi, circondati da persone diverse. Come sempre, sono state le esperienze a fare nascere e sviluppare certe convinzioni, certi comportamenti e modi di pensare. Naturalmente, lei non ritiene che il suo modo di pensare, o quello di Alex, sia sbagliato. Entrambi sono consapevoli di avere le opportunità e i rischi che le rispettive convinzioni lasciano loro. L'importante è esserne coscienti e soprattutto sapere comunque ragionare e valutare se in realtà non sia il caso, di volta in volta, di scegliere se fidarsi o non fidarsi, in base alle proprie idee e alla situazione. Chi ha il dono della vista si può affidare all'espressione di chi gli sta di fronte: lo sguardo, la mimica, eventuali gesti particolari, l'abbigliamento e altre cose visibili. Lei, invece, conta nel tono della voce, ma soprattutto sull'intuizione. Quest'ultimo aspetto non è assolutamente da sottovalutare, e anche scientificamente gli si sta dando sempre maggiore importanza. Vanessa si esprime così per ricordarci che gli estremi non sono mai una decisione saggia: se tutto in una persona la mettesse in allarme – anche se di solito tende a fidarsi certamente non si farebbe accompagnare da lei; da parte sua, Alex, se si trovasse di fronte a una persona che gli ispira fiducia, anche se magari con minore trasporto, tenderebbe a fidarsi. Lei, essendo così com'è, ha conosciuto tante belle persone e ha vissuto tanti momenti particolari, condividendoli e discutendo di cose interessanti; per lei, per la sua persona, per il suo modo di essere, per il suo spirito è giusto così: essere aperta e fiduciosa verso il prossimo! Mentre interagivo con Vanessa, mi faceva riflettere quel suo concetto: «Lui è ipovedente, ma il suo punto di vista è diverso dal mio» e ne abbiamo sorriso. La riflessione che mi ispirava era questa: chi vede bene, spesso non si fida di nessuno; lei, non vedendo, è stata costretta dal buon senso e dalla sua intelligenza a fidarsi e ad affidarsi. A tutti, istintivamente e senza mezze misure; così, attraverso la sua esperienza diretta, si è accorta che la gente, quando ci si affida totalmente, in linea di massima è portata a essere disponibile e fondamentalmente positiva.

Il suo ragazzo, essendo ipovendente, si fida di meno, rispetto a chi non vede e forse anche a chi ha una buona vista, perché come tutti, tende a fidarsi solo di quello che vede, e quindi, proprio perché non può vedere bene, gli riesce difficile avere fiducia.

Devi credere in quello che vedi, ma anche in quello che vedi in te stesso! Proprio come se ancora una volta ti guardassi dal di fuori, esattamente da quello che potrebbe essere il punto di vista degli altri. Cerca di capire qualcosa in più, riguardo a ciò che trasmetti. Inizia ad applicare questo concetto, che forse incontri per la prima volta o cerca di farlo in modo nuovo, per vederti quindi in maniera completamente diversa da come pensavi di essere.

Un meraviglioso punto da cui ripartire...

Se noi stessi non riusciamo a trovare una ragione valida per amarci, chi altro mai potrebbe trovarne in se una talmente convincente da spingerlo a cercare di farci cambiare idea su questo vitale argomento? Da cosa pensi possa derivare la scarsa fiducia in quello che vedi? La fiducia e la paura possono essere amiche? No esse sono l'antitesi l'una dell'altra: mentre l'incapacità di affidarsi e la paura possono benissimo collaborare e scambiarsi i "clienti" con "grande soddisfazione". Tutti noi siamo collegati con qualcosa di estremamente grandioso, una luce sacra da cui proveniamo; spesso questo collegamento viene ricoperto da scorie e rifiuti, generati dalla paura e dall'inadeguatezza. Quando ciò avviene, può capitare che alcuni di noi, invece di prendersi la responsabilità di aver rovinato la connessione con il flusso sacro e avere inquinato la sua sorgente purissima, preferiscano incolpare la sorgente stessa; di conseguenza, senza mettersi in discussione, aggiungono semplicemente il nome di Dio a quello degli altri nemici con cui apparentemente hanno avuto a che fare in precedenza. Come bloccare questi meccanismi così radicati? Credo che un modo meraviglioso sarebbe quello di riuscire a recuperare la vitalità e la passione che, da piccoli, mettevamo in tutti i nostri progetti. Io mi ero appassionato alla realizzazione di un "profumo" che avevo pensato di fare con i fiori di ginestra. Non avevo neanche cinque anni, ma pensavo di essere un grande profumiere! Avevo già prenotazioni di acquisto da parte delle mie piccole amiche e il futuro sembrava essere stupendo, per me! Tutto andò bene per qualche giorno, mentre pestavo i fiori e aggiungevo l'acqua; poi in breve tempo la poltiglia in macerazione cominciava a puzzare. Che disastro! Che delusione! Ma che meraviglioso punto da cui ripartire volendolo! Sempre per attirare il consenso delle bambine, mi riciclai allora come "stilista": mettevo le loro bambole su un pezzo di stoffa e con un gesso disegnavo il profilo lo facevo due volte, poi ritagliavo i due pezzi e in qualche modo li cucivo/incollavo insieme; c'era però il problema di come farci entrare la bambola... Io non ho più riprovato a fare profumi o a creare modelli, ma è grandioso che non mi sia scoraggiato mai e che abbia poi avuto tante volte la voglia di riprovare lo stesso grande entusiasmo e di credere ancora in qualcosa di importante! Ci sono tante cose da fare! A Milano, un gruppo di volontari, i cui nome è "Guerrila grandeurs", porta avanti una singolare missione: agiscono di notte, protetti dall'oscurità; si muovono muniti di vanghe, terra e piante; dopo ogni loro blitz le aiuole rifioriscono, gli alberi raddoppiano, i parchi urbani rivivono. Sono giustizieri buoni, amici della natura, e c'è allegria da vendere, nei loro sorrisi. Diffondono colori e speranze; sono idealisti, ma costruiscono concretamente!

Incontra una persona nuova... te stesso...

Patrick Legh Fermor, è un noto scrittore di viaggi inglese, passato alla storia per aver attraversato a piedi l'Europa, nel 1933, dall'Olanda a Costantinopoli, subito dopo la presa del potere in Germania da parte di Hitler. Fu in quel viaggio, durante il quale dormì nei fienili, ma anche in case borghesi, che scrisse due libri e ora, a 96 anni, sta ultimando il terzo e ultimo. «Perdere il passaporto era l'ultima delle preoccupazioni. Perdere il taccuino da viaggio sarebbe stata una catastrofe». Era l'8 dicembre del 1933, una giornata fredda e piovosa, e lui aveva 18 anni, quando decise di partire e cambiare vita; il suo obiettivo era semplice e straordinario: attraversare l'Europa a piedi, come un viandante, un pellegrino o un cavaliere errante, e raggiungere Costantinopoli, la porta d'Oriente. Arrivò alla mitica Bisanzio il primo gennaio del 1935, dopo avere visto un mondo nuovo e **aver incontrato e conosciuto una persona nuova: se stesso**. Proprio come era cambiato progressivamente il panorama, nel corso del viaggio, così era cambiato lui, e ancora oggi, dopo 78 anni, ne è pienamente consapevole!

Mio padre vuol mettermi alla prova...

Per molti anni della nostra vita, abbiamo continuato a scommettere su cavalli che non correvano neanche, anziché puntare su quelli che invece partecipavano alla gara: figurarsi se potevamo autorizzarci a puntare sui favoriti! Alcuni riescono a fare azzoppare dei purosangue; altri puntano su degli asini, ma li cavalcano con tanto amore da portarli alla vittoria. E lo fanno letteralmente. Uno psicoterapeuta, Eugenio Milonis, è tornato nella sua regione, l'Abruzzo, dopo molti anni vissuti altrove. Non voleva quasi credere che stessero scomparendo gli asini. Si è ricordato che un tempo con gli asini si cresceva, letteralmente, e quindi confidando nel potere terapeutico della *pet-therapy* applicata con l'aiuto di questi animali, ha creato una fattoria i cui esercita la sua professione, riuscendo anche a dimostrare che, se si vince la loro proverbiale diffidenza questi animali si trasformano in dolcissimi compagni di gioco e di rilassamento, capaci di placare lo spirito comunicando calma e tranquillità. Anche noi possiamo stupire e stupirci. Possiamo rifiutare la disistima e l'impotenza che derivava dal fallimento e credere nuovamente in noi, ancora prima che lo faccia qualcun altro grazie alle nostre idee. Quante volte abbiamo visto qualcuno supplire con la volontà alle oggettive carenze che dimostrava di avere, quando gli veniva richiesto di portare a termine qualcosa che incredibilmente non riusciva a realizzare, nonostante i molti tentativi fatti? Quando pensi che non sembrano esserci possibilità di superare i limiti che hai e cominci a crederli invalicabili e insormontabili, quello è proprio lo straordinario momento in cui, a dispetto delle sensazioni tristi che hai, puoi ricordarti che **non sei solo/a, e che sei un essere divino, che viene temprato su questo pianeta** prima di avere accesso alle altissime mansioni a cui sarai assegnato. Un po' come fanno certi imprenditori che, quando assumono un figlio in azienda, lo fanno lavorare per un bel po' in magazzino, dove è più duro restare quando si è proprio il figlio del padrone. Pensa a questo, nei momenti difficili: "Mio Padre vuole mettermi alla prova; per questo mi ha messo qui, per questo mi trovo di fronte a questa situazione!". Ricorda chi sei! L'Universo stesso ti appartiene! **Quanti obiettivi potresti raggiungere, tra quelli che hai nel cuore ora, tenendo semplicemente presenti nel tuo animo queste verità**? Tutti? **Sì, tutti**; assolutamente tutti!

«La mente è la causa della schiavitù e della liberazione dell'uomo. L'uomo è responsabile di tutto, ragione per cui, prima di tutto, dobbiamo generare pensieri buoni. I nostri pensieri si viziano per colpa del cibo sbagliato, delle abitudini e delle tendenze errate; i pensieri sono responsabili dei meriti e dei demeriti; quindi, appena un pensiero nasce nella mente, prendiamoci il tempo per chiederci se sia buono o cattivo, giusto o sbagliato. La fretta non è certamente un bene, porta allo spreco e lo spreco causa la preoccupazione, quindi non dobbiamo averne; dovremmo rimanere sempre calmi e composti, e non fare mai niente con precipitazione. Questo è ciò che si intende per pazienza. Se rimaniamo calmi e composti, possiamo provare tutti i tipi di felicità. L'uomo è il padrone del suo destino!»[2].

«Nella seconda delle Four Discussions *con psichiatri e psicoterapeuti di Los Angeles, Bion raggiunse il massimo della provocazione. L'uditorio era sempre più irritato, per le mancate risposte a domande precise, perentorie. Un interlocutore lo mise alle strette. Bion imperturbabile, passò dall'inglese al francese di Maurice Blanchot:* "La réponse est le malheur de la question". *E dopo avere tradotto – "La risposta è la disgrazia della domanda" – aggiunse: "La uccide"»*[3].

---

2. Per queste informazioni, ringrazio Iacopo Gori del «Corriere della Sera».
3. Marcoli, Ferruccio, *Wilfred R. Bion e le "Esperienze nei Gruppi"*, cit.

In ogni epoca ci sono stati uomini che hanno sostanzialmente superato i limiti: tutti! Tutti quelli che incontravano! Noi ci ripromettiamo di allontanare almeno le sovrapposizioni giudicanti e pregiudizievoli che abbiamo preparato nei confronti di noi stessi, lo spietato trattamento adottato contro noi stessi in maniera assolutamente ingiustificata; ora siamo liberi, non è stata formulata alcuna condanna: **noi siamo liberi**! Per sempre!

Capitolo 32

Credere in te: una nuova fede

«Abbi fiducia che ogni cosa prenda il suo corso. Non devi sempre controllare, verificare, confrontare. Abbi fiducia che il Divino, al quale sei collegato, automaticamente ti guidi fin dove devi andare»[1].

Faccio delle sedute su Skype praticamente tutti i giorni, ma il mercoledì e il venerdì faccio solo quelle. In questi due giorni non vado neanche in studio e sono sempre in luoghi diversi, che scelgo al momento: a volte sono a casa, altre a Milano oppure al mare. Un martedì sera, visto che il mercoledì avrei fatto le sedute su Skype e non ne avrei avuto bisogno, lasciai la mia auto in un garage: il mercoledì avevo due sedute di mattina, alle 10 e alle 11,30, poi avrei ripreso con quelle del pomeriggio. Alle dieci meno cinque ricevetti una telefonata dal responsabile delle vendite della mia casa editrice: si trovava a Lugano e aveva bisogno di parlarmi. Gli dissi che stavo per iniziare a fare delle sedute, e che avremmo potuto pranzare insieme più tardi a patto però che mi raggiungesse, perché non avevo l'auto. Puntualissimo alle 13,00 uscii da casa e trovai lui insieme con un altro dirigente della mia casa editrice. Non avevano molto tempo, perché erano attesi a Milano, ma mi avevano aspettato per parlare. Andammo a mangiare un panino in un Pub davanti a casa mia e lì venni informato che: 1) *Non ti scordar di Te*, uscito in novembre stava andando molto bene; 2) molto bene stavano andando anche le versioni economiche di *Innamora-*

1. Sai Baba.

ti di Te e *Ricomincia da Te*, anzi il più importante distributore italiano ne aveva prese alcune migliaia per fare una prova di inserimento nei grandi magazzini; 3) avevo il via libera per scrivere il libro che avete in mano in questo momento (poche settimane prima, a solo due mesi dall'uscita del mio ultimo lavoro, avevo mandato una e-mail all'editore, per dirgli che il mio prossimo libro sarebbe stato incentrato sul tema della fiducia, ma mai avrei pensato che mi avrebbe proposto di scriverlo subito!); 4) speravano fossi disponibile per una serie di conferenze, perché sono uno dei pochi autori italiani di Macro Edizioni (questo mi è piaciuto un pochino meno); 5) se ero d'accordo di riscrivere *Innamorati di Te* "con il senno di poi", progettavano di farne una nuova edizione, rivista e più curata. Io ascoltavo estasiato tutte quelle fantastiche notizie, guardando casa mia dall'altro lato della strada; tutte le comunicazioni che auspicavo e rincorrevo continuamente mi avevano raggiunto lì dov'ero! Frastornato, li abbracciai e li salutai poi attraversai la strada per tornare a casa a tenere le altre sedute. In quel momento ricevetti un messaggio da Laura che, con una foto, mi testimoniava che a Milano in un Carrefour erano in vendita delle copie di *Non ti scordar di Te* (in Svizzera, i miei libri da sempre sono accolti nei grandi magazzini e negli uffici postali; non è così in Italia); questo significava che un altro distributore, in Italia, oltre a quello di cui mi avevano parlato i dirigenti, si era interessato a un mio titolo per la grande distribuzione, e di questo non ero stato ancora informato. È un caso, che tutte queste meraviglie mi siano state regalate in un giorno in cui simbolicamente ero bloccato e non potevo andare proprio da nessuna parte, non avendo nemmeno l'auto? No, non era un caso! **Era un invito ad avere fiducia e a non correre sempre per raggiungere qualcosa, e anche un invito a confidare nel fatto che quello che ho seminato è sufficiente per cominciare a rac-**

cogliere e, infine, un invito a non avere paura di fermarmi per farmi raggiungere da quelle stesse cose che mi sembrava di inseguire! **Non rincorrere più il mondo, se smetterai di farlo, sarà il mondo a raggiungerti**. Quante volte noi crediamo di inseguire dei risultati e invece stiamo fuggendo da essi, doppiando le possibilità e le soluzioni. *Lasciati* raggiungere: questo ti permetterà di avere accesso a possibilità e situazioni mai conosciute, di avvicinarti a condizioni nuove in cui niente sarà più come prima. Stiamo parlando di **una nuova fede: quella che porta il tuo nome**, quella che parla di te e della tua realizzazione e che tu, per tutta la vita, avevi inseguito ovunque.

Chi donava in quei momenti?

Oggi ho fatto, dato, ricevuto? Sì forse "ricevuto" è la parola più adatta: la seduta più spirituale e grande della mia carriera, e di sessioni credo di averne tenute migliaia. Era una seduta su Skype con una persona che conosco bene e ammiro molto, e con la quale lavoro da tempo. All'inizio della sessione, la signora mi ha chiesto di lavorare su un sogno che aveva fatto. La sua voce tradiva un'emozione forte mentre cercava, sceglieva e soppesava le parole giuste. Mi ha chiarito subito che il suo sogno parlava per immagini e che queste erano quasi impossibili da descrivere a parole, tanto le loro forme erano evocative e suggestive e i loro colori stupefacenti. Nel sogno, Genni – questo è il nome della signora – incontrava Chiara, una ragazza scomparsa, che un tempo lavorava nel suo negozio. Chiara era stata, in vita, una ragazza speciale e sensibile; una persona molto spirituale e particolare, che negli ultimi anni della sua esistenza, dava l'impressione di sapere compensare le normali capacità, che, il suo cervello le inibiva a causa del progredire della malattia, con la meraviglia, e lo stupore di un'arrendevolezza silenziosa e nello stesso tempo assordante. Chiara accettava visite solo dalle persone che, secondo lei, potevano comprendere e condividere questa parte del suo viaggio; voleva vedere solo Genni e suo marito Mario – l'unico medico da cui non riceveva medicine, ma solo amore incondizionato e tenerezza – Elena e Monica, altre amiche d'infanzia, e Bianca, una persona dolce e spiritosa. Quando, il marito di Chiara la ringraziava, nel momento dei commiati, Genni gli diceva: «Non mi devi ringraziare: quello che ho dato io a lei, lo potevano dare tutti; quello che ricevo io da lei, me lo poteva dare solo lei!». Ogni volta che si incontravano, entrambe sentivano un profondo bisogno di ringraziarsi per qualcosa che tutte e due avevano ricevuto, ma che nessuna delle due, apparentemente, aveva dato, e da questa sensazione nasceva lo stupore. Chi donava in quei momenti? Quando Genni se ne andava, poi, era cosi piena di emozioni da doversi fermare con la macchina e chiedere scusa, per il suo "contenitore" secondo lei così piccolo da non riuscire a accogliere che poche infinitesime particelle, di tutto quell'amore trasmessole; doveva piangere e urlare, nella speranza che quella sorgente si fermasse; era ubriaca, stordita e, contemporaneamente, consapevole dei suoi limiti, ma grata di questi doni. Chiara e Luigi, il suo compagno, avevano da tempo fissato la data del loro matrimonio e l'Universo aveva voluto che fosse celebrato solo tre giorni prima della sua dipartita. Per creare un ambiente che fosse il più leggero e festoso possibile, tutto era stato addobbato con bomboniere, palloncini e candele colorate; l'aria profumava di dolci e dappertutto vi erano fiori, festoni inneggianti agli sposi, decorazioni multicolori, pacchettini regalo. Era un matrimonio, ma anche un'occasione per salutare nel modo più leggero tutte le persone, che avevano percorso insieme a lei la sua breve, ma appassionata, vita. Ovviamente c'era la presenza continua di suo marito e di Eva, la figlia di Chiara. Quell'atmosfera, che aleggia nei luoghi in cui è stato festeggiato qualcosa, era rimasta nella casa fino al giorno in cui era mancata, in un'atmosfera sì triste, ma anche serena, per la fine della sua sofferenza. Tra le bomboniere del suo matrimonio appena celebrato e con una pioggia sottilissima e cantilenante tra le foglie degli alberi mosse dal vento, Genni e suo marito Mario avevano avuto la sensazione, condivisa, di vedere degli Angeli a quel concerto.

Nel sogno – ma per me è inesatto chiamarlo sogno; io confido che sia stato molto di più – Chiara era molto felice; andava incontro a Genni e le chiedeva, a gesti, di appoggiare le mani sulle sue. Genni lo aveva fatto e appena vi era stato il contatto, si era accorta che poteva analizzare i pensieri di Chiara, sotto forma di parole non pronunciate: le parole arrivavano attraverso le mani, e attraverso il contatto loro stavano comunicando. «Ma stiamo parlando attraverso le mani», le diceva Genni. «Certo, qui si fa così» le rispondeva Chiara. «Qui quello che conta è sentire le vibrazioni e le vibrazioni nascono da tre parole sole; la nostra parte divina conosce tre sole parole: Amore, Fede/Pace e Arrendevolezza. Solo tre parole, tutte le altre le ha create l'uomo! Tutte le altre producono vibrazioni pesanti che rendono ciechi e appesantiscono il cammino; solo queste parole contano, solo queste vibrazioni servono, le altre confondono. Se vivrai utilizzando solo queste tre parole, e le altre dal significato similare, si produrranno infinite vibrazioni; tu ne diventerai l'espressione fisica ed esse ti renderanno leggera e pura, così potrai vedere il Cristo, la Madonna, tutto. Solo quando anche l'ultimo uomo avrà dimenticato tutte le parole da lui create come malattia, morte, arroganza, tutto questo scomparirà dalla Terra immediatamente. L'uomo ha inventato le varie lingue facendo una fatica inutile: creano separazioni e diffidenze, invece le tre parole si leggono in faccia e vibrano, in modo che tutti si possano comprendere a vicenda. Percepirai le vibrazioni e ciò ti collegherà al Tutto, all'unica fonte di conoscenza, all'unica guida nel tuo processo di evoluzione». A quel punto, apparve l'immagine di un professore, una figura dotta nel senso classico del termine, che stava tenendo una conferenza; aveva con sè due grandi termometri: in uno c'era scritto "amore, fede, pace, arrendevolezza", nell'altro "ego-paura"; mentre il professore parlava sul termometro appariva una linea rossa che indicava il massimo. Poi, al posto del dotto, compariva una figura mistica, un asceta, e le parole che si potevano leggere sul termometro erano ancora "amore, fede, pace, arrendevolezza". Chiara allora le diceva: «I saggi sono i neonati (sanno solo quello che serve), non i vecchi (che sanno troppo, e infatti tendono poi a dimenticare!). Occorre procedere, con la certezza che tutto è bene e che abbiamo sempre ciò che necessita. Con quelle tre parole tu puoi costruire tutto». Allora Genni le chiedeva: «Come posso ridurre l'ego, la paura?». E Chiara le rispondeva: «Ingrandisci le tre parole e loro scacceranno le altre. Non vedi gli altri mondi perché sei pesante, allora ti sei data la scusa che è impossibile. Puoi sentire solo quello che è al livello delle tue vibrazioni». «Tu dove sei, ora?», le chiedeva a questo punto Genni. «Io sono nella sfera della Grazia Divina, dove ci sono solo quelle tre parole; la regola è vivere e nutrirsi di quelle tre parole, utilizzando la stessa energia che utilizza un fiore per aprirsi al sole...». «E cosa significa nutrirsi di quelle tre parole?»; a questa domanda, Chiara infilava un dito nella terra e subito ne emergeva una pianta incredibilmente colorata e folta! Genni esclamava: «Chiara, è bellissima!». «Lo puoi fare anche tu, non ci sarà più bisogno di coltivare nulla» diceva allora Chiara. «Riceverai tutto quello di cui hai bisogno, né più, né meno».

Chiara domandava: «Tu che l'hai vissuto, come avviene il passaggio alla vostra dimensione, dopo la morte?». «È molto sopravvalutato, questo fatto, e molto di quello che si immagina non è affatto vero; è una cosa semplice, un cambio di vibrazione; la morte viene perché ci si avvicina troppo alle paure, sono la paura e il significato che dai alla morte a impedirti di vedermi. Secondo te, perché l'uomo oggi vive di più? Perché l'uomo si è liberato di tante paure ed è più vicino a Dio! Se si liberasse del tutto diventerebbe immortale». «Ma com'è lì da te?», domandava Genni ancora. «Vediamo tutti lo stesso sole. Non è molto diverso da lì». Poi l'immagine cambiava e comparivano varie dimensioni, che interagivano intrinsecandosi; erano trasparenti, ma riflettevano luci e colori, come fanno talvolta le bolle di sapone. «Più sei libera, più sali e più vedi». «Che cosa posso fare io?» chiedeva allora Genni. «Vibra nelle tre parole, non fare la carità, non accogliere persone che arrivano da altri Paesi e non andare in altri Paesi». «Ma allora non devo andare a Parigi?», chiedeva ancora Genni. «Non so cosa è Parigi, ma solo se le piante dei tuoi posti sopravvivono bene nel luogo in cui vuoi andare, ti ci puoi recare». I popoli, se vogliono trovare il vero Sé e vibrare con le tre parole, devono rimanere nel luogo dove li ha creati Dio, perché è solo lì che possono trovare e utilizzare le loro risorse e avvicinarsi al Divino. Noi crediamo che abbiano di meno, rispetto a quello che abbiamo noi, ma loro hanno le risorse utili per il posto in cui sono nati; per ogni popolo è così. Quando una persona si allontana troppo dal proprio luogo di nascita, interrompe l'energia della creazione; è come se tagliasse il suo cordone ombelicale con la terra che è pronta ad accoglierlo e a nutrirlo con quello di cui ha veramente bisogno, per diventare forte ed essere più vicino a Dio. Solo quel tipo di forza è necessaria, per lui e per tutti gli altri esseri viventi; chi si sposta crea un terremoto vibrazionale e fa salire il termometro dell'ego a livello universale, così tutti devono poi trasformarsi per riarmonizzare le vibrazioni. Per quanto vi è possibile, non alimentate questi spostamenti e non credete che i popoli in apparenza più organizzati e più ricchi siano più fortunati (è richiesto uno sforzo maggiore, ai popoli ricchi: devono superare il loro desiderio di mezzi superflui, per arrivare a trovare se stessi); è vero il contrario: il divino è dove c'è l'essenziale, non il superfluo». Poi Chiara aggiungeva: «Ti prego di raccontare a tutti quello che ti ho detto; le persone si devono avvicinare il più possibile all'essenza di queste vibrazioni, perché a breve saremo costretti a un cambio di livello da un'energia attualmente sconosciuta agli esseri viventi. Ci troveremo a lasciare, o essere da essi lasciati, ambienti diversi dal nostro e a non riconoscere né i luoghi, né le persone che fanno parte del nostro livello attuale». «E perché non devo fare la carità?» chiedeva allora Genni. «Perché quando la fai ti macchi di tre cose: 1) aumenta il tuo ego; 2) nel farla credi all'ingiustizia di Dio; 3) se la fai, significa che non credi alla possibilità che la persona a cui fai la carità riesca a risolvere i suoi problemi!».

Io a ogni passo dal sogno che Genni mi raccontava, restavo senza parole: avevo l'impressione che, qualsiasi cosa avessi detto, avrei abbassato l'energia perfetta che era presente nell'aria. Io credo e confido che non si sia trattato solo di un sogno; credo che quello di Genni sia stato una sorta di viaggio cosmico, in cui, tramite Chiara, ci sia stata data la possibilità di arrivare vicino a Dio e di ricevere dei suggerimenti per migliorare la nostra vibrazione attraverso le parole "Amore, Fede, Pace e Arrendevolezza" e il significato dell'atteggiamento di arrendevolezza. Alla fine della seduta, avevo l'impressione che io e Genni avremmo potuto fare quella sessione senza bisogno di Skype e che sarebbe stato sufficiente appoggiare le nostre mani accostando i palmi, per comunicare!

Capitolo 33

Puoi credere che tutto possa cambiare?

Se confidi nel domani, tutto può ancora cambiare. Ti piacerebbe avere più fiducia? Sei veramente pronto/a a farti raggiungere da tutto quello che per te è stato tenuto in deposito nei magazzini dell'Universo, ad avere la chiave per accedere alle tue proprietà, che potrebbero da subito farti divenire la persona che da tempo vorresti essere, e ad avere quello che da sempre dici di volere? Questa possibilità si chiama perdono! Che cosa pensi, a questo proposito? Qual è la tua opinione al riguardo? I miei clienti mi sentono spesso dire che il "non perdono" è una delle due armi potentissime dell'ego; l'altra è la bugia personale (un'opinione scadentissima su di noi, che noi stessi mettiamo in scena a nostro discapito). Per essere più chiaro, che cosa non perdoni e a chi? Scrivi su un foglio questa domanda e risponditi, nella maniera più dettagliata che puoi; per ogni persona usa un foglio diverso e concediti tutto il tempo, che ti serve: possibilmente prenditi questo momento durante un sabato o una domenica. Scrivi: «Quello che non mi perdono è… Quello che ho fatto di imperdonabile è…». Una volta eseguito questo esercizio, sarà urgente per te cambiare idea proprio su tutte le situazioni descritte. La lettura del mio *Ricomincia da Te*, che parla solo di perdono, potrebbe aiutarti molto. Coloro che non perdoni, non ti abbandonano mai, interagiscono energeticamente di continuo con te, e molte delle tue energie verranno sprecate, in questo modo. Se il cuore è occupato dal risentimento o da altre forme negative, non rimane spazio per null'altro. Sai Baba dice che in un cuore pieno di egoismo, d'orgoglio e di odio non può esserci posto per la Divinità. Non c'è posto per niente che possa essere definito "buono". Se difendi il tuo diritto di non perdonare qualcosa, tu non lo sai, ma è come se affermassi che non meriti di stare bene. E tu credi ancora che le persone cambino quando cambiano le situazioni? Forse nessuno ti ha mai detto che invece **sono le situazioni a cambiare, quando cambiano le persone**! Va bene, allora mi prendo io questo compito, anche a costo di apparire antipatico al tuo ego (io non ci tengo per niente, ad apparire simpatico agli occhi della tua parte peggiore). Dobbiamo considerare che, quando ci evolviamo, tutto cambia intorno a noi; quindi se vogliamo che lo scenario migliori, non ci resta altro da fare che compiere un'evoluzione interiore, tramite i nostri atteggiamenti, le nostre percezioni, e soprattutto i nostri pensieri!

Non vivete di foto ingiallite...

Madre Teresa di Calcutta diceva che dobbiamo avere sempre presente che il corpo invecchia – la pelle si coprirà di rughe, i capelli diventeranno bianchi, e i giorni diventeranno anni – e che invece le cose importanti non cambiano, se la nostra forza e la nostra convizione non saranno mai soggette all'età. Diceva che il nostro spirito è la colla di qualsiasi iniziativa; che dietro ogni linea di arrivo c'è una linea di partenza; che dietro ogni successo c'è un'altra delusione. Diceva che finché siamo vivi, dobbiamo sentirci tali: VIVI; che quando ci accorgiamo che qualcosa che facevamo ci manca, dobbiamo tornare a farlo. Ci esortava a non vivere di foto ingiallite... **Ci incoraggiava a insiste-**

re, anche quando tutti si aspettano il nostro abbandono. Ci ricordava che non dobbiamo lasciare arrugginire il ferro che c'è in noi, e che dobbiamo fare in modo che gli altri, provino rispetto nei nostri confronti, non compassione: e ci diceva anche che quando, a causa degli anni, non avremmo più potuto correre, avremmo dovuto camminare velocemente; che quando non avremmo più potuto camminare velocemente, avremmo dovuto camminare piano e che, quando avremmo avuto difficoltà a camminare, avremmo dovuto usare il bastone, ma mai avremmo dovuto fermarci, mai. Ti sembra che gli altri abbiano due facce, come minimo, e che nessuno sia davvero autentico? Ti muovi in un mondo in cui nessuno mostra il suo vero volto? Come potresti incontrare qualcuno disponibile a darti il meglio di sé dopo aver dovuto subire i tuoi pregiudizi? **Guarda meglio: non sono gli altri ad avere due facce, come pensavi tu, è la tua visione a essere sfuocata**; sei tu che volevi vedere doppio; metti meglio a fuoco le persone che guardi, cerca di capire, sorridi, vai loro incontro, chiedi se puoi essere d'aiuto e come; domanda di cosa hanno bisogno e in che misura puoi renderti utile. Ti stupirai di quanta sincerità incontrerai, tutti vorranno darti il meglio di loro; esattamente come fai tu nei tuoi momenti migliori, e forse lo fai meno spesso di quanto lo facciano gli altri: se è vero che tutti possono migliorarsi, certamente possiamo farlo anche noi!

C'è ancora un altro aspetto, su cui è bene soffermarsi. Può darsi che tu ti senta urtato/a da ciò che un'ipotetica persona dice o fa, perché le sue parole o i suoi atteggiamenti mettono in luce qualcosa della tua vita, o di te stesso/a che rifiuti di vedere. Pensa all'imbarazzo che creano i mistici e i profeti: nessuno è più disposto a considerarli mistici o profeti, quando ci sfidano con le loro parole o con la loro vita. Un'altra cosa è chiara: tu ti senti urtato/a da quella persona, uomo o donna che sia, perché non vive secondo le tue regole e i tuoi principi avendo semplicemente fatto delle scelte diverse dalle tue, a te sembra che tutto quello che ne consegue non possa essere in alcun caso interessante; invece è proprio chi mette in scena realtà differenti dalla tua che potrà, se lo vorrai, indicarti una strada nuova, visto che dici sempre che ne vorresti trovare una. Ora prendi carta e penna e scrivi una lettera alla fiducia; sarà una grande occasione per fare chiarezza sul rapporto che hai con lei e su cosa ti aspetti da lei!

Ecco un esempio:

«Cara Fiducia, ti scrivo perché ho bisogno di te. Ho bisogno che mi accompagni nella vita. Ho bisogno di te nel quotidiano, nelle piccole cose, in tutto quello che faccio. Ti spiego meglio. Hai presente come si sta quando senti che non ce la puoi fare? Quando ogni atto, o pensiero, è accompagnato da: "Oddio, e se non ce la faccio?", "E se pensano male di me?" o anche: "E se va male?". Ecco, Fiducia, io convivo continuamente con la tua mancanza. È difficile, sai? Vivo nel terrore che a me e alle persone cui voglio bene succeda qualcosa; vivo nella paura che nessuno mi possa amare di nuovo; vivo pensando che forse non sarò mai più felice. Spesso quando parto con un: "Ce la posso fare", sembra quasi che un pizzico di te, Fiducia, mi prenda la mano, per poi lasciarla subito, quando capisco che non può andarmi bene. Vorrei svegliarmi con te la mattina e pensare che mi aspetta una splendida giornata; vorrei sorridere alla vita come solo chi ti ha per amica può fare; vorrei affrontare il mondo non come se fossi in trincea, ma come se la vita fosse una splendida avventura. Con te posso farlo! Vuoi essere la mia compagna di viaggio? Non sarà semplice; a volte dovrai battermi sulla spalla per ri-

cordarmi che ci sei, ma ti prometto che cercherò di non dimenticarmi mai più di te! Grazie per avermi ascoltata. Un abbraccio e a prestissimo, amica mia. Claudia[1]».

Ci penserò domani...

Sono infiniti i modi che riusciamo a mettere in atto al fine di sabotarci: alcuni sono macroscopici; altri meno percepibili come la mania di rinviare quello che, nel nostro interesse, dovremmo fare oggi! Questa può diventare una vera e propria malattia, che comporta danni incalcolabili in termini di improduttività.

Pensate che attualmente l'editoria propone addirittura 120 libri all'anno solo su questo tema[2]. Uno dei consigli più frequenti per smettere di procrastinare e abbandonare la consuetudine di dirsi "lo faccio domani", consiste nello scrivere su un foglio di carta tutte le incombenze che ci ripromettiamo di sbrigare. Questo, allo scopo di mantenere libera la mente e porci poi un traguardo limitato, vicino e preciso, che consiste nel fare tutto ciò che richiede meno di 2 minuti di tempo! Bisogna fare, e non ripromettersi di fare! È categorico, quindi, non inventarsi altre noiose e inutili incombenze, come svuotare i cassetti della scrivania, o ricopiare quell'agenda telefonica che non usi mai. Certo, ti sentiresti meno in colpa, ma sarebbe comunque un ennesimo modo per procrastinare, quindi ora agisci; non è indispensabile che il tuo lavoro sia completo: iniziare a farlo, è sufficiente a spezzare quell'apatia che ti impediva di prendere in mano le cose in maniera responsabile! Ognuno di noi è sottoposto a sollecitazioni differenti, che rendono necessaria una preparazione mirata alle

1. Nome di fantasia.
2. Per queste informazioni, ringrazio Stefano Montefiori del «Corriere della Sera».

situazioni emotive relative al proprio campo d'azione che invece per qualcun altro potrebbero anche essere ininfluenti. Ogni situazione può essere vissuta con grande consapevolezza e affrontata con gioia oppure subita con frustrazione; la differenza la possiamo individuare nella motivazione: se è importante, può anche spingere alla passione e all'entusiasmo, e stiamo parlando della stessa circostanza! Forse a te non piace iniziare qualcosa, perché vedi le difficoltà ancora prima dei vantaggi; se però io ti dicessi che, in cambio, ti verrebbe data la possibilità di raggiungere quello che insegui da sempre, è vero che non vedresti l'ora di cominciare?

Sì ho creato tutto io...

Se lavoro con un manager in procinto di essere investito di un ruolo dirigenziale, che lo porterà a operare come procuratore di una multinazionale, devo aiutarlo e sostenerlo nel praticare degli esercizi che lo conducano a una razionalizzazione "leggera" del nuovo ruolo, che forse lo preoccupa. Ci saranno infatti interrogativi, preghiere e suppliche, a cui dovrà rispondere tutti i giorni e in tutte le lingue, e in situazioni più o meno adatte: potrebbero essergli poste delle domande anche mentre fa pipì negli aeroporti! Fa ridere, ma sono cose che capitano veramente, alle persone conosciute: vengono acclamate e criticate persino negli autogrill! Uno è lì e vorrebbe essere invisibile, e invece magari si sente dire: «Sei troppo giovane, per potere avere fatto tutto da solo»; oppure: «Le tue ultime decisioni sono assurde», o ancora: «Non ce la farai a gestire quello che hai creato»; a quel punto, gli viene la tentazione di scappare oppure di rispondere: «Sì, ho creato tutto io, interagendo con molte persone, ma alla fine tutti gli "input" li ho filtrati io, e anche gli "output" sono miei. Avendo creato tutto da solo, so che lo posso gestire al meglio. Essere giovane mi dà l'energia per sostenere ritmi di lavoro pesanti e pressioni durissime e potrò continuare così per anni e anni, fino a quando la società non sarà definitivamente in quota; quindi non si preoccupi per me». Un bel sorriso e via! Secondo voi, sarebbe convincente? Come potrebbe, costui, reggere a sollecitazioni continue, senza confrontarsi con la propria stima e il proprio credito? Come potrebbe partecipare a una trasmissione televisiva piena di detrattori e vedere la sua risposta scorrere su schermi enormi errori compresi, senza avere prima immaginato di potersi trovare in una situazione simile? Noi dobbiamo dare sempre il massimo, e questo vale per tutti: per chi decide il futuro degli altri, così come per un salumiere dell'Esselunga, che tocca con le mani il cibo che sarà ingerito da chi lo acquista e che lavora con gli occhi di tutti puntati addosso per tutta la durata del turno, una condizione difficilissima.

La preziosità di qualcosa di così straordinario...

Quando qualcosa in cui avevi creduto profondamente si deteriora, è come se le tue radici si indebolissero e la tua stabilità ne risentisse! Ti convinci, in quei momenti, che nulla sarà mai più come prima e non sai neanche più se riuscirai a restare in piedi o se invece cadrai al primo colpo di vento. È quello, il momento in cui la tua parte peggiore proverà ancora a convincerti che vali veramente poco e che quanto è accaduto altro non è che ciò che ti meriti davvero. Una volta che avrai accettato un punto di vista così limitante ti diventerà molto difficile confidare di nuovo in qualcuno. Chi fa un totale affidamento su se stesso, sugli altri e sulla positività delle circostanze che potrà/vorrà attrarre, non può mancare di dare credito agli altri, persino a coloro che magari lo deluderanno, persino a coloro che l'hanno già deluso. Una persona così centrata non dovrà mai rinunciare alla preziosità di due cose straordinarie: il proprio valore, la propria stabilità. Ci sono persone che neppure conosciamo direttamente – come quelle, che comunque lasciamo entrare nelle nostre case attraverso la televisione e i cui volti ci sono oramai familiari – alle quali saremmo, o non saremmo, disposti a dare credito solo in base ai sentimenti che ci suscitano. Per esempio, possono sembrarci persone integre e affidabili, oppure capaci di nefandezze. Quando qualcuno con cui interagiamo non ci ispira alcun sentimento empatico, o quando il suo ruolo è superiore al nostro, è difficile costruire un trasporto emotivo simile a quello dell'affidamento, se questa predisposizione non scatta; magari quella persona ci ricorda qualcuno con cui abbiamo avuto dei problemi, qualcuno che ci ha tradito, oppure istintivamente suscita in noi sospetti o timore. Molti, quando conoscono una persona nuova, si affidano alle "sensazioni di pelle" e in base ad esse si dispongono a interagire in modo più o meno aperto. Questo approccio non ha nulla a che vedere con quello che seguirà, ma a volte determina la stipulazione di un contratto, il sì o il no in un colloquio di lavoro importante, l'inizio di un'avventura possibile o un rifiuto probabile, la possibilità che un amore decolli, anche se non sempre il provare istintivamente fiducia nei confronti di qualcuno ci rende più disponibili nei suoi confronti.

Grazie per avermi chiamata pulcino...

Quella che segue è una lettera molto bella scritta da una mia cliente a sua madre, ex alcolista. I problemi della signora venivano sottovalutati e ignorati da tutti, ma non da sua figlia che, seppure bambina, ha saputo motivarsi e attivarsi per far sì che il problema venisse affrontato e risolto con successo. Provo molta ammirazione per lei e per quello che ha saputo fare, superando la vergogna di dovere chiedere aiuto per ciò che stava avvenendo nella sua famiglia e che tutti fingevano di non vedere.

«Grazie, mio dolce cuore, per avere lottato con tutte le forze per la tua vita. Mi hai reso la figlia più felice e fiera del mondo. Con la tua forza d'animo mi hai dato un ottimo esempio, insegnandomi che "volere è potere"! Ti ringrazio, perché la tua vicenda mi ha resa più sensibile e più attenta alle sofferenze delle altre persone, ed è per questo motivo che posso gridare al mondo che TU per me sei una persona meravigliosa! Sono convinta che tutto quello che "non ti uccide... ti rende più forte", eh... cara la mia gioia... la nostra avventura insegna!! Sei una donna umile, sincera, sensibile e premurosa, eh... per me questo è sinonimo di "anima pura". Ti ringrazio d'essere stata sempre te stessa, nel bene e nel male, e di averlo insegnato anche a me. Ti ringrazio per avere giocato con noi nel fiume a Zalende, per le passeggiate a cercar funghi, per averci accompagnato all'asilo, per averci fatto tenere i mici, per avermi chiamata "pulcino", per avermi sempre vestita bene, per essere stata una mamma "non egoista", per avere avuto fiducia in me, per avermi lasciata libera di decidere della mia vita... e per un'infinità di altre cose. Grazie, mia mammina... Ti sono grata per come mi hai cresciuta, e nessun gesto al mondo potrà mai ripagare quello che tu hai fatto per me... GRAZIE! Ti adoro, con tutto il cuore! Tua Katya!»[3].

3. Nome di fantasia.

Capitolo 34

Pensare come potrebbe farlo un genio

«La Divinità si manifestò inizialmente come i cinque elementi: il cielo, il vento, il fuoco, l'acqua e la terra. Tutta la Creazione non è altro che una combinazione di due o più di essi, in proporzioni variabili. Le loro caratteristiche naturali si percepiscono come suono, tatto, forma, gusto e odore, tramite l'orecchio, la pelle, l'occhio, la lingua e il naso. Ora, visto che questi organi sono saturi di Divinità, dobbiamo usarli con riverenza, umiltà e gratitudine. Fatene un uso intelligente per promuovere il benessere vostro e quello degli altri, un uso moderato nel servizio amorevole alla comunità»[1].

In passato hai dato quello che gli altri si aspettavano da te, in passato hai desiderato e voluto quello che gli altri volevano per te; a ogni età lo hai fatto, e a ogni età hai scelto quello che pensavi di dover fare, dire... Era il tuo modo per non essere visto, interrogato. E questo è il modo per restare invisibili, inizialmente agli altri e in seguito, talvolta, a noi stessi; dapprima lo si fa di tanto in tanto; poi sempre più spesso, fino a non sapere più chi siamo. Il mondo è pieno di persone convinte che nella vita tutto è difficile, ed ecco che quella diventa la loro realtà e si ritroveranno inevitabilmente protagoniste di un percorso di involuzione continua; avendo la consapevolezza che nella vita accadono le cose che, consciamente o inconsciamente, sono state create con

1. Ringrazio l'organizzazione Sai Italia.

i loro pensieri, sono spesso governate più dalla paura che dall'amore e chiameranno tutto questo "sfortuna". Noi non possiamo permetterci neppure di pensare cose di questo tipo, noi siamo sicuri di essere gli artefici del nostro destino e i nostri risultati lo testimonieranno continuamente. Hai fatto un percorso incredibile e quello che hai realizzato è grandioso: presto arriveranno i risultati stupefacenti di tutto ciò! Qualcuno mi ha raccontato una metafora: un padre e la sua figlioletta stavano attraversando un ponticello. Il padre, preoccupato dal dondolio, disse alla bambina: «Prendi la mia mano, così non cadrai nel fiume». «No», ribatte la bambina. «Prendi tu la mia mano». «Che differenza fa?», chiese il padre perplesso. «Fa una grande differenza», rispose la piccola. «Se io prendo la tua mano e accade qualcosa, è possibile che io lasci la presa; invece, se sei tu a prendere la mia, sono certa che, qualsiasi cosa avvenga, tu non la lascerai mai!». Fidarsi è affidarsi; la fiducia implica il pensiero che potresti non dovere fare tutto da solo. Fidarsi o non fidarsi? **Credere è fidarsi... fidarsi è affidarsi**!

Grazie che ci sei sempre...

«Caro papi, "grazie perché ci sei sempre". Questo ti ho scritto sul biglietto, il giorno della festa del papà. E adesso ci sei, tu sei così: nei momenti di difficoltà ci sei, sempre, magari non come ti vorrei, nelle mie aspettative, ma ci sei; alla tua maniera ed è bello così! In passato, sono rimasta spesso delusa per le tue assenze, soprattutto nei momenti di gioia! Quante volte ti ho atteso! Quante volte volevo condividere dei momenti belli con te e tu mi hai detto: "Sì, arrivo" e io restavo lì, ad aspettare. L'ultima volta me la ricordo come fosse ieri: è stato qualche anno fa, ero già maestra,

e per settimane, durante il pranzo, ho raccontato con entusiasmo cosa stavamo preparando per la festa di chiusura con i bambini. Alla fine ti ho invitato a partecipare e...: "Sì, arrivo", ma non sei arrivato! Anche in quell'occasione, io, invece di godermi il momento per il quale avevo tanto lavorato, ho lasciato vincere la delusione. Però ti ringrazio, perché è merito di esperienze come questa, se ho capito che la mia felicità non dipende dagli altri, ma solo ed esclusivamente da me e dalla mia capacità di vivere il momento. Ho desiderato a lungo che tu fossi diverso, che smettessi di giudicarmi o paragonarmi ad altri. Ho cambiato me stessa, per adeguarmi ai modelli che la tua famiglia d'origine voleva portare avanti. Tutto ciò mi ha comunque portata a soffrire, ma ora posso affermare con fierezza: "Non sono perfetta; posso fare degli errori, ma sono io". Anche questo è potuto succedere grazie a te, perché tu sei stato il mio papà e insieme a te sono cresciuta forte e in grado di arrangiarmi in ogni situazione. Vedi? Sei il papà di cui avevo bisogno per giungere fin qui! Ah, quasi dimenticavo: è troppo dolce, il tuo sguardo, quando ti rivolgi alla piccola e vuoi giocare con lei!! Ti voglio bene Angela».

Tu appartieni a Te stesso...

Pensa, come potrebbe farlo un genio; pensa, come potrebbe farlo un Dio! Non importa se non ti ritieni all'altezza di un genio: quello che conta; che tu possa sperimentare cosa accadrebbe, se ti autorizzassi a pensare come se lo fossi. Se tu ora provassi a dire a voce alta: «**Io sono un genio**», il tuo ego ti suggerirebbe che sei solo arrogante e che non ti fa bene leggere questo libro. È normale che dica cose del genere, è pagato per questo; da chi? Da te! Sei stato/a tu ad alimentarlo e a promettergli di prenotare il peggio per te. Se tu fossi un re e avessi pagato alcuni tuoi fedeli sudditi per reclutare un piccolo esercito di potenziali rivoluzionari, malcontenti del tuo modo di governare, allo scopo di controllarli, ci sarebbe forse da meravigliarsi se poi dopo essersi incontrati tutte le sere con loro per incoraggiarli a pensare il peggio di te, i tuoi fedeli seguaci perdessero il controllo della situazione e si ritrovassero, senza quasi accorgersene, a essere i capi di una rivoluzione che ha come unico scopo quello di ucciderti e prendere il tuo posto? A volte temi che ciò che è accaduto nel passato torni a presentarsi e, come una ronda punitiva, possa attenderti fuori casa, nei tuoi percorsi quotidiani, per farti un ennesimo attacco; ancora del male! **No, rassicurati**! Quegli eventi non torneranno più, non possono più tornare. Sono solo i ricordi, al limite, a ritornare. Forse possono anche inquietarci, ma quegli avvenimenti... sono passati. E tu non devi fare riferimento a loro, ma a te stesso/a. Tu appartieni a te stesso/a! Quando arrivano i ricordi, quindi piangi pure, se ti va, ma non dimenticare neppure per un attimo che, sono solo ricordi, che tu hai scelto di passare ancora in rassegna, come se stessi sfogliando un vecchio album di foto; non sono assolutamente la tua vita di adesso, non possono rappresentare il tuo presente e tanto meno il tuo futuro, se tu non lo permetti. Quando pensi al modo per realizzare la tua esistenza, domandati, in primo luogo, che cosa intendi per "realizzazione". **Qui stiamo cercando di salvare noi stessi dalla nostra incapacità di comprendere il domani e chi siamo veramente**, ovvero a quali nostre reali possibilità possiamo attingere. Muoviti verso la pienezza della tua effettiva corrispondenza e osserva cambiare tutto intorno a te. Fai riferimento alla parte divina che alberga in te, parla con lei. Quale può essere il tuo percorso migliore? Come puoi fare le necessarie verifiche per tenere d'occhio la direzione e correggerla, se necessario? Quali strategie possono già da ora tranquillizzarti sulla percorribilità dell'itinerario? Se hai trovato delle motivazioni giuste per farcela, attraverso questa strada sceglierai comunque le dimensioni spirituali e pratiche più adatte alla tua consapevolezza in evoluzione e le intuizioni migliori, per te. Che cosa ameresti, infine, che la gente intorno a te facesse? Ascolta chi ti chiede attenzione, chi ti apre il suo cuore non portare il discorso su di te! Quella che segue è una ricca riflessione, fatta da una cliente, che illustra benissimo, qual è, per lei, la differenza tra l'esprimere amore per qualcuno di esterno a noi e farlo nei confronti di se stessi: «*È strano come sia più facile spiegare l'amore che provi per un altro, rispetto a quello che hai sentito per te, se qualcuno ti chiede di farne una descrizione scritta. Riguardo a se stessi, solitamente, si riesce solo a mettere in fila una serie di aggettivi, o al massimo a scriversi una lettera. Il sentimento d'amore per sé non è quasi mai così netto, chiaro e duraturo. Quando lo si ricorda, il cuore si espande e vorresti rincorrerlo, ritornare a quel momento di grazia infinito. Ma il tempo è passato e rimangono solo la nostalgia e la speranza che succeda ancora. Ricerchi con la mente il percorso che ti ha guidato fin lì, ma invano. Allora ti ritrovi ad attendere un nuovo momento magico! Essere innamorati! A me è successo questo. Improvvisamente, un pomeriggio d'estate. Mentre constatavo con quanta attenzione avevo abbellito un banalissimo cestino da frutta, ho provato tanto amore per me, per le mie doti e per la mia creatività. Aggiungo solo che* ***per me è dall'amore dei propri gesti che scaturisce la bellezza dell'opera creata****, sia essa un cestino da frutta, un vestito, una borsa, una statua, un quadro o un libro; ma soprattutto è il contatto con il Dio che è in ognuno di noi a far sì che tutto ciò possa manifestarsi*».

Vivere la nostra divinità...

«... Penso che Dio voglia farti sapere che senza sapere chi sei e perché sei qui, la vita non ha senso. Cerca, quindi, di studiare le domande. Lavora per fare esperienza delle più grandi risposte. Ciò che sei è un'individuazione della Divinità. Il motivo per cui sei qui è per attuare ciò. Questa giornata ti sta offrendo un'occasione perfetta per farlo. Osserva. Ascolta. Prima della fine di questo giorno, avrai la possibilità di essere divino. Anzi, qualcuno conta su di te»[2].

Quello che rappresenta per me il vivere la divinità al massimo, altro non significa che essere, costantemente o quasi, in relazione con una parte di me che sa sempre cosa fare e che mi fa sentire nella più grande comunione possibile (quasi le avessi già realizzate) con le meraviglie che ancora confido di poter creare nella mia vita e in quella degli altri! Questo può, in modo rivoluzionario, essere paragonato a quello che pensano le menti più importanti e incisive del pianeta; è un pensiero possibile ai santi e agli illuminati, a coloro che sono d'esempio a tutti. Se lo facessi tu, saresti proiettato non più nel tuo sogno, ma in un'esistenza da sogno; se lo facessero molti, il mondo si trasformerebbe in una favola; se lo facessero tutti, non ci sarebbe più differenza tra il nostro pianeta e un paradiso possibile. Quando arrivano da me dei clienti con problemi molto grandi, riguardanti le loro relazioni, la salute o il lavoro, e specialmente quando vi sono tutti e tre questi aspetti che palesemente stanno sabotando, io so già che queste persone non hanno un buon rapporto con il divino, con Dio; infatti, ancora prima che si presenti l'occasione di chiedere che rapporto hanno con "qualcosa di più grande", nella loro esistenza, spesso sono loro stessi a dirmi: *«Mi piacciono mol-*

2. Walsch, Neale Donald, *Conversazioniu di Dio*, cit.

to i tuoi libri e sono stati loro a portarmi qui da te, ma, a mio parere e per i miei gusti, tu parli un po' troppo di Dio; ecco, se vuoi fare un buon lavoro con me, non parlarmene, io sono troppo arrabbiato/a con Lui...». Io sorrido, a questo punto, e penso che, quando arriveremo a parlare di perdono, avrò da rimboccarmi le maniche, per far sì che una persona che ti dice queste cose faccia pace con Dio, ma so anche che, molto probabilmente ci riuscirò: c'è in gioco qualcosa di troppo importante per non provarci! Io non ho mai visto qualcuno che fosse in buoni rapporti con Dio avere dei gran problemi, così come non ho mai visto qualcuno che non avesse un buon rapporto con Lui essere felice e realizzato in tutti gli aspetti della propria esistenza. Quando ero un operatore del "Telefono amico" svizzero, ogni volta, prima di iniziare a lavorare, chiedevo al Divino di aiutarmi a essere all'altezza del servizio che mi apprestavo a svolgere e spesso lo faccio ancora oggi, quando arrivo in studio al mattino, prima di iniziare la prima seduta della giornata. Lavorare con le persone al livello in cui lo facciamo noi, a me risulterebbe molto difficile, o forse addirittura impossibile, se dovessi sentirmi lontano dalla sua luce, che illumina il mio cammino, e dalla sua comprensione; ho bisogno di Lui, così come credo che Lui mi abbia indicato il mio cammino! Vivere la divinità significa, per me, appartenere al suo esercito e lavorare incessantemente per il bene! Un antico proverbio arabo dice che, se cammini in direzione della luce, la tua ombra ti segue; ma tu non la vedi neanche se non ti volti, invece, se ti allontani dalla luce, ecco che la tua ombra ti precede e tu la segui. Ovviamente, è facile capire che la nostra ombra non ha affatto la capacità di portarci da qualche parte: immaginiamo quindi quanto sia improbabile che possa indicarci il cammino per arrivare dove abbiamo deciso di andare, per compiere il nostro bene e quello degli altri, per raggiungere i nostri obiettivi. Dio è come una lampada alogena che, anche se decidiamo di stare al buio, ci indica con un puntino acceso – verde, giallo, arancione – che l'elettricità c'è e che, se vuoi luce nella tua stanza, così come nella tua vita, basterà che tu lo decida e tutto si illuminerà di nuovo: non devi fare altro che volere che sia così, e così sarà! Se noi facciamo un passo verso la nostra divinità, essa ne farà dieci verso di noi; ma se noi, per un qualsiasi motivo, decidiamo di allontanarci, lei non farà niente per provare a fermarci: semplicemente ci aspetterà con una pazienza infinita. Chi vorrebbe sostituirsi a Dio, nella nostra vita, è l'ego, che attraverso la paura cerca di trasformare tutto in un mondo d'ombra assoluta, in cui riuscire a fare centro diventerebbe oggettivamente molto difficile! Questa nostra parte, al contrario di quella luminosa, è arrogante e pretenziosa e, se noi stiamo bene e non ci facciamo vivi con lei per due o tre giorni di seguito, ci viene a cercare e ci tenta; conoscendo i nostri lati deboli, ci invita a interrompere quel periodo positivo per combinare qualcosa insieme, proprio come farebbe un cattivo compagno, un po' "Lucignolo", che cerchi incessantemente di farti precipitare nella sua nefasta energia distruttrice! Più diamo energia alla luce e più l'ombra si diffonde ai lati, e noi, come sempre e grazie a Dio, possiamo scegliere... E io scelgo la luce, scelgo sempre la luce: quella che sento in me e quella che vedo negli altri e nel futuro!

«Una fede e una filosofia presuppongono anche un aprirsi all'altro, alla conoscenza e all'amore per la conoscenza (philo-sophia), sulla quale costruire la fiducia in se stessi e nel mondo. Dio o l'idea della verità, come sviluppo che prende le sue origini da un senso mitico di sicurezza, apre la mente, con i suoi pensieri e sentimenti, a una fiducia realistica. Il fare e l'avere, una volta ritualizzati, possono lasciare spazio

all'essere, a una relazione dialettica tra due entità più aperta al nuovo: io e l'altro; due pensieri, due sentimenti differenti, ma integrabili»[3]. Da questo apprendimento nasce il senso di fiducia necessario per tenere duro anche in una situazione di ambiguità connaturale ai gruppi. Questa fiducia consentirà al gruppo di confidare nella possibilità (speranza e/o fede) che, in un determinato luogo e nel momento opportuno, si potrà realizzare e comprendere ciò che ora risulta incompiuto e incomprensibile. In altre parole, il "non ancora" non viene più confuso con il "mai" (insicurezza: PS) e il "già" con il "sempre" (delusione: D). Non ti puoi accontentare del rimpianto! Ieri sera un cliente nuovo mi ha detto: «Avevo un bel futuro davanti, ma poi la malattia di mio padre lo ha cambiato...»; non possiamo accontentarci di avere avuto, un tempo, un bel futuro davanti, e poi... Dobbiamo lavorare nel presente per far sì che il nostro futuro sia un luogo verso il quale è piacevole andare, e questa volta lo faremo con facilità, divertendoci anche, camminando...

3. Gianinazzi, Nicola, *Anima e psiche. Riflessioni per una scienza psicoterapeuta*, e-book, Edizioni IRG.

Capitolo 35

Raggiungere un nuovo livello di trasformazione...

Cerchiamo dei legami, troviamo collegamenti tra elementi diversi per scoprire nuove possibilità mai sperimentate! Prova quindi a pensare come se fossi un creativo geniale e intelligentissimo, e guarda tutte le cose che non avevi risolto finora da questa angolatura; ti sorprenderai e le decisioni che prenderai saranno le prime della tua nuova meravigliosa e consapevole vita! Pensa che in te ci sia la possibilità di risolvere sempre tutto e anche la capacità di creare sempre ciò di cui hai bisogno, che negli altri potrai sempre trovare tutto l'amore e il riconoscimento che ti sono necessari e che le circostanze che attirerai confermeranno sempre tutto questo e ti permetteranno di esprimere in pieno l'amore e la riconoscenza nei confronti di te stesso/a, di ciò che ti circonda, di Dio e dell'esistenza stessa! Alimentiamo progetti e siamo attivi e produttivi: più lo saremo, e più saremo creativi. Non dobbiamo avere paura di sbagliare: tutte le grandi soluzioni arrivano dopo innumerevoli tentativi falliti. Come in un caleidoscopio, combiniamo all'infinito le varie possibilità, sino ad avere la soluzione perfetta, e chi l'avrà creata? NOI! Alleniamoci a raggiungere il nuovo e se apparentemente non ci riusciremo, non ci chiederemo come mai, ma cosa abbiamo fatto per non riuscirci e saremo già intenti a trovare altre soluzioni. L'errore è produttivo, ma soltanto se continueremo a considerarlo un risultato infecondo. **Niente è impossibile, se non abbiamo deciso noi che lo sia**!

Toccherà a te, un domani...

Un nonno, un papà e un bambino. Sei parole: «Tu sarai il faro della famiglia»; ovvero, quello che potrà farsi vedere da più lontano. È una vera cerimonia d'investitura come accadeva ai cavalieri di una volta; detto in altre parole: «Ne ha facoltà!». Massimiliano non ha mai dimenticato quella mattina; forse era un sabato e presumibilmente ricorreva l'anno.... quale anno? Lui colloca la data approssimativamente «tra il 1978 e il 1985». Ricorda che indossava dei pantaloncini corti, che era una tarda mattinata, probabilmente d'estate; ricorda il bosco e la vegetazione limitrofa; ricorda che era bel tempo. Ricorda la vibrazione delle voci: non il suono, le cadenze o le tonalità, ma la vibrazione, ossia quell'onda che ti penetra nell'anima come fosse, un accumulatore di energia e un trasformatore di emozioni allo stesso tempo. Quel fatto, quell'episodio di vita, quell'attimo, che si è verificato per chissà quale cospirazione cosmica, è andato a convertirsi in un distributore di energia, detta energia viene diffusa a quegli organi che, una volta collegati, se si riesce a farli interagire all'unisono, ci permettono di diventare una specie di superuomo e ci ricorda, da dove veniamo e che non siamo soli davanti alle difficoltà. Il cuore, la testa... tutto diviene perfetto. La testa.... Massimiliano ne rivede due, di teste con pochi capelli, proprio lì davanti a lui: una appartiene a chi guida, l'altra a chi si trova nel sedile accanto; ricorda il rombo del motore dell'automobile, le curve disegnate. Vede persino l'ipotetica zona in cui è stato concepito il suo ricordo: lui è dietro, seduto nel mezzo, con le mani aggrappate agli schienali dei sedili anteriori; non sa di cosa i due stessero discutendo, sa solo che a un certo punto quello che non guidava, aveva cominciato a fare un discorso, talmente sottile che, malgrado non fosse stato coinvolto quella discussione, lo aveva fatto sentire partecipe. Non ha memoria di quello che diceva il passeggero, ma rivede ancora gli occhi del conducente mentre, fissandolo dallo specchietto, inizia a parlargli, anzi a "tradurgli" il tutto, utilizzando un linguaggio più consono a un bambino. Massimiliano è anche certo che, a un certo punto, quella persona, malgrado fosse alla guida e viaggiasse su una strada di montagna, abbia abbozzato il gesto di girare la testa per assicurarsi che il messaggio fosse stato recepito: «Tu sarai il faro della famiglia!». «Toccherà a te, un domani, come uomo...». Poi non sa più continuare. Avrebbe potuto inventare, ma aveva timore di "sporcare" il suo unico "campo base". L'aura. Non può garantire di averla vista, ma quelle vibrazioni, quei visi, quegli sguardi, quegli sballottamenti dovuti alle curve che facevano sì che le due teste con pochi capelli si avvicinassero ulteriormente, gli hanno sempre dato l'idea di due anime che si fondono. Rivede quest'ombra penetrabile che gli dà la possibilità di scorgere la strada attraverso il parabrezza. L'allevatore di bestiame fa tatuare sul corpo del bovino il proprio stemma di famiglia. Similmente, lui è stato come marchiato da questo episodio, ma non c'è stata sofferenza o paura, anzi, l'emozione si è tramutata in orgoglio, e questo, a sua volta, è diventato subito una specie di pietra miliare. Come se fosse stato completato... Ecco la sensazione. È stato insignito di qualcosa nella maniera più naturale possibile, senza dolore, senza esaltazione o senso di oppressione. Era qualcosa di giusto, insomma: un connubio perfetto di luogo, situazione, parole, contesto, e persone. Massimiliano sa che il passeggero annuiva con aria severa. Lo sa, perché ne rivede ancora gli occhi e le sopracciglia aggrottate. E questo testimonia la serietà e l'importanza di ciò che avvenne e fu detto quel giorno! Prova a pensare a quanto potrebbe essere importante se ognuno di noi ricordasse di avere vissuto un momento altrettanto significativo!

Prova a ricordare se nella tua famiglia c'è stato un momento simile a questo, un momento in cui hai sentito di essere la continuità di qualcosa di molto importante, di qualcosa che arriva da lontano, dai tuoi avi, e che in te ha raggiunto, per ora, la massima espressione! Ogni tanto si appanna un po' l'orizzonte e quel qualcosa diventa un attimo meno penetrabile, ma il suo ruolo rimane. Sono felice che, un certo sabato, di una certa estate, un papà e un nonno abbiano saputo, insieme, onorare in tale modo il rispettivo figlio e nipote in un modo così profondo che è impossibile da descrivere; anche se noi abbiamo ugualmente provato a farlo.

Sembrava una fortuna ma, non lo era...

Come descriveresti le persone, che hai attirato e scelto di avere intorno? Credi di avere sempre scelto bene? Quando sei stato letteralmente deluso da persone che erano nel tuo *entourage* relazionale e con le quali ti sei trovato a confrontarti nella sfera dell'amicizia e dell'amore? Come ti comporti quando devi lasciare andare via qualcuno? Le cose non sono quasi mai come appaiono: quella che sembrava una coincidenza, non lo era; quella che sembrava una fortuna non lo era. Ok, e allora? Dobbiamo concentrarci su quello che è stato e che non ha funzionato o è meglio rivalutare delle cose che sembravano negative e invece forse così male non sono?

Cosa significa, e come funziona, per te, "aspettarsi il meglio"? Per me, fiducia significa lasciarsi andare, affidarsi, dare e fare qualcosa a/per qualcuno senza aspettative o timori. Dobbiamo saper aspettare, saper donare, ed essere certi che poi avremo comunque un ritorno in proporzione moltiplicata: non necessariamente dal beneficiario delle nostre concessioni, ma sicuramente dall'Universo. Molti di noi cercano di imparare a vivere dalle proprie esperienze che però, aspettandosi essi sempre il peggio, si rivelano pessime. E le persone che hanno intorno neanche immaginano il loro dolore. Alcuni di noi credono di essere solo uno strumento per la realizzazione dei progetti altrui: e se poi rimarrà qualcosa sul tavolo, allora pensare anche alle proprie esigenze, alle proprie aspettative. Noi, a differenza loro, sappiamo di potere sempre scegliere, e lo abbiamo fatto e lo facciamo, senza togliere niente a nessuno, anzi... Valeva la pena soffermarsi su questo; non considerarti mai più al di sotto di quelli che vedi: non te lo chiede nessuno. Cambia, se non ricevi abbastanza; cambia, se non ti senti nutrito; cambia TU! Esprimiti; chiedi, cerca e crea soluzioni nuove! Quando carichi un programma sul tuo computer, spesso vieni invitato a eliminarne prima uno precedente, che faceva più o meno il lavoro di quello che vorresti installare. Ma perché questo dovrebbe dispiacerti? C'è sicuramente un motivo, per cui avevi pensato di sostituirlo, no? **O almeno, dovrebbe esserci**.

Innamorarsi in un'altra lingua...

Tempo fa lavoravo con un ragazzo, che stava studiando all'estero. Riflettendo con lui sui vari modi per arrivare a essere sicuri nell'esprimersi in una lingua diversa da quella madre, abbiamo messo a fuoco cosa si potrebbe fare, per rendere piacevole l'acquisizione di qualcosa che ci interessa, con il minore sforzo possibile. L'idea era nata dal fatto che lui, quando non aveva voglia di studiare, andava al cinema o restava sdraiato sul divano a guardare la televisione, ad ascoltare la radio, a leggere o a fare cruciverba; tutte attività, o non attività, che, pur scegliendole, viveva con frustrazione, sentendosi inadeguato, dato che invece avrebbe dovuto studiare. Allora abbiamo considerato che, quelle attività erano piacevoli, visto che le sceglieva; poi abbiamo stabilito che, essendo piacevoli e non impegnative, quando non avrebbe avuto voglia di studiare, avrebbe potuto in alternativa sceglierne una, a **patto che fosse espressa nella lingua del luogo che lo ospitava**. Prima, in quelle occasioni egli leggeva riviste italiane, faceva cruciverba in italiano, sceglieva i canali televisivi che trasmettevano in italiano e così via. Quanti, dopo essersi innamorati di qualcuno del luogo in cui avevano dovuto trasferirsi, si sono ritrovati a esprimersi con dolcezza nella stessa lingua, che prima, essendo obbligati a impararla, sembrava così ostile? Che brutto, quando si è costretti a restare in un luogo che non abbiamo scelto. All'inizio, ci ritroviamo a sfogliare i giorni uno dopo l'altro come le pagine di un libro: albe, tramonti; albe tramonti... Poi un mattino, o un pomeriggio o una sera... Parlare d'amore in un'altra lingua: ci avevi mai pensato? Cambiare il punto di vista delle cose, può fare cambiare tutto lo scenario da subito e fare vedere delle soluzioni, che prima non riuscivamo neanche a immaginare. Decidi una meta; qual è la motivazione per raggiungerla? Quali sono gli obiettivi che, una volta là, sentirai più possibili e vicini? Qual è il tuo punto di vista, riguardo a ciò che ti frenava e ai limiti che vedevi, ora che hai deciso di andare? Autorizzati a proseguire, a contattare quella paura, pur tenendo in considerazione che, se accetterai, tutto intorno a te assumerà un nuovo aspetto. Tutto quello che ti parla di un passato triste, lo lascerai al passato? Qualcuno ha detto: «Arriva un momento nella tua vita, nel quale realizzi: chi è importante, chi non è mai stato importante, chi non lo sarà più, chi lo sarà sempre».

Non preoccuparti, dunque, delle persone del tuo passato: c'è una ragione, se non sono arrivate fino al tuo futuro. Ogni volta che hai paura significa che hai bisogno di dimostrare a te stesso/a che hai anche coraggio, il coraggio che ti serve per superare queste cose.

Le tue certezze rendono vere alcune cose e finte le altre...

Decidi tu cosa vuoi fare e gridalo: con amore per te e per tutti, ma gridalo forte, altrimenti ciò in cui non ti riconosci più continuerà, e te ne starai lì, come tanti, a guardare i giorni che passano e a raccontare nei bar quello che stavi per fare un giorno, prima che qualcuno commettesse degli errori e allora... NO!! Oppure SÌ, ma deve essere quello che decidi TU, non quello che capiterà! Non stiamo parlando di un film che non abbiamo ancora visto, ma di uno che stiamo ancora girando, e di cui potresti essere il regista!! Hai mai visto il film *Truman Show*? È quello, in cui il protagonista scopre di non essere stato altro – tutta la sua vita, dalla nascita in poi – che il protagonista di un reality girato a sua insaputa, ogni giorno e ogni notte della sua esistenza; tutte le persone con cui interagiva erano attori guidati da un regista: era tutto finto, tranne lui. **Sai è un po' così: è tutto illusorio, a parte te e le tue certezze; sono loro che rendono vere alcune persone e "finte" altre**; e il regista è la tua parte peggiore. Vuoi che le cose continuino in questo modo? Allora dimentica quello che ti ho detto e continua così! Se vuoi invece impadronirti della tua esistenza e trasformarla al meglio, eleva i tuoi pensieri, irrompi nella cabina di regia, grida che hai scoperto tutto e che non ci stai più, e scrivi la sceneggiatura di quella che vuoi che diventi la tua vita nuova! Fai il meglio per te. L'espressione "la vita è meravigliosa" significa che nella vita accadono anche i miracoli, se siamo disposti ad accettarli! A volte i miei clienti arrivano entusiasti per quello che hanno raggiunto e impazienti di incontrarmi, come se aspettassero da me l'autorizzazione per accedere a quanto di fantastico hanno attirato. «È NORMALE CHE SIA FANTASTICO!» dico io.

I risultati magnifici che d'ora in avanti raggiungerai sono quelli che avevi desiderato! Fanno parte dello scenario riguardante quello che mi avevi chiesto la prima volta che ci siamo parlati! Quando avrai risolto le tue paure, tutto ti apparirà meraviglioso. **Ora tutto è pronto, e devi esserlo anche tu**!! Due cose fanno paura; il silenzio e il non sentirsi. Provi poca gratitudine, non ti senti visto/a, visibile. Di' a te stesso/a che tutto ciò che è ispirato dal mondo divino resterà e brillerà un giorno in tutto il suo splendore, mentre i colpi bassi, gli intrighi e i complotti, anche se hanno successo per un po', sono condannati prima o poi alla sconfitta. Lascia perciò che le persone ingiuste e cattive affondino, se vogliono, nella propria palude: non faranno altro che indebolirsi e impoverirsi, perché non sanno quanto siano terribili le leggi nei confronti di chi è servo della gelosia, della menzogna e dell'odio. La potenza del cielo è infinita: lavora impercettibilmente, ma inesorabilmente, e tutto finisce per volgersi a favore di coloro che hanno messo al centro della loro vita un sublime ideale di bellezza e d'amore, per l'avvento del Regno di Dio e la fratellanza nel mondo. La potenza del cielo è infinita: «Io (scrivi il tuo nome) ho tutto quello che un uomo/una donna può cercare in una donna o in un uomo». Lasciare il "come" all'Universo vuol dire affidarci a un'energia totale, a cui attribuiamo la conoscenza di quello che è meglio per noi; significa chiedergli di aiutarci a raggiungere solo ciò che è più adatto a noi, con i suoi modi, lasciandoci stupire ed evitando così i vantaggi paradossali, i quali spesso si ripresentano sotto forma di passioni straordinarie che ben presto possono tramutarsi in esperienze da dimenticare, senza alcun valore.

«Considero valore ogni forma di vita, la neve, la fragola, la mosca. Considero valore il regno minerale, l'assemblea delle stelle. Considero valore il vino finché dura il pasto, un

sorriso involontario, la stanchezza di chi non si è risparmiato, due vecchi che si amano. Considero valore quello che domani non varrà più niente e quello che oggi vale ancora poco. Considero valore tutte le ferite. Considero valore risparmiare acqua, riparare un paio di scarpe, tacere in tempo, accorrere a un grido, chiedere "permesso?" prima di sedersi, provare gratitudine senza ricordare di che. Considero valore sapere in una stanza dov'è il nord, qual è il nome del vento che sta asciugando il bucato. Considero valore il viaggio del vagabondo, la clausura della monaca, la pazienza del condannato, qualunque colpa sia. Considero valore l'uso del verbo amare e l'ipotesi che esista un creatore. (Molti di questi valori non ho conosciuto)».

E io considero valore la tua esistenza, considero valore la tua amicizia e considero valore questo nostro momento[1]!

1. Tratto da: de Luca, Erri, *Opera sull'acqua e altre poesie*, Einaudi, Torino 2002.

Capitolo 36

Fidarsi ancora: una nuova vita

«E se sapessi che, finita questa vita, la mia e la tua proseguiranno insieme, getterei la mia come inutile scorza e sceglierei con te l'eternità»[1].

Non puoi piacere a tutti; non è possibile, è un'utopia: ad alcuni piacerai e ad altri no. Ma se tra quelli a cui non piacerai ci sarai anche tu, sarà davvero un problema, sarà una complicazione, per te, un'incognita importante! Devi piacere a te, così come sei. E come sei, tu? Prova a chiarirlo con te stesso/a... Ecco come sono... Come ti senti di essere rappresenta assolutamente il tuo stesso modo di vivere. Esattamente l'essenza che percepisci. Io, Tiberio, sono tutto quello che sono e anche quello che scoprirò di essere. «**Io** (scrivi il tuo nome) **sono tutto quello che sono e anche quello che scoprirò di essere**!». Non devi aspettarti l'approvazione di qualcuno, per sentirti "giusto"! Neale Walsch dice che essere "nel giusto" non ha nulla a che fare con questo. L'idea che tu definisci "giusta" è l'idea che qualcun altro definisce "sbagliata"; la soluzione che definisci "perfetta" è la soluzione che un altro definisce "impraticabile"; la posizione che tu ritieni improponibile è il punto strategico su cui investono gli altri, trasformandolo in un loro punto di forza. Cosa risolverà tutto questo? Non l'attaccare, questo è sicuro. E neanche il difendersi. Così, che cosa è rimasto? Il semplice amore umano, il tipo d'amore che dice: Non importa chi ha ragione o torto. Dove eri finito, tu? Ti stavamo aspettando, ma ora sei

1. Emily Dickinson.

qui e importa solo che non ti sia fatto male». Le cose non possono accadere nello stesso momento in cui le si desideri! Anche semplicemente per preparare una pietanza che ci farebbe piacere mangiare a cena, non è così scontato che abbiamo tutti gli ingredienti in casa, e quand'anche fosse così, dovremo cucinare, no? Ci prenderemo intanto il tempo per vedere se abbiamo proprio tutto quello che ci serve. Forse alcune cose debbono raggiungere una temperatura diversa da quella che hanno ora – ad esempio, quelle che vanno tolte dal freezer e scongelate – e queste azioni le potremmo paragonare a quando dobbiamo "scaldare" le opinioni di coloro che non sono d'accordo con ciò che a noi appare chiaro: ci vuole il tempo per farli uscire dalla paura, per rassicurarle. Poi ci sono degli innegabili tempi di esecuzione. (È vero che alcune tecniche possono abbreviarli, ma io sono uno di quelli che non hanno mai voluto usare un forno a microonde). Solo dopo avere fatto tutto questo e avere rispettato il tempo di cottura, avremo il nostro piatto davanti, proprio quello che desideravamo. Una ricetta aiuta, può darti delle dritte che potrebbero assicurarti un risultato accettabile. Ma una ricetta è il frutto di esperienze altrui, sarai disposto a tenerne conto? Sì, certo, perché no? E se invece preferisci sperimentare e navigare a vista, va bene pure questo, a patto che poi non ti aspetti di ricevere complimenti dagli scettici commensali, a cui avevi annunciato la degustazione di un piatto classico. Il tuo ego non vuole che tu raggiunga i tuoi obiettivi, ma le resistenze che incontri, possono anche essere viste come delle opportunità per diventare più abile, più competente, più forte, più motivato/a. Chiedi nazionalità alla tua passione! La tua energia si dirige dove va il tuo "focus"; la tua efficienza punta al tuo obiettivo primario, quello che raggiungerai con emozione e con totale partecipazione, quello su cui avrai puntato tutto. Ma non occorre fissarsi sullo scopo finale.

Quando io scolpisco, devo girare continuamente intorno a quello che diverrà il lavoro ultimato, e devo farlo intervenendo incessantemente: questo è l'unico modo per rispettare i volumi! Se non lo faccio, il risultato non sarà una statua: sarà una cosa piatta, sarà, nella migliore delle ipotesi, un... bassorilievo. Un lavoro di bassorilievo! Non la statua a cui pensavo! Sei tu ad agire e a decidere di conseguenza, sei sempre stato tu, può essere scomodo sentirselo dire, ma se leggi i miei libri da tempo non puoi dirmi che è la prima volta che incontri questo concetto, quanto meno avresti potuto aspettartelo, che anche questa volta, prima o poi, mi avresti sentito parlare di responsabilità. Puoi adorare l'estate, ma vivere bene anche d'inverno: devi essere tu a crearne le possibilità, ne hai tu l'incombenza, la responsabilità, ovvero il potere, come forse sai che mi piace dire. Impara queste coniugazioni. PRESENTE: **posso fare molto meglio**! FUTURO: **farò sempre progressivamente meglio**! PASSATO: **ho fatto il meglio che potevo, in quelle circostanze**! Pensa al giorno della tua nascita. Fai un rapido calcolo: 266 giorni prima, che giorno era? Non è niente di scientifico, ma quello, potrebbe essere stato il giorno del tuo concepimento – secondo la visione orientale – il primo giorno della tua vita, un'opportunità per avere un'altra data da celebrare! Quello è stato il giorno più importante della tua esistenza, ci hai mai pensato? Altrimenti, non saresti nato/a, non ci saresti! Concediti il meglio, come dono! Fallo il più spesso possibile! TU NON SEI NORMALE... *TU SEI INCREDIBILMENTE STRAORDINARIO/A*, TU SEI UNICO!!

In che cosa ti castigavi di più? A cosa rinunciavi più spesso? Perché lo facevi? E per chi? Questo, per te, è un periodo importante? **Certo che lo è! Sempre lo è! E se non lo è, dovresti renderlo tale!** Che cosa cambieresti se potessi? Che cosa sposteresti, se ti fosse possibile? Tu puoi, tu ne hai le possibilità! E se non le hai, le puoi creare! Noi non siamo prevedibili, non sappiamo cosa scopriremo di noi domani e, se scopriremo altre cose, le studieremo, come un giocatore che riceve altre carte da giocare e deve decidere quali tenere e quali scartare. Occupiamoci allora di te, ma facciamolo con leggerezza. Entriamo pure in quelle dimensioni, in cui faticavi a entrare da solo senza uscirne poi con problematiche serie, ma facciamolo con il sorriso, senza prendere appunti "enciclopedici" delle cose negative da cambiare assolutamente, con un elenco di limiti da porre per potere continuare a ricevere la metà delle cose di prima. Che confusione facevamo! Che ristrutturazione di azienda poco allettante! I bambini spesso si annoiano e costruiscono un mondo immaginario, in cui sono riconosciuti e amati; quando chiediamo loro che cosa hanno fatto a scuola, spesso ci sentiamo rispondere «niente», e con questo vogliono dirci che nulla di straordinario è accaduto nella loro esistenza quel giorno, che nulla è cambiato rispetto al giorno prima; loro hanno bisogno di nutrirsi di cose straordinarie, già cominciano a percepire e a decidere che non vogliono fare la nostra fine. Impariamo a non farla neppure noi, "la nostra fine", quella a cui ci stavamo arrendendo. Non abbiamo più l'età per farci dire dagli altri quello che dovremmo fare. Dovresti imparare a dirlo tu, a te stesso/a! Immagina di essere il regista dello scenario di oggi, di quello che farai, e fai ripetere il ciak fino a che non sei pienamente soddisfatto/a. Immagina delle persone che escono da un cinema in cui è stata proiettata la versione finale della scena che hai fatto ripetere fino alla tua completa soddisfazione: tutto è ovattato e lattiginoso come in un sogno, le voci sono distorte; qualcuno li intervista, che cosa dicono? Non sei piaciuto/a? Ma è proprio vero che vali così poco? Sì, fino quando lascerai che a decidere quello che vali sia la parte di te che si è presa il compito di distruggerti. Potrai mai fare riferimento a ciò che pensa di te il tuo avversario più feroce? È a lui che chiederesti aiuto? Sì? E aspettandoti cosa? Pietà? Se la pensi veramente così, chiamaci: forse dovremmo parlare un po'! Apprèzzati, ammirati, considerati, contemplati, prendi atto che sei molto di più...! Sii felice! Apprezza quello che hai. Smetti di chiederti se la persona che hai accanto ti ama o no! Parti da questo presupposto: **perché non dovrebbe amarti**? E ora risponditi: fai una lista dei motivi per cui non meriti di essere amato/a! Quelle sono le cose prioritarie in cui puoi migliorare in maniera straordinaria. Se non lo farai, il giorno in cui avrai perso l'amore, non venire da me, ma cerca quella lista e porta i dovuti cambiamenti a quello che leggerai, prima di cominciare una storia nuova! Ieri una ragazza, che era venuta da me per trovare la forza di interrompere la sua storia d'amore, mi ha detto: «Sai, Tiberio, ora credo che le cose non cambieranno comunque per me se cambio uomo; cambieranno se cambio io!». «Grande», ho esclamato. «È proprio così». Il contrapposto della paura è l'amore, ma un altro è la fiducia. Qualunque sia l'origine delle convinzioni negative, più queste sono radicate e più potere esercitano su chi le ha; attraverso la paura, poi, questo ci condannerà a restare lontani dalle nostre possibilità. Se non ti ami, se non ti convinci della tua forza, delle tue capacità e del fatto che nessuno vuole farti qualcosa di sconveniente, e ovvio che per te, tutti finiranno per essere dei possibili nemici pronti a farti del male. **Che bello trovare una possibile risoluzione, a questo riguardo**! Basta così poco, peccato che tu non ne abbia voluto tenere conto prima. Non c'è una trasformazione energetica più importante da compiere di quella di innamorarti della tua vita!

Tra le tante lettere che riceviamo, e che testimoniano l'avvenuta connessione con se stessi, ho scelto questa:

«Mi sono sorpresa ad amarmi un pomeriggio qualunque. Alle labbra un sorriso esclusivo. Tutto per me. Senza rumore, ho contattato il mio cuore. Caldo e avvolgente un sentimento nuovo: l'amore per me. Mi sono sorpresa ad amarmi un pomeriggio qualunque. Negli occhi, la meraviglia e la gioia di essere fiera di me. Silenziosa ho contattato il mio sentire. Il dolore lasciato, il perdono acquisito. ***L'amore per me****. Mi sono sorpresa ad amarmi un pomeriggio qualunque. Nella mente i ricordi di lotte intestine. Quieta ho contattato la mia anima. La purezza manifestata, l'innocenza donata. L'amore per me. Grazie. Luciana».*

Se accetterai di fare pace con te stesso/a, festeggia, per salvare il file del percorso compiuto: ciò varrà a qualsiasi livello, sia nella sfera personale che nell'ambito professionale. Amandoti, raggiungerai obiettivi nuovi. Perché non provi a tirare in su gli angolini esterni delle tue labbra e a lasciarli più spesso così? Per sfuggire alla sensazione di essere trattato ingiustamente (sensazione adorata dalla nostra parte ombra), io da sempre ho preso questa decisione: quello che gli altri non hanno scelto è sempre il meglio per me! Possono essere passati milioni di persone da lì, ma io ci troverò diamanti! Ringrazierò il lavoro di chi mi ha preceduto, perché senza il loro intervento o non intervento, io non potrei raccogliere dei risultati così abbondanti! Ricordati queste cose perché valgono più nella mia esistenza, ma anche e forse ancora di più nella tua! In questo momento, puoi stabilizzare la tua situazione in merito a ciò che pensi di te stesso/a, in modo da ripristinare la certezza che le tue intuizioni d'ora in avanti saranno le migliori per te, quelle giuste, dato che riuscirai a individuare le tue zone fragili dal punto di vista emotivo e a opporti alle possibili emorragie emozionali, foriere di tristezze, perché il passato non ti riguarda più, il presente è guarito e il futuro è da costruire con il sorriso sulle labbra. Sentiti potente; se guardi bene, vedrai che hai fatto delle cose che altri non riusciranno mai a realizzare. E quando qualcuno tenderà a sminuirti, potrai facilmente (volendolo), vedere in loro dei vuoti e il bisogno di cose, che non hanno ancora e che tu, invece hai già raggiunto, magari anni fa. Ricordati che forse potrebbero non riuscire mai a valere quanto te, in qualche campo, così la loro opinione negativa avrà un effetto molto più debole, non lascerà alcun segno e tu potrai continuare a celebrare! In questo modo in te aumenteranno la consapevolezza dei tuoi mezzi, e la fiducia nel fatto di potere andare evidentemente, ancora oltre. Sorridi a te stesso/a, sorridi a quello che hai da fare e da dare, sorridi a quello che sai raggiungere, sorridi ai tuoi progetti, sorridi agli altri: **era tanto che non lo usavi, il tuo sorriso! Ed è così bello rivederlo**... Sorridi, quindi, e diventa portatore/trice di meraviglia per tutti: questo significa essere positivi e portare calore e dolcezza, **pace**! Dobbiamo diventare i testimoni di quelle che sono, o dovrebbero essere, le caratteristiche primarie di un uomo e di una donna come noi. Noi che abbiamo contribuito con tutto il nostro essere (anche con i nostri errori e con il nostro dolore) al raggiungimento dell'eccellenza e della gioia: noi che ora possiamo dare il meglio senza preoccuparci più di quello che ci verrà dato in cambio, perché comunque stiamo già dando, e quindi ricevendo, il massimo. Prendi il tuo potere e investilo nelle cose più importanti che pensi di voler realizzare: e, agisci, sii creativo/a, stupisciti e stupisci, fai vedere a tutti quello che finora avevano visto solo i tuoi occhi sognanti! La tua motivazione sarà il carburante primario, indispensabile sia per partire che per arrivare. La qualità e l'intensità del tuo fattore stimolante deciderà se arriverai o se deciderai di perderti per strada e, poco male, se arriverai un pochino dopo: che cambia? Tu sai che ognuno di noi è dotato di ciò che gli è necessario per arrivare in qualsiasi luogo! Basta credere in queste attitudini che già ci appartengono; non occorre neppure affinare o perfezionare la possibilità di riuscire, basta trovarla normale: è una partenza che permette a tutti di arrivare sufficientemente lontano da poter scegliere se fermarsi li soddisfatti o spingersi ancora oltre. Decidiamolo in funzione dei nostri bisogni, e non delle manipolazioni altrui. Prima continuavamo a porci domande, senza mai darci risposte, poi abbiamo cominciato a credere che le avremmo avute tutte insieme, trovandole nell'amore che avremmo ricevuto dagli altri; però anche questo, spesso, non ha prodotto i risultati desiderati. **Oggi invitiamo noi stessi a credere nell'amore incondizionato in un modo diverso, in un modo nuovo, in un modo nostro: e se lo faremo, da questo momento in poi non riusciremo a trovare nemmeno una ragione valida per non essere sereni**.

La questione del pulcino...

Allora tu dirai: «Non essere mai più triste». Credici ancora, guarda ancora una volta in direzione dei tuoi sogni, non avere più paura e chiediti: *"Che cosa accadrebbe, nella mia vita, se veramente potessi accedere a tutto questo, se tutto fosse ancora possibile?»*. Cambia idea su tutte le convinzioni negative che affioreranno e realizzerai tutto senza limiti; **tu puoi farlo**. E se ti verrà da chiederti: "Perché proprio io?", risponderai a te stesso/a: "Perché tu mi piaci!". Vuoi veramente che quelle cose si avverino? Allora cresci e vai a prenderle, così finalmente saranno tue. È come quando da ragazzini, avevamo voglia di crescere ma allo stesso tempo temevamo i segnali che ci avvisavano che questo stava già accadendo. ***«È sempre la***

questione del pulcino e del guscio. Lo scricchiolare del guscio annuncia il venire alla luce, ma è sentito anche spaventosamente come il mondo che crolla»[2].

Per arrivare a qualcosa, occorre preparare un itinerario e seguirlo, raggiungendo un punto per volta. Un certo numero di addendi, quindi, rappresentati dalle cose che ci possono far star bene, ci guideranno a quella condizione tanto ambita, a quel risultato che auspicavamo; ad esempio, il risultato da ottenere: "Voglio essere sereno", non dovremo fare altro che trovare le situazioni che, sommate ad altre circostanze (stati d'animo, percezioni e condizioni che ci portano benessere), ci condurranno a quel risultato. Se poi impareremo a esorcizzare i pensieri negativi, ovunque saremo, ci sentiremo realizzati e limpidi e ci risveglieremo nell'amore per noi stessi e per ogni situazione; è stupefacente, quello che potrebbe avvenire! Bisogna riuscire a confidare in qualcosa anche se in certi momenti risulta difficile è un'energia da creare per percorrere un corridoio senza luce. E se c'è un tunnel, attraversiamolo con gioia, sapendo che ci condurrà oltre, facendoci risparmiare tantissimo tempo. È chiaro? **Rivolgiti a te, proprio come se fossi quello che dovresti essere, come se fossi la persona più importante al mondo**: così devi essere, così devi sentirti. Le cose che non apprezziamo potranno essere considerate non più come difetti, ma come semplici differenze che ci rendono particolari. Fidati delle tue capacità e delle tue esperienze e non ti preoccupare se gli altri a volte esprimono opinioni sfavorevoli nei tuoi confronti: non si può piacere a tutti, nessuno ci riesce. Io, Tiberio, sono pronto a lasciare andare tutti gli ostacoli che si frappongono fra me e la realizzazione dei miei obiettivi.

2. Marcoli, Ferruccio, *Wilfred R. Bion e le "Esperienze nei Gruppi"*, cit.

Dillo anche tu: «Io (di' il tuo nome) sono pronto/a a lasciare andare tutti gli ostacoli che si frappongono fra me e la realizzazione dei miei obiettivi. **Mi piace tantissimo, questa storia: è una storia bellissima, ed è la nostra**! Guardando avanti, in questa energia, ti dirai: "Sta andando davvero tutto bene"… e finalmente anche per te andrà sempre meglio, perché l'importante sei tu! **Sei TU quello importante**!».

Con tutto il mio amore per te
Tiberio

A presto

Ringraziamenti

Ringrazio infine, in questa ennesima occasione, tutti coloro che mi sono vicini e credono in me. Chiedo perdono a ognuno, per quanto e quando non sono riuscito a fare di meglio e di più, per le mie mancanze, per le mie disattenzioni.

Un grazie a voi lettori e ai miei clienti; a Laura, che cammina al mio fianco; a mia figlia Maude Eloise, e ai suoi piccoli Ian e Mia; alla mia famiglia d'origine; ai miei avi, e a me stesso; un grazie particolare a Dominique, e grazie a Dio in ogni senso… Fate meraviglie della vostra vita!!!

Un grazie, sempre, ai maestri che hanno illuminato il mio cammino: Leonard Orr, Sondra Ray, Bob Mandel, Antonio Valmaggia, Deike Begg, Nancy Albertson, Giorgio Roffino, Patrice Ellequin, Beatrice Sandoz, Thomas Verny, Devapath, Carmen Eguita.

E ancora grazie, all'energia di:

dottoressa Antonella Baccaro, dottor Davide Baccini, Natasha Bandecchi, Daniele Barbarotto, Massimiliano Bellinelli, Simona Bisagni, Patrizia Cameroni, Rosaria Castaldi, dottor Giambenedetto Colombo, Bruna D'Addario, Lucia Dioguardi, Raffaella Facchini, dottoressa Isabelle Filliozat, dottor Jacopo Fo, Gaia per Gaia, dottor Nicola Gianinazzi, Giulia Gualandri, dottor Dominique Hort, Matteo Maestrini, dottoressa Giuseppina Lisa Manno, Stefano Marongiu, Franco Marongiu, dottor Ferruccio Marcoli, avvocatessa Agnese Massaro, Organizzazione Sai Italia, Massimo Perrella, Lara Plozza, Renata Puddu, Ada Quarta, Vanessa Reggiani, dottoressa Giovanna Rossi, Paola Scatasta, dottoressa Genni Tomarelli.

Infine, grazie alle gentili redazioni del «Corriere della Sera», de «Il Secolo XIX», de «La Stampa» e di Wikipedia.

Suggestioni per gli esercizi alle pagine:

alle pagine: 12, 13, 19, 20, 25, 26, 28, 38, 44, 45, 46, 47, 50, 51, 52, 57, 58, 74, 75, 77, 78, 89, 93, 97, 99, 101, 103, 105, 106, 107, 108, 122, 135, 159, 161, 163, 171, 174, 175, 176, 185, 186, 187, 189, 192, 196, 197, 198, 213, 232, 233, 240, 248, 258, 261, 285, 286, 287, 306, 316, 318, 319, 320, 334, 337, 339, 341, 343, 344, 345, 346, 349.

I nostri centri per la tua crescita personale

Associazione Psicologia Generativa
Via Breganzona, 16 – Lugano, Svizzera
Istituto Ricerche di Gruppo
Tel. 0041 794118529

A Milano riceviamo presso Zu Center
Piazza Duca d'Aosta, 10
Tel. 339 4421217

A chi è lontano, proponiamo sedute telefoniche e su Skype!

Per saperne di più sulle nostre attività e sui laboratori che puoi organizzare anche tu nella tua città, per conoscere le date dei seminari nell'approfondimento dei nostri libri e sulla formazione professionale, qualora tu stesso volessi diventare un operatore di Crescita Personale, consulta il nostro sito: *www.ricominciadate.com* e *www.rebirthing-online.com*.

Indice

Altri libri pubblicati da Essere Felici

di Tiberio Faraci

Innamorati di Te

Una Guida all'Autorealizzazione

La più grande storia d'amore che puoi vivere è quella con te stesso. Liberati dai limiti che hai creato e impara a vivere felice!
Una potente guida all'autorealizzazione che ha già cambiato la vita di migliaia di lettori. Un percorso che ci offre gli strumenti per diventare finalmente quello che avremmo voluto essere da sempre.

Pagine 192 - 11x17 cm - € 7,90

Ricomincia da Te

Il perdono è la chiave della felicità

Ricomincia da Te è un vero e proprio seminario creato per il lettore e che lo aiuterà gradualmente ad abbandonare le resistenze a lasciare andare quello che nel passato ha portato risultati negativi.

Il perdono porta alla comprensione che il passato è concluso per sempre, e restituisce intatte le proprie possibilità di affermazione. Le cause del conflitto spesso si trovano dentro di noi, nel nostro cuore, risolverle ci permette di affrontare il presente e il futuro con energie del tutto nuove.
Perdonare con responsabilità ci restituisce pienamente il nostro potere.

Pagine 232 - 11x17 cm - € 7,90

Essere Felici

cerca e propone solo testi speciali,
che possano migliorare la vita di chi legge
e offrirgli un sostanzioso aiuto
nella sua personale ricerca della Felicità.

Essere Felici

pubblica best-seller internazionali,
autori italiani di successo,
e ogni suo libro è un contributo alla creazione
di un mondo più semplice, sereno e bello da vivere.
Di questo mondo, ognuno può essere
protagonista e creatore.

Non c'è alcun dubbio:
possiamo tutti **Essere Felici**.

Per ricevere il nostro catalogo completo scrivi a:

Essere Felici / Gruppo Editoriale Macro

via Bachelet, 65 - 47522 Cesena (FC)

e-mail: ordini@macroedizioni.it

sito internet: www.macroedizioni.it